本书系天津市哲学社会科学规划重点项目"约翰·罗尔斯的后期政治思想研究"（项目编号：TJZZ17-002）的最终成果。

现实的乌托邦

罗尔斯的国际正义理论研究

高景柱 著

中国社会科学出版社

图书在版编目（CIP）数据

现实的乌托邦：罗尔斯的国际正义理论研究／高景柱著．—北京：中国社会科学出版社，2019.11（2021.7 重印）

ISBN 978-7-5203-5285-7

Ⅰ.①现⋯ Ⅱ.①高⋯ Ⅲ.①罗尔斯（Rawls, John Bordley 1921-2002）—正义—理论研究 Ⅳ.①B712.59

中国版本图书馆 CIP 数据核字（2019）第 221859 号

出 版 人	赵剑英
责任编辑	马　明
责任校对	胡新芳
责任印制	王　超

出　　版	中国社会科学出版社
社　　址	北京鼓楼西大街甲 158 号
邮　　编	100720
网　　址	http://www.csspw.cn
发 行 部	010-84083685
门 市 部	010-84029450
经　　销	新华书店及其他书店
印　　刷	北京明恒达印务有限公司
装　　订	廊坊市广阳区广增装订厂
版　　次	2019 年 11 月第 1 版
印　　次	2021 年 7 月第 2 次印刷
开　　本	710×1000　1/16
印　　张	14
插　　页	2
字　　数	216 千字
定　　价	68.00 元

凡购买中国社会科学出版社图书，如有质量问题请与本社营销中心联系调换
电话：010-84083683
版权所有　侵权必究

目 录

导言 作为"现实的乌托邦"的万民法 ……………………… (1)
  第一节 问题缘起 ………………………………………… (2)
  第二节 分析架构 ………………………………………… (6)

第一章 从国内正义到国际正义：正义的跨文化应用 ……… (10)
  第一节 罗尔斯的"作为公平的正义理论" ……………… (10)
  第二节 罗尔斯的国际正义理论的基本理念 ……………… (23)

第二章 人民抑或个人？ …………………………………… (34)
  第一节 罗尔斯的人民本体论 …………………………… (35)
  第二节 "人民"概念的模糊性 …………………………… (39)
  第三节 以人民为中心的分析路径没有平等对待个人 …… (44)
  第四节 "人民"还是"个人"？ …………………………… (48)

第三章 人权、合法性与实用主义动机 …………………… (52)
  第一节 罗尔斯的极简主义的人权清单 ………………… (53)
  第二节 人权在万民法中的角色过于狭窄 ……………… (57)
  第三节 罗尔斯的人权清单难以扮演其在万民法中的角色 ……… (62)
  第四节 罗尔斯的人权观背后的实用主义考虑 ………… (67)

第四章 宽容、尊重与多元主义 (72)

第一节 何谓正派的等级制人民？ (73)

第二节 为何以及怎样宽容正派的等级制人民？ (77)

第三节 对正派的等级制人民的宽容能否获得证成？ (81)

第四节 宽容抑或多元主义？ (86)

第五章 战争、正义与法外国家 (91)

第一节 罗尔斯的正义战争观的基本理念 (93)

第二节 民主的和平观难以获得证成 (97)

第三节 对"法外国家"发动战争的理由并不充分 (103)

第四节 并未给予战后正义应有的重视 (107)

第六章 援助义务能否替代全球分配正义？ (114)

第一节 罗尔斯以援助义务替代全球分配正义的尝试 (116)

第二节 从国内正义到全球分配正义：世界主义者的拓展 (122)

第三节 捍卫罗尔斯对全球分配正义的拒斥：弗里曼等人的辩护 (129)

第四节 罗尔斯对全球分配正义原则的摒弃能够获得辩护吗？ (136)

第七章 罗尔斯的国际正义理论：批判与辩护 (142)

第一节 世界主义者对罗尔斯的国际正义理论的批判 (142)

第二节 少数学者为罗尔斯的国际正义理论进行的辩护 (149)

第三节 罗尔斯的捍卫者能成功回应世界主义者的批判吗？ (160)

第八章 全球差别原则：拓展罗尔斯的国内正义理论的尝试 (166)

第一节 贝兹在全球层面上对罗尔斯的国内正义理论的拓展 (167)

第二节 罗尔斯与贝兹的国际正义之争 (176)

第三节 罗尔斯的立场难以容纳贝兹的批判 (183)

第四节 贝兹的全球差别原则的困境 (189)

余论　从国际正义到全球正义：罗尔斯的思想遗产 …………（196）

参考文献 ……………………………………………………（206）

后　记 ………………………………………………………（218）

导　言

作为"现实的乌托邦"的万民法

在当代政治哲学和道德哲学中，全球正义（global justice）理论已经成为人们关注的焦点理论之一，很多著作、学术会议和大学课程在关注它，可以说当代几乎所有一流的政治哲学家和道德哲学家都或多或少地曾关注过它。然而，在大约半个世纪以前，除了一些从事国际关系研究的学者关注战争的道德等问题之外，全球正义理论还很少有人关注，更鲜有学者从哲学层面上研究全球正义理论。全球正义理论之所以在当代俨然成为一个焦点问题，一方面应当归因于在全球化的背景下，全球贫困、饥荒、不平等、全球变暖和国际暴力等问题的日益加剧，迫使政治哲学家和道德哲学家从理论层面上思考这些问题；另一方面，与美国著名哲学家约翰·罗尔斯（John Rawls）的巨大影响是分不开的，正如吉莉安·布洛克（Gillian Brock）所言，"当今世界发生的很多事情也许能够解释为什么人们对全球正义和世界主义日益感兴趣，但是如果任何哲学著作能够激发理论家们对全球正义和世界主义感兴趣，那么它一定是约翰·罗尔斯影响深远的著作《万民法》"[1]。作为20世纪英语世界最伟大的政治哲学著作之一，罗尔斯的《正义论》主要探讨了那种主导一个封闭的政治共同体——民族国家——的正义理论，我们可以称之为"国内正义理论"。在《正义论》中，罗尔斯主要采取了契约主义的论证方式，建构了一种名为"作为公平的正义"的国内正义理论，"个人主义"和"平等主义"是罗尔斯的国内正义理论的核心要素。

---

[1]　Gillian Brock, *Global Justice: A Cosmopolitan Account*, Oxford University Press, 2009, p. 19.

正如康德的观点是罗尔斯的国内正义理论的灵感来源之一，康德在《永久和平论》中所阐发的观点及其对和平联盟的设想也成为罗尔斯的国际正义（international justice）理论的重要来源之一。罗尔斯复活并发展了康德的永久和平理念，他在1993年牛津的大赦讲座及1999年出版的《万民法》中，思考了正义理论的跨文化应用问题，将其正义理论的适用范围从"民族国家"扩展到"国际社会"，将其国内正义理论拓展为国际正义理论。①"万民法"思想是罗尔斯有关国际正义理论最为系统的阐述，万民法被视为一个"现实的乌托邦"（realistic utopia），换言之，罗尔斯的国际正义理论兼具理想主义与现实主义的成分，既有乌托邦的特质，又有实现的可能性。

第一节　问题缘起

由于罗尔斯的《正义论》仅仅将作为公平的正义理论的适用范围限定在民族国家之内，有些学者就认为罗尔斯的正义理论是非常狭隘的，只被应用于一个封闭且自足的政治共同体中，因此，罗尔斯的正义理论也广受批评。事实上，罗尔斯早在1971年出版的《正义论》中已经将其国内正义理论延伸到国际关系领域，例如，他在该书的第58节中就初步尝试了如何把其国内正义理论应用于国际关系领域，简要概括了国际正义原则，并称之为"万国法"（the law of nations），②万国法是罗尔斯后来所建构的国际正义理论的雏形。罗尔斯在1993年的名为《万民法》的

---

① 参见 John Rawls, *A Theory of Justice*, Cambridge, Massachusetts: The Belknap Press of Harvard University Press, 1971. John Rawls, "The Law of Peoples", *Critical Inquiry*, Vol. 20, No. 1, 1993, pp. 36–68. John Rawls, *The Law of Peoples*: with "*The Idea of Public Reason Revisited*", Cambridge, Massachusetts: Harvard University Press, 1999.

② [美]约翰·罗尔斯：《正义论》，何怀宏、何包钢、廖申白译，中国社会科学出版社1988年版，第378—379页。罗尔斯在《政治自由主义》中也曾言，"有一种延伸的公平正义问题，它包括我们对后代的各种义务，这类问题属于公正储存的问题。另一个问题是，如何把公平正义延伸到万民法的领域，就是说，使它包括适用于国际法和各政治社会之间关系的那些概念和原则"。罗尔斯还强调作为公平的正义理论能够对代际正义和万民法问题做出合乎情理的回答。参见[美]约翰·罗尔斯《政治自由主义》（增订版），万俊人译，译林出版社2011年版，第18—19页。

论文中专门论述了国际正义理论,并在1999年将该论文扩充为一部同名专著。罗尔斯在其中更加深入和细致地阐述了其国际正义理论,并从传统的国际关系规范中归纳和总结出八条原则:

1. 各人民是自由且独立的,并且它们的自由独立将得到其他人民的尊重。
2. 各人民要遵守协议和承诺。
3. 各人民是平等的,它们必须是那些约束它们的协议的订约方。
4. 各人民要遵守互不干涉的义务。
5. 各人民有自卫权,但无基于自卫之外的理由发动战争的权利。
6. 各人民都要尊重人权。
7. 各人民在战争中要遵守对战争行为设立的特定限制。
8. 各人民对那些生活在不利状况下、因此无法拥有一个正义或正派的政治和社会制度的其他人民负有一种援助的责任。①

以上就是罗尔斯的"万民法"的八条原则。从总体上而言,罗尔斯的国际正义理论主要包括人民观、人权观、宽容观、战争观以及援助义务等内容。与《正义论》一样,罗尔斯的《万民法》出版之后,也引起了人们的极大关注。

首先,这与罗尔斯的个人影响是密不可分的,罗尔斯是20世纪最重要的政治哲学家和道德哲学家之一,1999年出版的《万民法》是他的最后一部著作,也是罗尔斯有关国际正义问题的最后见解。罗尔斯的《正义论》激发了人们对规范的政治哲学产生浓厚的兴趣,"被认为是一部道德哲学和政治哲学中前所未有的伟大著作"②,发行了50多万册,被翻译

---

① [美]约翰·罗尔斯:《万民法》,陈肖生译,吉林出版集团2013年版,第79页。
② [荷兰]佩西·莱宁:《罗尔斯政治哲学导论》,孟伟译,人民出版社2012年版,前言第1页。英国著名法哲学家 H. L. A. 哈特(H. L. A. Hart)也曾言,"在我所阅读的所有关于政治哲学的经典著作中,没有一本书能够像约翰·罗尔斯的《正义论》那样深深地打动我"。参见 H. L. A. Hart, "Rawls on Liberty and its Priority", *The University of Chicago Law Review*, Vol. 40, No. 3, 1973, p. 534.

成30多种语言。《正义论》关注一些实质性的议题（如正义问题），而不像其以前的很多哲学著作那样往往只是侧重于逻辑分析和语言分析式的讨论。《正义论》引起了哲学界、政治学界、经济学界和法学界等领域中的诸多学者的广泛关注，学界围绕罗尔斯的著作所产生的纷争程度之激烈以及由此所产生的学术文献之多，在学术界都是较为罕见的。譬如，在《正义论》出版以后，罗伯特·诺齐克（Robert Nozick）、罗纳德·德沃金（Ronald Dworkin）、托马斯·斯坎伦（Thomas Scanlon）和阿玛蒂亚·森（Amartya Sen）等人围绕罗尔斯的观点阐发了自己的理论，并出版了各自的论著。罗尔斯不但复兴了政治哲学，而且在批判长期以来在政治哲学和道德哲学中占据主导地位的以大卫·休谟、杰里米·边沁和约翰·密尔等人为代表的功利主义传统和继承以洛克、卢梭和康德等人为代表的传统社会契约论的基础上，复活了政治哲学的契约主义传统，使得契约主义方法重新焕发生机，并在当代政治哲学和道德哲学中占据一席之地。

其次，罗尔斯在其后期著作《万民法》中所建构的国际正义理论是罗尔斯的正义理论的重要组成部分。作为一个刺猬型的学者，罗尔斯的整个学术生涯都在致力于对正义理论这一古老且重要的理论进行研究，建构了一个精密且庞大的正义理论体系，并对当代政治哲学和道德哲学的发展——无论在研究议题上还是在研究方法上——都产生了深远的影响。无论人们对罗尔斯的正义理论持何种态度，比如批判的态度，赞成的态度，抑或两者兼而有之，人们在研究当代正义理论的过程中，都不可能且不应该忽视罗尔斯在正义理论方面的洞见。在《万民法》中，罗尔斯将其国内正义理论拓展为国际正义理论，探讨一个由自由人民和非自由但正派的（decent）人民所组成的世界是如何可能的。鉴于人们对罗尔斯的国内正义理论给予了很大的关注，人们继续对作为罗尔斯的正义理论大厦的重要组成部分的国际正义理论投以很大的兴趣和热情，就是一件十分顺理成章的事情。

再次，在罗尔斯的《正义论》出版之后，斯坎伦、布莱恩·巴里（Brain Barry）和查尔斯·贝兹（Charles R. Beitz）等人开始将罗尔斯的契约主义分析方法应用于全球问题，① 并对罗尔斯也抱有同样的期待。鉴于自由主义与世界主义（cosmopolitanism）之间的密切关系以及罗尔斯为自由主义进行的强有力的辩护，罗尔斯的国际正义理论不应该拒斥世界主义，不应该在世界主义的立场上退却。然而，在当今西方政治哲学出现世界主义转向的时候，罗尔斯的一些做法非但没有满足人们的这种期待，反而令一些世界主义者——很多深受罗尔斯思想影响的学者采取了世界主义的立场——大失所望。他在《万民法》一书中，既不认同世界主义，也不认同贝兹等世界主义者在全球层面上通过拓展其差别原则而得到的"全球差别原则"（global difference principle），并对涛慕思·博格（Thomas Pogge）等人所提出的其他全球分配正义原则持批判态度。在罗尔斯的国际正义理论中，罗尔斯主要采取一种以"人民"（peoples）为中心的分析视角，② 并不认同世界主义者的以"个人"为中心的分析视角以及世界主义者承袭自斯多亚学派的"道德关怀应该超越国界"这一立场，罗尔斯的这一做法也引起了很大的纷争。

最后，人们之所以对罗尔斯的《万民法》产生兴趣，与"二战"后

---

① 具体研究参见：Thomas Scanlon, "Rawls' Theory of Justice", *University of Pennsylvania Law Review*, Vol. 121, No. 5, 1973, pp. 1020 – 1069. Brain Barry, *The Liberal Theory of Justice*: *A Critical Examination of the Principal Doctrines in A Theory of Justice by John Rawls*, Oxford University Press, 1973. Charles R. Beitz, "Justice and International Relations", *Philosophy and Public Affairs*, Vol. 4, No. 4, 1975, pp. 360 – 389. Charles R. Beitz, *Political Theory and International Relations*, Princeton University Press, 1979。

② 我们可以将罗尔斯的这种观点称为罗尔斯的"人民本体论"，在第二章中，我们对此有较为详细的论述。"people"是罗尔斯的《万民法》中的一个非常关键的、令人费解的概念，对其有各种各样的翻译，例如，有"人民""国民""民族"和"国族"等解释。关于"people"一词翻译的争论，可参见李小科《如何理解和翻译"the law of peoples"》，《复旦学报》（社会科学版）2002年第3期；李石《罗尔斯〈万民法〉中"people"一词的翻译》，《国外理论动态》2010年第11期。在没有更好的译法之前，本书姑且采用"人民"这一译法，但是我们要注意该"人民"与我们通常所使用的政治意义上的"人民"有很大的差别。另外，如何翻译"the law of peoples"也是颇具争议性的。虽然人们通常将"the law of peoples"译为"万民法"，但是我们需要在此强调的是，罗尔斯所使用的"万民法"的概念与罗马法中的"万民法"（ius gentium）的概念是不同的。在罗马法中，万民法指的是那种用于处理罗马人与外邦人以及外邦人之间关系的法律。罗尔斯自己也曾明确强调，他所说的"万民法"指的是"用于规制各人民间彼此政治关系的特殊政治原则"，参见［美］约翰·罗尔斯《万民法》，陈肖生译，吉林出版集团2013年版，第45页。

国际环境的变化也有着较为密切的关系。"二战"结束之后，虽然战争不再是国际秩序的主题，很多国家之间已经避免了直接的军事冲突，但是总的说来世界并不太平。譬如，局部战争和冲突不断，诸如卢旺达种族大屠杀等严重侵害人权的事件时有发生。虽然"二战"后的政治一体化和经济一体化的程度比二战之前要密切很多，但是人们在一些核心价值上的分歧不但没有消减，反而有增多的态势。在这种情况下，如何建构一个和平的国际秩序？在当今国际秩序中，什么样的原则应该占据主导地位？罗尔斯在《万民法》中对这些问题提出了独到的见解。

与罗尔斯在《正义论》和《政治自由主义》中所建构的作为公平的正义理论成为人们研究正义理论的坐标一样，罗尔斯在《万民法》中所提出的国际正义理论也在当代政治哲学界关于国际正义理论和全球正义理论研究的过程中处于核心地位，正如雷克斯·马丁（Rex Martin）和大卫·里迪（David A. Reidy）曾评论的那样，"在当代政治哲学的很多辩论中，《万民法》已经成为一个北极星，或者正处于运动过程之中的北极星。在国际正义理论中，无论你怎样理解罗尔斯的立场，无论你支持它还是反对它，罗尔斯的理论都是能够影响你的论点的北极星之一"[①]。鉴于罗尔斯的国际正义理论在当代政治哲学和道德哲学中所处的重要地位，本书拟对罗尔斯的国际正义理论展开研究。具体说来，罗尔斯是怎样将其国内正义理论延伸到国际关系领域之中的？我们应该怎样评价罗尔斯的国际正义理论的各个重要组成部分，如人民观、人权观、宽容观、战争观以及援助的义务？当今政治哲学界围绕罗尔斯的国际正义理论产生了哪些重要的纷争以及我们应当如何把握这些纷争？

第二节　分析架构

罗尔斯的国际正义理论在当代政治哲学界有关国际正义理论以及全

[①] Rex Martin and David A. Reidy, "Introduction: Reading Rawls's *the Law of Peoples*", in Rex Martin and David A. Reidy (ed.), *Rawls's Law of Peoples: A Realistic Utopia?*, Blackwell Publishing Ltd., 2006, p. 8.

球正义理论的研究中像一个原点一样，很多学者通过阐释、批判或发展罗尔斯的国际正义理论而建构了自己的国际正义理论或者全球正义理论。那么，我们应当怎样把握罗尔斯的国际正义理论呢？由于自由人民应该如何对待非自由人民是罗尔斯的国际正义理论致力于解决的核心问题，因此，本书以自由人民如何对待非自由人民为主线来展开研究。具体而言，本书所采取的分析思路是首先在明晰罗尔斯的国际正义理论的基本理念以及反思罗尔斯的人民观、人权观的基础上，探讨自由人民对待"正派的人民""法外国家"和"因不利状况而负担沉重的社会"三种非自由人民的方式（分别为宽容、战争和援助义务）是否妥贴，最后关注罗尔斯国际正义理论的批评者和辩护者围绕罗尔斯的国际正义理论所产生的激烈纷争，并分析世界主义者在全球层面上拓展罗尔斯的国内正义理论的尝试是否可行。大体上而言，本书主要包括以下几个方面：

首先，第一章简要归纳罗尔斯的国际正义理论的基本理念。我们首先探讨了罗尔斯在《正义论》和《政治自由主义》中所建构的适用于一个封闭且自足的政治共同体的正义理论，即罗尔斯的国内正义理论；然后探讨罗尔斯如何通过契约主义的方法将其国内正义理论适用于国际关系领域。罗尔斯的万民法的基本主体既不是传统国际法中的"国家"，也不是世界主义者所推崇的"个人"，而是"人民"。虽然从表面上而言，罗尔斯在证成其国际正义理论的过程中也采取了契约主义的方法（比如他设定了一个国际原初状态），但是罗尔斯并没有像其在证成自身的国内正义理论的过程中那样一以贯之地采用契约主义方法，而是直接从传统的国际关系规范中总结出万民法的八条原则。

我们将在本书的第二章至第三章重点分析罗尔斯的国际正义理论中的"人民观"和"人权观"。就罗尔斯的人民观而言，罗尔斯采取了一种以人民为中心的分析视角，视人民为道德关怀的终极对象，并对世界主义持一种否定的态度。事实上，罗尔斯的以人民为中心的分析视角既没有清晰地界定何谓"人民"，也没有平等对待"个人"。世界主义者所推崇的以个人为中心的分析视角优于罗尔斯所偏爱的以人民为中心的分析视角，能够平等对待个人；就罗尔斯的人权观而言，罗尔斯的人权观在国际政治中扮演的角色主要是政体合法性的标准和免受外部干涉的标准等角色。罗尔斯对人权角色的设定过于狭窄，即使人们认同这种设定，罗尔斯的人权清单也难以扮演其在万民法中的角色，因为罗尔斯的人权清单是一种极简主义的人权清单，忽视了一些重要的自由和民主的权利以及经济与社会权利。罗尔斯不仅删减了《世界人权宣言》及其附属权利公约等主要人权文件的大部分内容，而且仅仅诉诸社会合作来证成其人权观。罗尔斯为什么赋予一种极简主义的人权清单如此重要的角色？其背后的动机主要是出于一种实用主义的考虑。

其次，第四章至第六章探讨自由人民对待"正派的人民""法外国家"和"因不利状况而负担沉重的社会"三种非自由人民的方式是否合理。罗尔斯认为自由人民应该是"宽容"正派的等级制人民，实际上，罗尔斯的宽容观难以获得证成：一方面，他在论及自由人民为何要宽容正派的等级制人民的过程中所进行的类比论证是缺乏说服力的；另一方面，他在回应类比论证缺乏可行性这一指责的过程中主要诉诸循环论证，这同样是难以令人信服的。如果自由人民要与正派的等级制人民真正实现和平共处，那么自由人民仅仅是宽容正派的等级制人民，这是不够的，自由人民还应当在真正尊重正派的等级制人民的基础之上，对其所持有的非自由主义政治态度持一种多元主义的态度；就罗尔斯的战争观而言，罗尔斯在其国际正义理论中非常重视正义战争观，然而，并未引起学界对其足够的重视。第五章对罗尔斯的战争观提出了三种批评意见：一是罗尔斯并未为其民主的和平观提供令人信服的证明；二是罗尔斯在建构其国际正义理论的过程中使用的"法外国家"这一概念是不甚恰当的，对法外国家提出的战争理由并不是充分的，他为证成其民主的和平观主要采取了经验层面的论证方法，当遇到现实世界中的不利于自己的论证的事例后，他又回到规范层面的论证方式，基本上在两种论证方式之间随意取舍；三是罗尔斯的正义战争观非常关注"开战正义"和"作战正义"，但是他与当代研究正义战争观的其他学者一样，并未给予"战后正义"应有的重视，其正义战争观并不是完整的，即使在罗尔斯为数不多的涉及战后正义的过程中，他对士兵责任的看法也是值得商榷的；就罗尔斯的援助义务而言，罗尔斯对全球分配正义原则持一种否定的态度，并试图以其援助义务取而代之。贝兹和塞缪尔·弗里曼（Samuel Freeman）等人围绕罗尔斯对全球分配正义原则的拒斥产生了激烈的交锋，交锋的核心在于是否存在全球基本结构。事实上，罗尔斯对全球分配正义原则的拒斥是难以获得辩护的，其援助义务并不足以替代全球分配正义原则。

再次，我们将分析以贝兹和博格等世界主义者为代表的罗尔斯的批评者和以弗里曼等人为代表的罗尔斯的辩护者针对罗尔斯的国际正义理论而产生的激烈论争，分析贝兹等世界主义者在国际层面上依照罗尔斯的契约主义方法拓展罗尔斯的国内正义理论的尝试是否可行。世界主义者对罗尔斯的国际正义理论的批判主要侧重于罗尔斯忽视了全球背景不正义的问题、不应该以"人民"为道德关怀的终极对象、给定的人权清单过于单薄、对非自由但正派的人民过于"宽容"和不应该拒斥全球分配正义原则等方面。以弗里曼等人为代表的学者回应了世界主义者对罗尔斯的国际正义理论的批判，这种回应虽然有助于澄清罗尔斯的国际正义理论，但是并没有成功回应世界主义者对罗尔斯的国际正义理论的批判。贝兹等世界主义者按照罗尔斯的契约主义方法，将罗尔斯的差别原则适用于全球层面，从而得到了全球差别原则。罗尔斯拒绝在全球层面上运用差别原则，认为贝兹的全球差别原则是没有终止点的，贝兹对罗尔斯的观点进行了再回应，认为罗尔斯的反驳是无力的。实际上，罗尔斯的立场并不能容纳贝兹的批判，但是这并不意味着贝兹的全球差别原则就是非常具有说服力的。

最后，我们需要注意的是，虽然本书对罗尔斯的国际正义理论主要持一种批判性的态度，但是这并不意味着笔者否认了罗尔斯的国际正义理论的重要意义。本书的"余论"部分大体上勾勒了罗尔斯的思想遗产，着重指出了罗尔斯的国际正义理论对全球正义理论生发的主要贡献。

第一章

从国内正义到国际正义：
正义的跨文化应用

正义是人类社会最基本的价值诉求之一，尤其自罗尔斯在 1971 年发表《正义论》、复兴了政治哲学以来，正义理论遂成为当代道德哲学和政治哲学中的一种重要理论。无论罗尔斯的国内正义理论，抑或罗尔斯的国际正义理论，都在当代政治哲学界以及道德哲学界关于正义理论的研究中处于主导地位。作为当代政治哲学的推动者，罗尔斯承袭康德传统，打破了功利主义一统天下的局面，将自由主义政治哲学的基础重新奠基在契约论的基础之上，并复活了政治哲学中的契约论传统。当罗尔斯在《正义论》中探讨分配正义问题时，他主要关注一国范围之内的正义问题，即国内正义。《正义论》出版之后，罗尔斯的正义理论面临着很多批判，他在《政治自由主义》中回应了其中的一些批判，并在某种程度上放弃了《正义论》所秉承的理想主义精神。后来他继承了康德的永久和平理念，在《万民法》中将《正义论》和《政治自由主义》中的国内正义理论扩展为国际正义理论，"万民法"是从自由主义的正义理念中发展而来的，是罗尔斯在国际关系理论方面最为完整的表达。

第一节 罗尔斯的"作为公平的正义理论"

罗尔斯认为，正义是社会制度的首要价值，是政治哲学的讨论重心，正义总是意味着平等。① 他曾经将正义理论分为三个层次:"首先是局部正义（local justice, 直接应用于机构和团体的原则）；其次是国内正义（应用于社会之基本结构的原则）；最后是全球正义（应用于国际法的原则）。"② 罗尔斯主要论述了后两个层次的正义理论，他在《正义论》和《政治自由主义》中所建构的正义理论——作为公平的正义理论——是一种国内正义理论。在罗尔斯看来，正义理论所关注的主要问题是社会的基本结构，即"社会主要制度分配基本权利和义务，决定由社会合作产生的利益之划分的方式。所谓主要制度，我的理解是政治结构和主要的经济和社会安排。这样，对于思想和良心的自由的法律保护、竞争市场、生产资料的个人所有、一夫一妻制家庭就是主要社会制度的实例。把这些因素合为一体的主要制度确定着人们的权利和义务，影响着他们的生活前景即他们可能希望达到的状态和成就"③。为什么社会基本结构会成为正义的主题呢？在罗尔斯看来，其中的主要原因在于社会基本结构对人的一生的影响是无处不在和无时不在的，譬如，它对公民的目标、追求和性格，以及利用自身的机会和优势的能力都会产生广泛且深刻的影响，对于人们所处的社会，人们是生而入其中，死而出其外的，人们很难摆脱社会基本结构所带来的深刻影响。对罗尔斯来说，作为公平的正义理论主要关注什么样的不平等是一个组织有序的社会能够许可的或者应该特别加以主动规避的？罗尔斯认为在一个社会中，公民的生活前景主要受到下述三种偶然因素的影响：

（1）他们所出身的社会阶级：他们出生并在成年之前成长于其中的阶级；

（2）他们的自然天赋（与他们体现出来的天赋相对的），以及他

---

① 参见［美］约翰·罗尔斯《正义论》，何怀宏等译，中国社会科学出版社1988年版，第58页。

② ［美］约翰·罗尔斯：《作为公平的正义：正义新论》，姚大志译，上海三联书店2003年版，第19页。

③ ［美］约翰·罗尔斯：《正义论》，何怀宏等译，中国社会科学出版社1988年版，第7页。

们发展这些天赋的机会,而这些机会是受他们所出身的社会阶级所影响的;

(3)他们在人生过程中的幸与不幸、好运与坏运(他们如何为疾病和事故所影响,以及如何为诸如非自愿失业和区域经济衰退时期的影响)。①

在社会中,人们有着不同的生活前景,而不同的生活前景恰恰与上述三种偶然因素有着密切的关联性,比如人们的智商、家庭背景状况和身体的健康程度就会对人们的一生产生深刻的影响。基于上述考虑,罗尔斯将社会基本结构作为正义的主要问题,并试图通过正义理论来缓和上述三种偶然因素对人们的影响。

罗尔斯为了建构其正义理论,首先批判了功利主义,这也构成了罗尔斯正义理论的重要批判前提。在杰里米·边沁、约翰·密尔和亨利·西季维克等人的努力下,由于功利主义本身所具有的清晰性、系统性以及在某些方面与人的道德直觉的契合性,功利主义在西方的伦理学、法学和政治学等领域中已经成为一种占据支配地位的理论,契约论的地位逐渐下降。人们在论证和思考一些问题时经常诉诸功利主义理论,其中的原因并不在于功利主义是完美无缺的,而是在于其他理论并不能对道德做出较为系统的阐释。虽然人们已经意识到了功利主义理论的一些缺陷和不足,但是人们在总体上仍然接受功利主义的基本理念,只能对其做一些修补性的工作,而无法从根本上撼动它。罗尔斯于1971年出版的《正义论》改变了这种理论格局。罗尔斯的主要目的在于进一步概括以洛克、卢梭和康德等人所代表的传统社会契约论,使之上升到一个更加抽象的层次,并从中发展出一种对正义观念的更加系统的阐释,以打破功利主义起初所拥有的一统天下的局面。在罗尔斯看来,功利主义并不适合作为宪政民主制度的基础,因为功利主义主要关注功效总量的加总,并不关注功效是如何在人与人之间进行分配的,更不关注这种分配本身

---

① [美]约翰·罗尔斯:《作为公平的正义:正义新论》,姚大志译,上海三联书店2003年版,第88—89页。

是否公平："功利主义观点的突出特征是：它直接地涉及一个人怎样在不同的时间里分配他的满足，但除此之外，就不再关心（除了间接的）满足的总量怎样在个人之间进行分配。在这两种情况下的正确分配都是那种产生最大满足的分配。"① 也就是说，功利主义并没有严肃对待人与人之间的差异，这样就有可能使得为了社会总体功效的增加而出现牺牲个人利益的情况，这与罗尔斯所秉承的"人是目的，而不仅仅是手段"这一康德传统相背离，功利主义并没有意识到每个人都拥有平等的道德价值和道德尊严。对罗尔斯来说，每个社会成员都有一种基于正义或者基于自然权利的不可侵犯性，功利主义所主张的为使一些人享受较大利益而剥夺另一些人的自由这一观点是不正当的。总之，依罗尔斯之见，功利主义是令人难以接受的，没有像康德传统那样尊重人的尊严，没有认真对待个体之间的差异。

罗尔斯并不准备像前人那样对功利主义进行修修补补，而是试图通过提出一种正义理论，从根本上撼动和颠覆功利主义。罗尔斯提出了如下两个正义原则，这也是他的"作为公平的正义理论"的主要内容：

第一个原则：每个人对与所有人所拥有的最广泛平等的基本自由体系相容的类似自由体系都应有一种平等的权利。

第二个原则：社会和经济的不平等应该这样安排，使他们：

（1）与正义的储存原则一致的情况下，适合于最少受惠者的最大利益；并且，

（2）依系于在机会公平平等的条件下职务和地位向所有人开放。②

第一个正义原则可以被简称为"平等的自由原则"，其主要内涵在于每个人都享有平等的基本权利和自由，每个人所拥有的基本自由是不可被褫夺的，每个人所拥有的某些基本自由比其他自由更加重要，这也体现出罗尔斯的正义观是一种自由主义的正义观。罗尔斯的第一个正义原则并没有引起太大的争议，与人们的道德直觉是相契合的，比如人们通

---

① ［美］约翰·罗尔斯：《正义论》，何怀宏等译，中国社会科学出版社1988年版，第25页。

② 同上书，第302页。

常认为其所享有的思想自由、言论自由和随意处置自己的财产的自由，比吸毒和飙车的自由更加重要。那么，罗尔斯将哪些自由视为基本自由呢？罗尔斯认为，

> 在正义的第一原则中，平等的基本自由可以具体化为下列表项：思想自由和良心自由；政治自由和结社自由；由个人的自由与完整所具体规定的那些自由；最后是法律规则所包括的各种权利。我们并不赋予一般自由以任何优先性，仿佛某种被称为"自由"实体的东西之运作具有一种突出的价值，并且是政治正义和社会正义的主要目的——如果不是惟一的目的的话。①

思想自由意味着在法律的框架内人们可以自由地发表自己的言论，良心自由要求国家既不能支持任何具体的宗教，又不能惩罚或伤害任何宗教机构或者非宗教机构，人们可以按照自己的意愿选择是否加入某个宗教，法律也不能惩罚叛教者，同时，"在道德、宗教问题上，政府既没有权利也没有义务做它想做的或者大多数人（或无论什么人）想做的事情。政府的责任仅限于保证平等的道德、宗教自由的条件"②。然而，我们需要注意的是，这并不意味着良心自由是不受任何限制的，国家可以因公共秩序和安全等方面的公共利益而限制人们的良心自由。罗尔斯提到的基本自由还包括政治自由和结社自由，这些自由主要是参与政治的自由，"参与原则要求所有的公民都应有平等的权利来参与制定公民将要服从的法律的立宪过程和决定其结果"③。当然，上述几种基本自由是密切相关的，构成了一个整体，比如倘若人们并不拥有结社自由，那么良心自由的价值就会大打折扣。

罗尔斯为何将上述几种自由视为基本自由呢？为什么与其他自由相比，思想自由和良心自由等自由是更加"基本的"自由呢？罗尔斯在回

---

① ［美］约翰·罗尔斯：《政治自由主义》，万俊人译，译林出版社2000年版，第309页。
② ［美］约翰·罗尔斯：《正义论》，何怀宏等译，中国社会科学出版社1988年版，第210页。
③ 同上书，第219页。

应哈特批评的过程中,① 更加清晰地阐述了基本自由及其优先性。罗尔斯认为基本自由是"发展和充分而明智地实践两种道德能力所必要的背景性制度条件……;对于保护具有决定性意义的善观念之广泛范围(在正义的界限之内)来说,这些自由也是必不可少的"②。罗尔斯上述两种道德能力是自由和平等的人所拥有的两种道德能力,即拥有正义感(sense of justice)和善观念(conception of the good),前一种道德能力是"理解、应用和践行(而不是仅仅服从)政治正义的原则的能力,而这些政治正义的原则规定了公平的社会合作条款",后一种道德能力是"拥有、修正和合理地追求善观念的能力。这样一种善观念是由各种终极目的和目标组成的有序整体,而这些终极目的和目标规定了一个人在其人生中被看作最优价值的东西,或者被视为最有意义的东西"。③ 在罗尔斯那里,上述两种最低限度的道德能力是自由和平等的人享有平等的道德价值的基础,自由和平等的人拥有从事终身的社会合作所需要的道德能力,并作为平等的公民参与社会生活。基本自由对充分发展人们的两种道德能力(以及参与社会合作)来说是非常必要的,也就是说,持有基本自由是自由和平等的人能够实践两种道德能力的必要前提,能够保护对人们具有特别意义的切身利益,譬如,如果人们缺乏思想自由和政治自由,那么人们既不会拥有善观念的能力,更不可能参与真正意义上的社会合作。

罗尔斯的两个正义原则有着先后的顺序,第一个正义原则优先于第二个正义原则:"我把自由的优先性看成是平等自由的原则对第二个正义原则的优先。两个原则处在词典式的次序中,因为自由的主张首先应该被满足。只有自由的主张获得满足之后,其他原则才能发挥作用。……自由的优先性意味着自由只有为了自由本身才能被限制。"④ 易言之,只

---

① 哈特的批评可参见 H. L. A. Hart, Rawls on Liberty and its Priority, *The University of Chicago Law Review*, Vol. 40, No. 3, 1973, pp. 534–555。
② [美]约翰·罗尔斯:《政治自由主义》,万俊人译,译林出版社 2000 年版,第 326—327 页。
③ [美]约翰·罗尔斯:《作为公平的正义:正义新论》,姚大志译,上海三联书店 2003 年版,第 31—32 页。
④ [美]约翰·罗尔斯:《正义论》,何怀宏等译,中国社会科学出版社 1988 年版,第 242 页。

有在满足第一个正义原则的前提下,才能考虑第二个正义原则,即基本自由具有优先性。罗尔斯在《政治自由主义》中又进一步论述了基本自由的优先性,他认为基本自由的优先性具有下述几个特征:① 第一,自由的优先性意味着第一个正义原则赋予了思想自由、良心自由和政治自由等基本自由以一种特殊的地位。当然,各种基本自由之间并不会相安无事,也必定会发生种种冲突,因此,我们必须有一些调整基本自由之间的冲突的规则。然而,基本自由的优先性意味着一项基本自由只能因一种或者多种基本自由的缘故而受到限制甚至否定,不能像功利主义者所认为的那样为了社会的整体福利水平的提高而限制甚至剥夺某些人的基本自由,基本自由永远不能因公共善或至善论价值的缘故而受到限制或否定。第二,如果我们试图扩大基本自由的清单,那么这就会削弱对那些最根本的自由的保护。第三,我们并不能假设对同一个人来说,各种基本自由都拥有同等的重要性或者同等的价值,比如在自由主义传统中,法国自由主义者邦雅曼·贡斯当(Benjamin Constant)就认为思想自由和良心自由比政治自由更加具有价值。同时,"任何基本自由都不是绝对的,因为这些自由在特殊的场合可能会相互冲突,所有它们的要求必须加以调整,以使之成为一个一致连贯的自由体制"②。为了某种基本自由,可以限制其他基本自由,然而,自由只能因自由本身的缘故而受到限制,平等并不能成为限制自由的理由,人们也不能以某种更大的公共善为由而限制基本自由。

以上我们论述了第一个正义原则的基本内容。第二个正义原则主要由"公平的机会平等原则"和"差别原则"(difference principle)构成,其中公平的机会平等原则优先于差别原则,即只有在满足公平的机会平等原则的情况下,才能考虑满足差别原则,这是罗尔斯的作为公平的正义理论的第二个优先性原则。在自由主义传统内部,机会平等观念一直备受推崇,比如亚当·斯密等人就对机会平等观念大加推崇。机会平等

---

① 参见[美]约翰·罗尔斯《政治自由主义》,万俊人译,译林出版社 2000 年版,第 312—317 页。
② [美]约翰·罗尔斯:《作为公平的正义:正义新论》,姚大志译,上海三联书店 2003 年版,第 169 页。

主张人们应当拥有平等的人生起点，应当拥有平等的机会去发展自己的才能，无论什么人为设置的障碍，都阻止不了人们获得与自身才能相称的那种地位。一旦满足了这些条件，任何不平等的结果都是人们应当为之承担责任的。实际上，这种机会平等只是一种形式上的机会平等，因为对于同样的机会，人们把握机会的能力有着较大的差别，人们把握机会的能力不仅受到自身的智商和身体健康程度的影响，而且还受到自己的家庭背景状况和教育程度等因素的影响。比如，对于某个公司所提供的人事部经理的职位，与身体健康之人相较而言，那些残障人士就明显处于一种不利的境地，很难把握这个机会。对罗尔斯来说，仅仅追求形式的机会平等是不够的，还应当追求实质的机会平等，即他所说的公平的机会平等。罗尔斯认为公平的机会平等意味着各种职位不仅在形式上向所有人开放，而且应当确保所有人都有平等的机会去达到它们，具体说来，那些拥有相似能力或者才能之人应当拥有相似的生活机会：

   假定有一种自然禀赋的分配，那些处在才干和能力的同一水平上、有着使用它们的同样愿望的人，应当有同样的成功前景，不管他们在社会体系中的最初地位是什么，亦即不管他们生来是属于什么样的收入阶层。在社会的所有部分，对每个具有相似动机和禀赋的人来说，都应当有大致平等的教育和成就前景。那些具有同样能力和志向的人的期望，不应当受到他们的社会出身的影响。①

罗尔斯还强调了财富的过度集聚对公平的机会平等的影响以及所有人拥有受教育的机会平等的重要性，并重点论述了后者。在罗尔斯那里，一个人获得知识和技艺的机会不应当依赖于其所属的阶级地位，无论公立学校，抑或私立学校，都应当被设计得有利于填平阶级之间的鸿沟，而不是扩大这种鸿沟。换言之，国家应当对教育采取倾斜的姿态，提供更多的教育机会，以便那些生而处于不利社会地位的人能够同那些生而

---

① ［美］约翰·罗尔斯：《正义论》，何怀宏等译，中国社会科学出版社1988年版，第73页。

处于较有利社会地位的人展开一种公平的竞争。然而，一个人的家庭背景状况确实会影响人们把握机会的能力，罗尔斯对此说道，"公平机会的原则只能不完全地实行，至少在家庭制存在的情况下是这样。自然能力发展和取得成果的范围受到各种社会条件和阶级态度的影响。甚至努力和尝试的意愿、在通常意义上的杰出表现本身都依赖于幸福的家庭和社会环境"①。罗尔斯的这一观点很容易使人们认为，为了真正践行公平的机会平等原则，我们必须像柏拉图所说的那样在某种范围内取消家庭。如果罗尔斯的本意是这样的，那么这种观点显然是有悖于道德直觉的。实际上，罗尔斯的公平的机会平等原则并不要求取消家庭，罗尔斯主张通过接下来我们将要谈到的差别原则来缓解家庭背景状况和社会地位等社会性的偶然因素——身体的健康程度和智商的高低属于自然性的偶然因素——对分配所产生的影响。

差别原则是罗尔斯的第二个正义原则的重要组成部分，也是罗尔斯的正义原则中最富争议性的部分。在罗尔斯那里，倘若人们要把每个人作为一个平等的道德主体来看待，那么人们绝不应当根据个人运气——譬如上面提及的三种偶然因素——的优劣来衡量其在社会合作中利益和负担的份额，应该缓和运气因素对分配份额所产生的影响。罗尔斯认为，差别原则能够缓解社会偶然因素和自然偶然因素对分配的影响，差别原则意味着如下安排：

> 把自然才能的分配看作一种集体资产（common asset），并共同分享无论它带来的利益是什么。那些先天处于有利地位的人，无论他们是谁，只有在改善那些处境不利者状况的条件下，他们才能从他们的好运气中获得利益。先天处于有利地位的人不能仅仅因为他们的天赋较高而获利，而只能通过抵消训练和教育费用和用他们的禀赋帮助较不利者而获利。没有人应得其较高的自然能力，也没

---

① ［美］约翰·罗尔斯：《正义论》，何怀宏等译，中国社会科学出版社1988年版，第74页。

人应得社会中较为有利的起点。①

对罗尔斯来说，没有人应得较好的自然禀赋和较好的人生起点，正如没有人应得较差的自然禀赋以及较差的人生起点一样，我们没有理由忽视人们生而所具有的诸如智商、身体健康程度和家庭背景状况等方面的差别。差别原则的核心理念在于只有当那些先天处于较有利地位的人能够有利于处境最差者的最大利益时，他们才能享有更多的资源，才能从自身较为有利的境地中获取更多的益处。易言之，那些处境较好的人被鼓励获得更多的利益，但是其前提条件在于他们应当有利于处境最差者的利益。从罗尔斯对差别原则的上述表述中我们也可以发现，罗尔斯的正义理论并不主张消除不平等，而是认为在一个社会中，某些不平等的存在既是非常必要的，也是不可避免的，比如其差别原则并不致力于消除不平等，而是允许不平等是可以存在的，但是不平等的类型及其程度应当受到限制和约束，罗尔斯把是否能够改善处境最差者的处境作为评估不平等正当与否的主要依据。

在罗尔斯的差别原则中，处境最差者是一个非常关键的且极富争议性的概念，那么，采用什么标准来衡量一个人是否属于处境最差者呢？罗尔斯主要以社会基本善（primary social goods）——权利和自由、权力和机会、收入和财富——为指标来衡量谁是处境最差者：

> 一种可能性是选择一种特定的社会地位，比如说不熟练工人的地位，然后把所有那些有着这一群体的平均收入和财富或收入更少的人们合在一起算作处境最差者。最低的代表人的期望就被界定为包括这整个阶层的平均数。另一种替代选择是仅仅通过相对的收入和财富而不管其社会地位来确定。这样，所有少于中等收入和财富的一半水平的人都可以算作处境最差者。这一定义仅仅依赖于收入分配中获得较少一半的阶层，它有使人集中注意最不利者与居中者

---

① John Rawls, *A Theory of Justice*, Cambridge, Massachusetts: The Belknap Press of Harvard University Press, 1971, pp. 101–102.

相隔的社会距离的优点。这一距离是较不利的社会成员的处境的一个本质特征。①

可见,罗尔斯在判断谁是处境最差者时主要侧重于收入,收入恰恰属于罗尔斯所说的"社会基本善"。也就是说,处境最差者是那些经济上最贫困的人,根据罗尔斯的标准,残障人士并不属于处境最差者,这也是罗尔斯的差别原则比较具有争议性的地方。

以上我们探讨了罗尔斯的两个正义原则的主要内容,罗尔斯采取何种论证方式来证成其正义理论?罗尔斯主要采取了契约论的论证方式——另一种次要的论证方式是基于道德直觉的论证。像卢梭和康德等人的契约论一样,罗尔斯的契约论也是假设性的,是一种思想实验,其契约论主要是为了回答下述问题:人们在他所构想的思想实验中会选择何种正义原则?对罗尔斯来说,在传统的社会契约论中,洛克、卢梭和康德等人所设定的自然状态并不是一种真正平等的状态,因为订立契约的各方在体力和智力等方面存在诸多差异,在选择正义原则的过程中,仍然会考虑到自身所具有的各种各样的因素,并会有意选择那些有利于自己的原则。于是,他修正了传统的契约论中的自然状态观念,从而提出了"原初状态"(original position)观念,这也是罗尔斯对古典社会契约论的关键修正之一。在原初状态中,没有人知道与个人相关的一些信息,比如自身的自然才能、智力、体力、善观念和特殊的心理倾向等内容。"无知之幕"(the veil of ignorance)是原初状态的另一个至关重要的构成要素,它能够将一切有可能引起分歧的以及影响人们做出不偏不倚选择的特殊因素都屏蔽掉。譬如,没有人知道其在社会中的地位、阶级出身以及自然能力等内容,也没有人知道自身的善观念等内容:

> 首先,没有人知道他在社会中的地位,他的阶级出身,他也不知道他的天生资质和自然能力的程度,不知道他的理智和力量等情

---

① John Rawls, *A Theory of Justice*, Cambridge, Massachusetts: The Belknap Press of Harvard University Press, 1971, p. 98.

形。其次，也没有人知道他的善观念，他的合理生活计划的特殊性，甚至不知道他的心理特征：像讨厌冒险、乐观或悲观的气质。再次，我假定各方不知道这一社会的经济或政治状况，或者它能达到的文明和文化水平。处在原初状态中的人们也没有任何有关他们属于什么时代的信息。①

上述无知之幕是非常厚实的，它将罗尔斯的社会契约论与传统的社会契约论区分开来，在无知之幕中，各方仅仅知道有关人类社会的一般事实、政治事务和经济理论原则以及社会组织的基础和人类的心理学法则。无知之幕可以确保任何人在选择正义原则的过程中都不会受到自然偶然因素或社会偶然因素的影响，都会尽力选择一种能为各方所普遍接受的正义原则。易言之，无知之幕要求人们在选择正义原则的过程中，要持有一种中立的而非偏倚的态度，不要从自己的立场出发去思考什么样的正义原则是应当被选择的正义原则。原初状态与无知之幕决定了正义的原则将是那些理性的、自利的人们，在一种公平的状态下，在不知道自身偶然因素的情况下将会同意的正义原则，这也是罗尔斯将其正义理论称为"作为公平的正义理论"的主要原因之所在。

然而，一个随之而来的问题是：在原初状态中，既然无知之幕已经遮蔽了人们的特殊信息，那么人们根据什么来选择正义原则？对罗尔斯来说，虽然人们不知道个人的特殊信息，然而，人们无论过什么样的生活，总有一些东西是人们想极力拥有的，这些东西就是"基本善"（primary goods）："基本善是各种各样的社会条件和适于各种目的之手段（all-purpose means），而对于让公民能够全面发展和充分运用他们的两种道德能力，以及去追求他们明确的善观念，这些社会条件和适合于各种目的之手段一般来说是必需的。"② 基本善是公民作为自由和平等的人度过整个人生所需要的一些东西，无论在原初状态中，无知之幕怎样屏蔽个人的信息，

---

① ［美］约翰·罗尔斯：《正义论》，何怀宏等译，中国社会科学出版社1988年版，第136页。

② ［美］约翰·罗尔斯：《作为公平的正义：正义新论》，姚大志译，上海三联书店2003年版，第93页。

任何理性的人都想拥有更多的基本善，拥有的基本善越多，就越有可能过上一种良善的生活。那么，什么样的东西可以被视为基本善呢？罗尔斯认为基本善的清单既在某种程度上依赖于社会生活的一般事实和社会环境，又同样依赖于自由和平等的人的政治观念，基本善有两种，一是将权利和自由、权力和机会、收入和财富包括在内的"社会基本善"，这些基本善深受社会基本结构的影响；二是将健康、理智和想象力包括在内的"自然基本善"，这些基本善并不处于社会基本结构的直接控制之下，而是由自然所赋予的。[1]

既然人们会根据基本善去选择正义原则，人们应当采取什么方法选择正义原则呢？罗尔斯认为人们可以采取"最大的最小值规则"（maximin rule）："最大最小值规则告诉我们要按选择对象可能产生的最坏结果来排列选择对象的次序，然后我们将采用这样一个选择对象，它的最坏结果优于其他对象的最坏结果。"[2] 这种方法就类似于假定由你的敌人来决定你的处境一样。罗尔斯认为，在原初状态下，依照最大的最小值规则，人们会选择上述两个正义原则。然而，在差别原则中，为什么选择处境最差者的处境而不是处境最好者的处境作为评估某种不平等正当与否的起点呢？罗尔斯认为其中的原因在于以下两个方面：一方面，社会是一个合作体系，无论是处境最好者的福利，抑或处境最差者的福利，都有赖于这种合作体系；倘若没有这种合作体系，任何人都不可能过上幸福的生活，即使处境作好者也不可能例外。另一方面，在合作条款是公平的情况下，可以要求人们自愿合作，差别原则为这种社会合作提供了公平的合作条款，在此基础上，那些处境最好者能够期待别人同他们一起合作。[3] 事实上，依照最大的最小值规则，人们以处境最差者的处境作为评估不平等正当与否的起点，这是一种较为稳妥的选择。因为在无知之幕的遮蔽之下，没有人知道自己的处境是好还是坏，选择以处境最差者的处境作为评估不平等正当与否的起点可以确保人们即使处于最差

---

[1] [美]约翰·罗尔斯：《正义论》，何怀宏等译，中国社会科学出版社1988年版，第62页。

[2] 同上书，第151—152页。

[3] 同上书，第103页。

的处境,也仍然可以过上一种较为体面的、不失尊严的生活。原初状态中的人都是理性的,一个人即使属于处境最差者,选择差别原则也是较为理性和稳妥的。[①] 同时,以处境最差者的处境作为评估不平等的分配的正当性的依据,也较为符合罗尔斯的理论初衷,我们可以通过一个思想实验来说明这一点。譬如,某个共同体中有 M1 和 M2 两个人,前者属于处境最好者,后者属于处境最差者,其中不存在任何中间阶层。在这个共同体中,人们到底应当以哪个人的处境作为评估不平等的分配的正当性的依据呢?倘若我们以 M1 的处境作为评估不平等的分配正当与否的依据,那么这将会使 M1 的处境愈来愈好,M2 的处境愈来愈差,显然不符合罗尔斯的正义理论所有达到的目的。倘若我们以 M2 的处境作为评估不平等的分配正当与否的依据,也就是说,只有当不平等的分配有利于 M2 的最大利益时,它才是正当的。这种分配的结果将会逐步改善 M2 所处的较为不利的境地,显而易见,这是一种更加契合罗尔斯的原初立场的理念。

可见,罗尔斯的两个正义原则属于"纯粹的程序正义"的范畴,他为其正义原则的产生设计了一系列程序,比如原初状态和无知之幕,经由这些程序所达成的任何结果都是正义的,无论结果是什么,人们都应该接受。罗尔斯通过原初状态和无知之幕这一系列思想实验的手段试图排除影响人们做出选择的因素以达到一种正义的结果,作为公平的正义意味着在一种公平的状态下达成的正义原则。

第二节 罗尔斯的国际正义理论的基本理念

我们在以上论述了罗尔斯的国内正义理论的批判前提、基本理念和证成方式,接下来我们将探讨其国际正义理论的基本理念及论证方式。正如我们在本书导言中曾言,罗尔斯在《正义论》的第 58 节中已经初步尝试了如何把其国内正义理论适用于国际关系领域。他采用的论证方法

[①] 当然,有人也许会对此批评道,罗尔斯将人设定得过于保守,一些喜欢冒险的人可能不会选择以处境最差者的处境作为评估不平等的分配的正当与否的主要依据。

与其论证国内正义理论的方法是一样的,即采取了契约主义的方法。罗尔斯设想了一种国际原初状态,在其中,国际原初状态中的各方是"国家"(nations)的代表:

> 把各方看成是不同国家的代表,这些代表必须一起来选择一些用来裁决各国之间的冲突要求的基本原则。为了遵循最初状态的观念,我假设这些代表被剥夺了各种各样的信息。虽然他们知道自己代表着不同的国家,每个国家都生活在人类生活的正常环境中,但是他们不知道他们所处的社会的特殊环境、与其他国家相比较的权威和势力以及他们在自己社会中的地位。代表国家的契约各方在这种情况中,也只被允许有足够的知识来作出一个保护他们利益的合理选择,而不能得到能使他们中的较幸运者利用他们的特殊情况谋利的那种具体知识。①

这种国际原初状态使得国家的代表不知道有关本国的特殊信息,取消了历史命运所造成的偶然性和偏见,各个国家的代表将会选择一些被公开承认的原则,比如各个独立的国家具有基本的平等权利、自我决定的原则(即一个国家处理自身事务的权利)、反对侵略的自卫权利(包括组成自卫联盟以保护这一权利的权利)和遵守条约的原则等。② 这是罗尔斯将其国内正义理论应用于国际关系领域的初步尝试,罗尔斯称之为"万国法",万国法并不是由世界上的"人民"的代表所决定的,而是由世界上的不同"国家"的代表所决定的。

罗尔斯后来在1993年名为《万民法》的论文中专门论述了其国际正义理论,并在1999年将该论文扩充为《万民法》一书,更加深入和详细地阐述了其国际正义理论。《万民法》的出版也标志着罗尔斯的正义理论发展到了第三个阶段,"理解罗尔斯国际正义思想的关键在于,应用于国

---

① [美]约翰·罗尔斯:《正义论》,何怀宏等译,中国社会科学出版社1988年版,第378页。
② 参见[美]约翰·罗尔斯《正义论》,何怀宏等译,中国社会科学出版社1988年版,第379页。

际范围与国内范围的政治原则之间存在一种根本区别。国内范围的民主和平等主义原则不能直接适用于国际关系"①。贝兹和博格等世界主义者希望罗尔斯在国际正义问题上,能像在处理国内正义问题时一样,通过作为公平的正义理论,解决国籍、家庭出身、阶级地位和智商等社会偶然因素和自然偶然因素对分配所产生的影响,② 毕竟一个人出生在一个贫困的国家还是出生在一个富裕的国家也是一种道德上任意的因素。正如家庭出身、阶级地位和智商等偶然因素不应该影响人们命运的优劣一样,人们出生在富国还是穷国亦不应该影响人们命运的优劣。然而,罗尔斯对国际正义问题的处理方式以及所构建的国际正义理论,令很多世界主义者大失所望。

从整体上而言,罗尔斯的国际正义理论是其政治自由主义的发展,或者说其万民法是从政治自由主义中发展而来的,"作为公平的正义是应用于国内正义的——基本结构的正义。从这里出发,它向外影响万民法(law of peoples),向内影响局部正义"③。罗尔斯在《万民法》中的主要抱负在于说明怎样从一种自由主义的正义观念中发展出万民法。然而,在罗尔斯那里,其国际正义理论的主体并不是国内正义理论中的自由和平等的"个人",而是"人民"。罗尔斯首先考察了五种类型的域内社会,这也是罗尔斯的国际正义理论的一个非常重要的预设:第一种是合乎情理的自由人民(reasonable liberal peoples)。第二种是正派的人民(decent peoples)。这种社会奉行一种正派的协商等级制(decent consultation hierarchy)和非扩张主义的外交政策,并能够保障人权,罗尔斯称之为"正派的等级制人民"(decent hierarchical peoples)。前两种社会都属于组织有序的人民(well-ordered peoples),都是万民社会(the society of peoples)

---

① [荷]佩西·莱宁:《罗尔斯政治哲学导论》,孟伟译,人民出版社2012年版,第190页。

② 参见 Charles R. Beitz, "Justice and International Relations", *Philosophy and Public Affairs*, Vol. 4, No. 4, 1975, pp. 360–389. Thomas Pogge, *Realizing Rawls*, Ithaca, NY: Cornell University Press, 1989.

③ [美]约翰·罗尔斯:《作为公平的正义:正义新论》,姚大志译,上海三联书店2003年版,第19页。

的主体,都在万民法的适用范围之内,只不过第一种社会奉行自由原则,第二种社会奉行非自由的协商等级制原则,人民在其中仍然持有异议的权利,一些紧要的人权(比如自由民主社会中的公民所享有的生命权、自由权和财产权等权利)也能够获得充分的保障。然而,正派的人民并不完全符合自由民主的理想,正派的人民中的一些人并没有被视为自由和平等的公民(比如某些人可能缺乏政治参与的权利),虽然如此,罗尔斯仍然认为第二种社会在道德上是可以接受的,应该获得自由人民的"宽容"。第三种是法外国家(outlaw states),该社会奉行扩张主义的外交政策,不遵守万民法,不尊重本国人民的主权和他国人民的人权。第四种社会是因不利状况而负担沉重的社会(societies burdened by unfavorable conditions),该社会因受到不利的经济条件或者文化条件的困扰而无法维持良好的秩序。第五种社会奉行仁慈的专制主义(benevolent absolutisms)原则,虽然这种社会尊重人权,但是其社会成员参与政治决定这个有意义的角色被否定了。① 后三种社会都不属于组织有序的人民,都不在万民法的适用范围之列。可见,是否尊重人权,是罗尔斯用来区分"组织有序的人民"和"非组织有序的人民"的重要标准,然而,我们需要注意的是,尊重人权只是成为组织有序人民的必要条件而非充分条件,因为奉行仁慈专制主义的社会虽然尊重人权,但是并不属于组织有序的人民。

在上述五种类型的域内社会中,合乎情理的自由人民与其他人民的关系有三种:宽容、战争与援助,自由人民所"宽容"的对象是非常广泛的,既包括正派的人民,又包括奉行仁慈的专制主义的社会;因为法外国家所具有的侵略性以及不尊重人权,不应该获得自由人民和正派的人民等组织有序人民的宽容,而是组织有序人民的"战争"对象。促使法外国家发生改变,使得法外国家遵守既不对外侵略又要尊重人权这一基本的国际道德底线,是组织有序人民的重要目标之一;自由人民和正派的人民等组织有序的人民应该"援助"因不利状况而负担沉重的社会,使其成为组织有序社会中的一员。通过图1—1,我们可以更加清晰地展

---

① 参见[美]约翰·罗尔斯《万民法》,陈肖生译,吉林出版集团2013年版,第46—47页。

现罗尔斯对五种域内社会的类型学勾画以及对它们之间关系的界说。

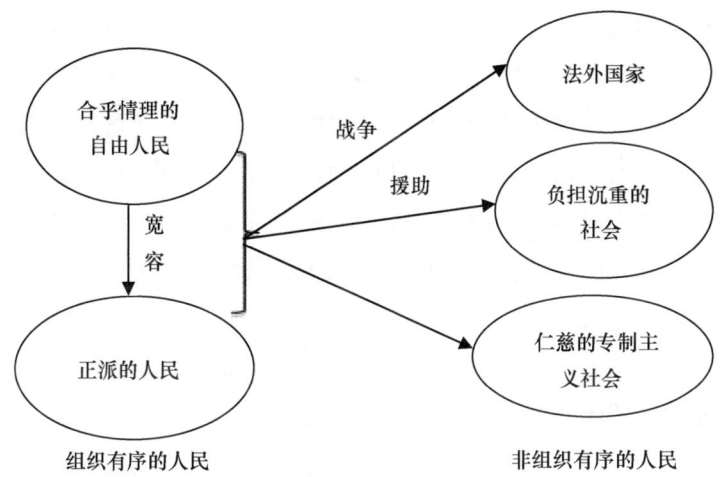

图1—1 罗尔斯对五种域内社会的类型学勾画以及对它们之间关系的界说

从总体上而言，罗尔斯认为他所言说的国际正义理论是其所建构的国内正义理论的延伸和拓展，并强调应该通过政治建构主义方法来进行思考：

> 通常，一种建构主义的学说在处理一系列的主题时，先从适用于封闭自足的民主社会基本结构的政治正义原则开始。这部分完成后，接着再向前处理未来世代所要求的原则，向外处理适合作为万民法的原则以及向内处理应对特定的社会问题的原则。每一次，建构主义程序都要随着所讨论的主题而进行修改调整。经过这些过程后，所有主要原则就均制备在手了，包括那些为指派个体及联合体的各种政治原则与义务所需的原则。①

罗尔斯的政治建构主义的建构程序主要是"原初状态"和"无知之幕"的设计，罗尔斯在建构其国际正义理论的过程中，同样用到了这些设置。具体而言，为了证成自己的以"人民"为国际关系行为体的国际正义理

---

① ［美］约翰·罗尔斯：《万民法》，陈肖生译，吉林出版集团2013年版，第8页。

论，罗尔斯采取的分析路径是首先建构一种适用于理想世界的国际关系理论，然后将其应用于非理想的世界之中。

罗尔斯的国际正义理论有两个组成部分："理想的理论"和"非理想的理论"。罗尔斯划分理想理论与非理想理论的标准是"人民"是否属于组织有序的社会，理想理论是自由民主的人民和非自由的且正派的等级制人民所接受的理论。为了证成理想理论，罗尔斯采取的论证策略是首先证成一种能为自由民主的人民所接受的万民法，然后论证非自由的且正派的等级制人民也会接受同样内容的万民法。从表面上来看，罗尔斯为证成其国际正义理论，采取了与证成其国内正义理论一样的方法，即契约论的方法。罗尔斯设想存在一种国际原初状态，这是对原初状态的第二次应用，罗尔斯为证成其国内正义理论而使用的原初状态，是对原初状态的第一次应用。在原初状态的第一次应用时，原初状态中的各方被设想为自由平等的、合乎情理而又理性的"公民"的代表，然而，在原初状态的第二次应用时，原初状态中的各方被设想为"人民"的代表："和在第一种情形中一样，它（指国际原初状态——引者注）也是一种代表模型：因为它塑造了我们——你和我，此时此地——认为是公平的条件，在这些条件下，作为自由人民的理性代表的原初各派，将在恰当理由的指引下去制定万民法。作为代表的各派以及他们所代表的诸人民，都在原初状态内得到对称性的安置，并因此得到了公平的安置。"① 罗尔斯的这一巨大转向，也是其国际正义理论长期以来遭受诟病的主要缘由之所在。

原初状态的第二次应用又分为两个阶段：第一个阶段是证成自由民主的人民所接受的万民法，此时的原初状态可以被称为"第一种国际原初状态"。在该原初状态中，

> 原初状态将诸人民塑造为理性的，因为各派在民主社会的根本利益（这些根本利益是由一个民主社会的自由主义的正义原则表达出来的）的引导下去从备选的原则中做选择。最后，各派处于无知之幕的屏蔽下：它们不知道如领土的大小、人口的多寡、它们所代

---

① ［美］约翰·罗尔斯：《万民法》，陈肖生译，吉林出版集团2013年版，第74页。

表着其根本利益的人民的相对力量的强弱。尽管它们知道存在合理有利的条件使得民主成为可能——因为它们知道它们所代表的是诸自由社会——却不知道它们自然资源的丰裕程度、经济发展的水平或任何此类相关信息。①

当然，国际原初状态中的各方知道自己是自由人民的代表。这种国际原初状态与贝兹和博格等世界主义者所心仪的"全球原初状态"（global original position）是极为不同的。在这种国际原初状态中，自由人民的代表会选择哪些用于规制自由人民的正义原则呢？在罗尔斯看来，国际原初状态中的自由人民的代表会接受如下原则：

1. 各人民是自由且独立的，并且它们的自由独立将得到其他人民的尊重。
2. 各人民要遵守协议和承诺。
3. 各人民是平等的，它们必须是那些约束它们的协议的订约方。
4. 各人民要遵守互不干涉的义务。
5. 各人民有自卫权，但无基于自卫之外的理由发动战争的权利。
6. 各人民都要尊重人权。
7. 各人民在战争中要遵守对战争行为设立的特定限制。
8. 各人民对那些生活在不利状况下、因此无法拥有一个正义或正派的政治和社会制度的其他人民负有一种援助的责任。②

---

① ［美］约翰·罗尔斯：《万民法》，陈肖生译，吉林出版集团2013年版，第75页。
② 同上书，第79页。罗尔斯在1993年发表的《万民法》一文中认为自由民主的人民的代表将会认同如下七条原则："1.（通过他们的政府所组织起来的）各人民是自由且独立的，并且他们的自由独立将得到其他人民的尊重。2. 各人民是平等的，他们必须是那些关涉他们自身的协议的协约方。3. 各人民有自卫权而无战争权。4. 各人民要遵守互不干涉的义务。5. 各人民要遵守协议和承诺。6. 各人民在战争中（假定是为了自卫）要遵守对战争行为的特定限制。7. 各人民都要尊重人权。"参见［美］约翰·罗尔斯《万民法》，陈肖生译，吉林出版集团2013年版，第17页。可见，这七条原则与罗尔斯在1999年出版的《万民法》一书中的万民法的前七条原则大体上是相似的，只是在原则的细节和次序上有所不同。只不过罗尔斯在《万民法》一文的七个条款中并没有包括上述援助的责任，同时，他此时还没有明确强调万民法是政治自由主义的延伸和应用。

以上就是"万民法"的八条基本原则，罗尔斯承认他对上述原则的列举是不完整的，人们可以根据实际的情况进行适当的增补。虽然罗尔斯一再强调其万民法是从自由主义的正义观中扩展而来的，但是罗尔斯并没有给予国际原初状态中的代表一些可供选择的替代性的、备选的原则，万民法的八条原则并不是国际原初状态中的自由人民的代表主动"选择"的结果，而是罗尔斯人为地"给定"的，是其自由主义的政治性的正义观念的一种延伸。罗尔斯并没有将自己的国内正义理论直接应用到国际关系领域，而是从自由民主的人民非常熟悉的传统、历史、国际法及其实践的用法中总结出来的，比如自由和平等原则、遵守条约、互不干涉、自卫的权利、尊重人权和不能发动侵略战争等原则。这与罗尔斯在《正义论》和《政治自由主义》中的做法如出一辙，原初状态或国际原初状态中的代表并不拥有一系列备选原则或方案，并不拥有选择的余地，如果我们的这种理解是可行的，那么罗尔斯的这种做法使得其契约论很难成为一种真正意义上的契约论。另外，我们也可以发现，罗尔斯所言说的"万民法"中的"法"，并不是人们在通常意义上所言说的"法律"或者"法规"，而主要是一种道德规则或者政治规则。万民法的第1条原则至第5条原则以及第7条原则，基本上类似于罗尔斯在《正义论》中所说的"万国法"的内容，万民法的第4条原则至第7条原则主要与战争的正当性问题有关，这也凸显出战争的正当性问题在罗尔斯的国际正义理论中处于一种重要地位。然而，万民法的八条原则并没有包括像一些世界主义者所渴望的全球分配正义原则，只有万民法的第8条原则涉及了自由人民和非自由的且正派的等级制人民对负担沉重的社会的援助责任，这条原则可以被简称为"援助义务"，在再分配方式和实现平等的程度方面，援助义务与全球分配正义原则的要求尚有一段距离。

在原初状态的第二次应用的第二个阶段中，罗尔斯探讨了非自由的协商等级制的人民——并没有一个现存社会满足罗尔斯所设定的协商等级制人民所要满足的条件——所接受的万民法，此时的原初状态可以被称为"第二种国际原初状态"。在第二个阶段中，尽管在非自由的且正派的等级制人民中间，并不是所有的社会成员都像自由人民中的成员那样处于一种平等和自由的地位，但是那些代表非自由的协商等级制的人民的各方仍然处于公平的位置，他们尊重和平的法则（比如不发动和不参与侵略性的战争）与人权，他们是正派的和理性的，将与自由人民接受同样内容的万民法，"一个自由人民的外交政策的理想和原则，从一个正派但非自由人民的观点来看，同样是合乎情理的。取得这种确信的欲望，是内在于该自由主义观念的一个特征"①。在罗尔斯看来，非自由的协商等级制的人民（罗尔斯还构想了一个非自由的且正派的等级制人民的例子，并称之为"卡赞尼斯坦"）所接受的万民法是从自由人民接受的万民法中扩展而来的，同时自由人民要"宽容"非自由的且正派的等级制人民，并不需要非自由的且正派的等级制人民放弃或者改变自己的信仰，以使非自由的且正派的等级制人民转变成自由的人民，其中的缘由在于"自由社会将与所有遵规尽责的人民合作，并且对他们进行援助。如果所有社会都被要求变成是自由主义的，那么政治自由主义的理念将无法表达出对按照其他可接受的方式组织起来的社会（如果有这样的社会的话，而我假定会有）的应有尊重"②。对罗尔斯来说，一个非自由的社会的基本制度只要符合某些特定的正义条件，并能够尊重万民法，那么自由人民就应该宽容和接受该社会，比如尊重非自由的且正派的等级制人民的领土完整和政治自主。由于这些社会接受了万民法的八条基本原则，自由人民在同这些社会打交道时，也不会有后顾之忧。如果自由人民不宽容非自由的协商等级制的人民，强行将其变成自由人民，那么将会损害非自由的协商等级制的人民的自尊，将会阻碍他们参与万民社会的意愿和泯灭他们进行改革的希望，并且会给其带来痛苦和招致其怨恨，这对建构一个和平与稳定的世界来说，恰恰是非常有害的。

  以上是罗尔斯的国际正义理论的理想理论部分。在罗尔斯看来，与理想的理论一样，非理想的理论也包括两个组成部分，一是处理那些不服从万民法的"法外国家"。在罗尔斯所设定的国际原初状态中，只有自由人民和非自由的且正派的等级制人民等组织有序的人民，可以在理想理论中参与对万民法的讨论和选择，法外国家并没有自己的代表身处其

---

① ［美］约翰·罗尔斯：《万民法》，陈肖生译，吉林出版集团2013年版，第100页。
② 同上书，第101页。

中，易言之，法外国家并没有机会对万民法的基本宪章发表自己的看法。在罗尔斯那里，法外国家是那些不尊重万民法的国家，是一种邪恶的国家，例如，法外国家并不遵守自由人民和非自由的且正派的等级制人民所遵守的基本人权清单，即自由权、生命权、财产权和形式平等权等权利，同时，法外国家对和平的国际秩序充满敌意，奉行对外扩张的政策，富有较强的侵略性。① 由于法外国家不尊重万民法的八条基本原则，法外国家属于非组织有序的社会中的一员，对自由人民和正派的人民等组织有序的社会来说就是一个严重的威胁。由于是否尊重人权是一个社会是否是正派的以及能否免予外在干涉的必要条件之一，法外国家将不会得到自由人民和正派的人民的"宽容"，而是自由人民和正派的人民的干涉对象和战争对象："因为我们已经为自由和正派人民制定出了万民法，那么这些人民将不会宽容法外国家。……法外国家具有侵略性和危险性；如果法外国家转变或被迫转变它们的行事方式，那么所有人民将会更加安全。否则，它们将对权力和暴力的国际气候产生深远的影响。"② 为了世界的和平与安定，自由人民和正派的人民等组织有序社会的成员不仅应当谴责那些不尊重人权的法外国家，而且在某些情况下可以向这些法外国家施加压力，在特殊的情况下，可以对其进行经济制裁和政治制裁，在侵犯人权等严重的情况下，甚至还可以进行军事干涉（法外国家因不尊重万民法，就成为了战争的对象，并且丧失了自卫权），从而迫使法外国家向自由人民和正派的人民所认可的方向转变。

非理想理论的另一个组成部分涉及如何对待因不利状况而负担沉重的社会。罗尔斯认为自由人民和非自由的且正派的等级制人民应该"援助"因不利状况而负担沉重的社会，虽然因不利状况而负担沉重的社会不具有扩张性和侵略性，但是它们缺少成为一个组织有序的社会所必需的政治传统、文化传统、人力资源和专门技术等，往往深受政治腐败的毒害，因此，"组织有序社会的长期目标，是要把负担沉重的社会带入那

---

① 参见［美］约翰·罗尔斯《万民法》，陈肖生译，吉林出版集团 2013 年版，第 122—123 页。

② 同上书，第 123 页。

个由组织有序人民所组成的社会，正如要把法外国家带进去一样。组织有序人民具有一种责任去为负担沉重的社会提供援助"①。然而，这种援助义务是有限度的，只需要使因不利状况而负担沉重的社会成为组织有序社会中的一员，调整财富和福祉水平的差异并不是援助义务的目标。因为在罗尔斯那里，一方面，大量的财富并不是成为一个组织有序社会的必要条件，有些组织有序的社会并不是富裕的社会；另一方面，国家贫困的主要原因在于其政治制度、公民的勤劳精神和政治文化等因素，而不在于其贫乏的自然资源，譬如，虽然日本等国家的资源是贫乏的，但是这并不妨碍其成为组织有序的社会中的一员，相反，有些资源丰富的国家（如阿根廷）并不属于组织有序的社会中的一员。② 事实上，罗尔斯所设定的组织有序社会对负担沉重的社会的援助义务与贝兹和博格等世界主义者所崇尚的全球分配正义原则还是有一定差距的，在罗尔斯那里，全球分配正义原则对处理全球贫困问题并不是一种必需的原则。可见，非理想理论主要关注自由人民与非自由的协商等级制的人民如何对待法外国家和因不利状况而负担沉重的社会，简言之，自由人民应该反对法外国家的侵略，并援助因不利状况而负担沉重的社会，以使其建立自由的制度。通过上述分析我们也可以发现，罗尔斯仅仅在论证理想理论的过程中使用了原初状态这一设置，在论证非理想理论的过程中，罗尔斯并没有使用这一设置，也就是说，法外国家和因不利状况而负担沉重的社会在国际原初状态中并没有自己的代表，而自由人民和正派的人民拥有自己的代表。这样的话，万民法的八条原则对法外国家和因不利状况而负担沉重的社会是否具有约束力，就是一个非常值得讨论的问题。

我们在以上简要概括了罗尔斯的国际正义理论的基本理念。在罗尔斯那里，其万民法是一种"现实的乌托邦"，该乌托邦并不纯粹是一种空想，既有实现的可能性，又提出了针对未来社会的希望。下面我们将对罗尔斯的国际正义理论的基本理念展开更为细致的批判性分析。

---

① ［美］约翰·罗尔斯：《万民法》，陈肖生译，吉林出版集团2013年版，第148页。
② 参见［美］约翰·罗尔斯《万民法》，陈肖生译，吉林出版集团2013年版，第149—150页。

第 二 章

人民抑或个人？

罗尔斯在《正义论》中建构其国内正义理论的过程中，采取了一种以"个人"为中心的分析路径，认为原初状态中的代表是个人的代表。当人们在构建国际正义理论时，人们很容易按照罗尔斯在建构其国内正义理论时所使用的契约主义方法，设想存在一种全球原初状态，在其中的代表是个人的代表，这些代表将选择什么正义原则呢？比如贝兹、博格和达雷尔·莫伦道夫（Darrel Moellendorf）等世界主义者就是如此设想的。[①] 罗尔斯毕竟一直秉承"自由且平等的人应当相互尊重"这一康德式的承诺。然而，罗尔斯后来在《万民法》中既没有采取世界主义者以及他自己在《正义论》中所使用的以"个人"为中心的分析路径，又没有采取传统的国际关系理论中流行的、他自己早期在《正义论》的第58节中曾采取的以"国家"为中心的分析路径，而是独辟蹊径，采取了以"人民"为中心的分析路径，认为国际原初状态中的各方是人民的代表，不是个人的代表，认为人民是万民法的行为主体与道德主体，是国际关系行为体。本章关注的主要问题是在罗尔斯的国际正义理论中，罗尔斯的以人民为中心的分析路径能够获得辩护吗？这是我们在研究罗尔斯的

[①] 贝兹、博格和莫伦道夫的观点，可参见 Charles R. Beitz, "Justice and International Relations", *Philosophy and Public Affairs*, Vol. 4, No. 4, 1975, pp. 360–389. Charles R. Beitz, "Rawls's Law of Peoples", *Ethics*, Vol. 110, No. 4, 2000, pp. 669–696. Thomas Pogge, "Rawls and Global Justice", *Canadian Journal of Philosophy*, Vol. 18, 1988, pp. 227–256. Thomas Pogge, *Realizing Rawls*, Ithaca, NY: Cornell University Press, 1989; Darrel Moellendorf, *Cosmopolitan Justice*, Westview Press, 2002。

国际正义理论时所要解决的一个尤为重要的、基础性的问题。本章将在简要梳理罗尔斯的"人民本体论"的基本内涵的基础之上，分析罗尔斯的以人民为中心的分析路径的缺陷，并在最后探讨为什么世界主义者所崇尚的以"个人"为中心的分析路径要优于罗尔斯所偏爱的以"人民"为中心的分析路径。

第一节　罗尔斯的人民本体论

正如我们在上一章中曾言，在罗尔斯的国际正义理论中，罗尔斯大体上区分了五种类型的域内社会："合乎情理的自由人民""正派的人民""法外国家""因不利状况而负担沉重的社会"以及"仁慈的专制主义社会"，其中前两种社会属于组织有序的人民，后三种社会并不属于组织有序的人民。罗尔斯随后一一说明了各人民或者社会的特征，自由人民拥有三种基本特征："由一个从合情理意义上讲是正义的立宪民主政府来为他们的根本利益服务；公民通过密尔所谓的'共同的感情'（common sympathies）而联结起来；最后的一个特征，人民具有一种道德的特性。第一种特征是制度性的，第二个是文化的，并且第三个特征要求对一种关于正当和正义的政治性的（道德的）观念有一种坚定的依系。"① 上述三种特征是针对自由人民的，那么，非自由的人民具有什么特征呢？罗尔斯认为就上述五种社会而言，除自由的人民以外，其他社会都属于非自由的人民。罗尔斯论述了"正派的人民"这一非自由人民的特征，"正

---

① ［美］约翰·罗尔斯：《万民法》，陈肖生译，吉林出版集团 2013 年版，第 65—66 页。约翰·密尔认为："如果人类的一部分由共同情感联结在一起，这种感情不是他们和任何别人之间共同存在的，这部分人类就可以说构成一个民族——这种共同感情使他们比之和其他人民更愿意彼此合作，希望处在同一个政府之下，并希望这个政府完全由他们或他们中的一部分人治理。这种民族的感情可能产生于种种原因。有时它是同一种族和血统的结果。共同的语言和共同的宗教大大有助于民族感情的形成。地理界限是其原因之一。但最重要的原因是共同的政治经历；具有民族的历史，以及从而产生的共同的回忆；和过去发生的事件联系着的集体的骄傲和耻辱，快乐和悔恨。然而所有这些情况单独地都既不是必不可少的，也不是一定足够的。"参见［英］J. S. 密尔《代议制政府》，汪瑄译，商务印书馆 1982 年版，第 222 页。由此我们也可以发现，罗尔斯所说的"人民"的含义，与密尔在此处所说的"民族"的含义较为接近。

派的人民"这一概念是罗尔斯的国际正义理论中的另一个关键概念,我们将在第四章中进行详细阐述。正派的人民包括两大类,其中一类拥有他所说的"正派的协商等级制",这样的人民被罗尔斯称为"正派的等级制人民",除此之外,还有其他类型的正派社会,但是罗尔斯并没有进行进一步的论说。正派的等级制人民要满足两个条件,第一个条件是"该社会并不能有侵略性的目的,并且它认可必须经由外交、贸易和其他和平方式来达成其合法目的。尽管它的宗教学说或其他的根本性学说被视为是整全性的,并影响着政府的结构和社会政策,但该社会尊重其他社会的政治和社会秩序。如果它想寻求更广泛的影响,它所使用的方法必须与其他社会的独立性……相协调"①。易言之,正派的等级制人民必须爱好和平,没有侵略性,仅仅出于自卫才参与战争。正派的等级制人民需要满足的第二个条件包括三个构成要素:第一个要素是其法律体系要与该人民的共同善的正义理念相一致,并确保所有成员能够享有生命权、自由权、财产权以及形式平等的权利等基本人权;第二个要素是其法律体系必须能够将真正的道德责任与义务施加到其辖域内的每一个成员身上;第三个要素是其法官和其他管理法律秩序的官员必须认同法律的确是由共同善的正义观念所引导的,并不是仅仅依赖强力所支撑的。总之,"一个正派的人民必须要尊崇和平的法则,其法律体系必须能够是一个尊重人权的,以及能把政治责任和义务施加到其辖域内的每一个人身上的法律体系。这种法律体系必须尊重一种共同善的正义理念,该理念将那些被看作是社会中每个人的根本利益纳入考虑范围"②。

罗尔斯除了论述组织有序的人民的特征以外,还论述了法外国家等非组织有序的人民的特征。法外国家是那些并不遵守万民法的国家,其行为对其他公民和其他国家富有侵略性。因不利状况而负担沉重的社会"由于其人民所固有的历史、社会和经济状况使得该人民形成一个组织有序的政体(无论自由的还是等级的)变得很艰难,如果不是不可能的

---

① [美]约翰·罗尔斯:《万民法》,陈肖生译,吉林出版集团2013年版,第106页。
② 同上书,第109页。

话"①。虽然因不利状况而负担沉重的社会并不拥有扩张性和侵略性,但是它缺乏一个组织有序的社会所必需的一些政治传统、文化传统、人力资本以及必要物质资源和技术资源等,尤其缺乏成为一个组织有序的社会所必需的政治文化。尽管仁慈的专制主义社会"的确尊重人权,但它不是一个组织有序的社会,因为在做政治决定时它没有赋予其社会成员一种有意义的角色"②。虽然如此,仁慈的专制主义社会仍然拥有自卫的权利。无论任何类型的人民,其域内制度都不能侵犯人权,否则将会受到其他国家的谴责,在严重侵犯人权的情况下,还会遭到强制性的干预(比如战争)。

可见,罗尔斯对域内社会采取了较为独特的分类方法,交叉使用了"人民"和"社会"这两个概念。在罗尔斯的人民本体论中,罗尔斯只有在论及自由的人民和正派的等级制人民时,才使用"人民"一词,只有这些人民才被视为组织有序的人民。罗尔斯在论及域内社会的其他组成部分时,很少使用"人民"(people)一词,而是使用了"国家"(state)和"社会"(society)等词语。那么,其中的缘由是什么呢?虽然罗尔斯并没有明确提及,但是罗尔斯的做法使得人们有理由猜测在罗尔斯的国际正义理论中,法外国家、因不利状况而负担沉重的社会以及仁慈的专制主义社会没有资格被称为"人民"。依罗尔斯之见,自由人民拥有自己的根本利益,比如既要寻求保护自身的政治独立、自由文化和公民的自由权利,又要保护自己的安全、领土完整及其公民的福祉,自由人民还有一个重大的利益,即:

> 应用到人民身上的、被卢梭称为自尊(amour-propre)的东西,此利益是人民他们自己作为一个人民而具有的恰当的自尊,它建立在对历史进程的探索努力的共同意识、对他们文化及其成就的共同意识之上。这些都与他们对他们自身的安全以及领土安全的自我关注不同,这种利益体现在一个人民坚持要求要从其他人民获得应有

---

① [美]约翰·罗尔斯:《万民法》,陈肖生译,吉林出版集团2013年版,第132页。
② 同上书,第134页。

的尊重，以及对平等地位的承认。①

对自由人民而言，这些根本利益是尤为重要的。

罗尔斯的国际正义理论将关注的视角由其早期在国内正义理论中的"个人"转向"人民"，持有一种反世界主义的立场："它坚持认为组织有序的社会中的人们对其他社会的成员并不负有对自己社会中的成员那种正义的义务"，② 不认同贝兹、博格、巴里和玛莎·纳斯鲍姆（Martha C. Nussbaum）等世界主义者所认同的世界上所有人都拥有平等的道德地位这一观点。罗尔斯为了证成其国际正义理论，使用了其在证成自身的国内正义理论时所使用的契约主义方法。在罗尔斯那里，证成国内正义理论时所使用的原初状态是对原初状态的第一次应用，在其中的代表是"个人"的代表。他在证成其国际正义理论时所使用的原初状态是对原初状态的第二次应用，在其中的代表是"人民"的代表。罗尔斯还曾比较了万民法与世界主义，认为"一种世界主义观点的终极关怀，是个体的福祉，而不是社会的正义。根据那种观点，即使每个域内社会都在其内部建立了正义的制度，仍然还有一个进一步的全球分配问题。……世界正义关注的是个体的福利，并因此关注全球范围内的处境最不利者的福祉是否得到了改善"③。在罗尔斯那里，世界主义是一种比其万民法更为激进的观点，万民法所包含的援助义务仅仅要求将因不利状况而负担沉重的社会变成组织有序的社会的一员，一旦达成该目标，就不需要进一步的援助，即使该社会依然贫困，而世界主义则要求更多的、更激进的分配。罗尔斯并不是简单地否认某些具体的世界主义理念，而是从根本上持有一种反世界主义的立场。

---

① ［美］约翰·罗尔斯：《万民法》，陈肖生译，吉林出版集团 2013 年版，第 76—77 页。
② Philip Pettit, "Rawls's Peoples", in Rex Martin and David A. Reidy (ed.), *Rawls's Law of Peoples: A Realistic Utopia?*, Blackwell Publishing Ltd., 2006, p. 38.
③ ［美］约翰·罗尔斯：《万民法》，陈肖生译，吉林出版集团 2013 年版，第 161 页。

第二节 "人民"概念的模糊性

人民的内涵是什么？人民是一个什么样的群体？不同的人民之间有着清晰的界限吗？事实上，在罗尔斯的国际正义理论中，"人民"到底是什么？或者说，什么样的群体才能被称为"人民"？罗尔斯并没有予以清晰的界定，只是论述了自由人民和正派的等级制人民这些组织有序的人民的特征，罗尔斯的这种论说方式还不足以将人民与国家、民族等其他共同体区分开来。有学者曾这样为罗尔斯辩护说，"虽然罗尔斯没有正面地给出人民的定义，不过，罗尔斯却曾透过与'国家'的对比，来反面地呈现人民的定义"①。下面我们看看罗尔斯怎样通过对比人民与国家，以说明他的国际正义理论为何采取了一种以"人民"为中心的分析路径。罗尔斯在《万民法》的开篇就曾论及了这个问题："自20世纪80年代以来，我就不断地想发展我所谓的'万民法'。我一开始选择了'人民'这一称谓而非'民族'（nations）或'国家'（states），因为我构想中的'人民'的特征，有别于'国家'的特征；国家的理念，如传统上所构想的那样，包含着两种主权权力。"② 可见，罗尔斯的国际正义理论主要侧重于人民的一个原因在于他认为人民与国家之间存在根本的区别。那么，人民与国家之间的区别到底在什么地方呢？罗尔斯曾言，人民

> 可以将我的思想与传统上构想的政治国家区分开来，自1618—1648年欧洲的三十年战争后，这些主权权力就作为（实在的）国际法的一部分延续了三个世纪。这些权力包括为推行国家政策进行战争的权利——克劳塞维茨对政治的追求以另一些手段来进行——和政治的目的，是由国家理性的、深谋远虑的利益来确定的。主权权力还授予国家一定的自主性去处置自己领土内的民众。而从我的观

---

① 李国维：《国家？民族？还是国族？——罗尔斯的民族理念及其超越》，《政治思想史》2010年第2期，第126页。李国维将"people"译为"民族"，本书在引用时将其更改为"人民"。

② [美] 约翰·罗尔斯：《万民法》，陈肖生译，吉林出版集团2013年版，第1页。

点看，这种自主性是错误的。①

对罗尔斯来说，人民与国家之间的第一个区别是，国家拥有主权而人民缺乏主权，人民并不拥有传统国际法所赋予国家的两种主权权力（即为推行国家政策而进行战争的权力以及能够处理自己领土内的民众的自主性），人民既缺乏国家所拥有的绝对主权，又不能自由地运用军事力量（除非在面临外敌侵略，进行自卫的情况下），人民必须满足罗尔斯所说的最低限度的人权标准，即必须满足生命权、自由权、财产权以及形式平等的权利等基本人权。

人民与国家之间的第二个区别在于在传统的国际关系理论中，国家通常被看作理性的行动者，力图追求自身利益的最大化，而人民并不能止于此，

> 国家与人民的区别有多大，取决于理性、对权力的关注和国家的基本利益如何界定。如果此**理性**（rationality）排斥**合情理性**（the reasonable）（也就是，一个国家在处理与其他国家的关系时，只受自己具有的目的驱动且罔顾相互性标准）；如果一个国家对权力的关注是占主导地位的；且如果其利益包括如下这些东西——将自己国家的宗教强加给别的国家，争夺王朝的、帝国的或民族的声誉与荣耀，并且不断增强其相对的经济实力——那么，国家与人民之间的差异就是巨大的。②

自修昔底德所处的时代以来，世界各国在全球无政府状态下争夺权力、荣耀和财富，这仍然是当今世界政治的基本面貌，并未曾发生根本的改观。依照这种现实主义的国家理论，国家是理性的，会尽力实现自己的利益最大化，无论在实现自己利益的过程中其采取的手段正当与否。毫无疑问，国家对理性利益的追求会导致冲突和战争的频发。然而，罗尔

---

① ［美］约翰·罗尔斯：《万民法》，陈肖生译，吉林出版集团2013年版，第67—68页。
② 同上书，第70—71页。黑体字为原文所有。

斯并不认可现实主义的国家理论，这也是罗尔斯在《万民法》中不采用传统国际关系理论中的"国家"一词的重要缘由之一。罗尔斯在此强调了主流的国际关系理论并未予以重视的问题，即国家不仅追求理性的利益，而且还应该追求合乎情理的利益。在罗尔斯那里，人民不仅是理性的，而且也是合乎情理的，人民在追求自身利益的过程中，并不纯粹着眼于是否实现了自身利益的最大化，也要着眼于自己在追求利益最大化的过程中自己的行为正当与否，"正义的自由人民根据合情理性的要求来约束他们的基本利益。……自由人民当然具有他们自己的根本利益，这种利益是得到他们的正当和正义观念允许的。它寻求保护他们的领土，确保他们的公民的安全，并且去维护他们自由的政治制度、各种自由权及其公民社会的自由文化"①。倘若这样的话，自由人民可以与那些拥有同样特征、支持正义和维护和平的人民实现和平共处。

人民与国家之间的第三个区别在于人民拥有道德动机："在这里，是'人民'而不是'国家'的理念就变得非常关键：它使得我们可以将道德动机——对万民法原则的一种忠诚，例如，只能为了自卫而发动战争——赋予（作为行动者的）人民，但我们却不能将之赋予国家。"②"人民（而不是国家）具有一种确定的道德特性。这种特性包括了一种恰当的自豪感和荣誉感；他们可能为他们的利益和所取得的成就而自豪，这是一种恰当的爱国主义所允许的。但是，他们所要求的那种尊重，是与所有人民的平等相一致的应有尊重。人民必定会有自己的利益——否则他们要么是呆滞和消极的，要么就极有可能受一些不合乎情理的东西并且有时候是盲目的激情和冲动所左右。"③

> 如同民主社会的公民一样，自由人民既是合乎情理的又是理性的，他们的理性行为（如在他们的选举和投票、在他们政府的法律和政策中组织起来以及展现出来的那样）同样是受到他们关于什么

---

① ［美］约翰·罗尔斯：《万民法》，陈肖生译，吉林出版集团2013年版，第71—72页。
② 同上书，第59页。
③ 同上书，第86页。

是合乎情理的感觉约束的。正如合乎情理的公民在域内社会中愿意根据公平合作条款与其他公民合作一样，所以（合乎情理的）自由（或正派）人民也会向其他人民提议按照公平条款进行合作。①

在罗尔斯那里，自由人民拥有一种特定的道德特性，而国家是自利的，并不拥有人民所拥有的道德动机。

罗尔斯虽然通过上述三个方面对比了人民与国家，试图从反面来界定何谓人民，但是仍然没有明确界定人民到底是什么——至少他没有从正面直接界定人民到底是什么。易言之，罗尔斯的"人民"概念具有模糊性，这种模糊性至少体现在如下两个方面：一方面，罗尔斯并没有成功地区分人民与国家。现在让我们回到罗尔斯对自由人民的特征的论说上来。在罗尔斯那里，自由人民的第一个特征是自由人民拥有正义的宪政民主政府，该政府处于人民的控制之下，人民可以通过定期选举的方式来更换政府，政府应该能够维护人民的根本利益，而不是一个追逐自身利益的自主行动者。同时，政府还不能受到私人权力的控制，还应该防止被腐化，"很有必要以某种方式去架构一种制度，以便它能充分地激励人民，包括公民和政府官员去尊崇这些制度，并且消除那些引起腐化的显而易见的诱因"②。"无论从历史的观点看，一个社会边界的划定有多么的任意，但一个人民的政府的一个重要角色，就是作为人民的具有代表性的和有效的代理人，对自己的领土、环境完整性以及人口规模负起责任。"③ 可以看出，自由人民必须拥有宪政民主政府，在当代世界，除了国家以外，还没有共同体能够拥有自己的政府。当然，罗尔斯将道德动机赋予人民，此时的人民即使不是现行国际法中的国家，也是一种较弱意义上的国家。同时，虽然罗尔斯提及人民并不拥有国家所拥有的主权权力，但是在现实的政治舞台上，除国家以外，其他群体都不拥有主

---

① ［美］约翰·罗尔斯：《万民法》，陈肖生译，吉林出版集团2013年版，第67页。
② 同上书，第66页。
③ 同上书，第80页。

权权力，并不纯粹只是人民不拥有主权权力。罗尔斯拒绝把国家作为万民法的主体，体现了罗尔斯并不认同有关国际政治的现实主义解释。然而，罗尔斯所批判的只是传统的国家观——当时的国家拥有绝对的、不受限制的主权。在当今世界，情形已经大为不同，国家的主权已经受到了国际法的严格限制，国家并不拥有罗尔斯所言说的绝对主权，国家已经不再像以前那样拥有通过战争的手段来肆无忌惮地追寻自身利益的权力，即使对某些超级大国来说也同样如此。

另一方面，罗尔斯并没有明确地言说什么样的群体是人民，什么样的群体不是人民，也即罗尔斯并没有给出"人民"与"非人民"的判断标准。罗尔斯只是说明了自由人民的三个特征以及非自由的且正派的等级制人民应该满足的两个条件，然而，作为一个群体，人民除了包括自由人民和非自由的且正派的等级制人民以外，还包括其他类型的人民。罗尔斯没有从总体上指出不同类型的人民应该具有的共同特征。博格认为，罗尔斯所谓的"人民"的概念并不是足够清晰的和足够有分量的，并不能承受罗尔斯曾赋予其要承担的角色以及道德重要性。在世界上的许多地方，由官方所勘定的国界线并不与共同的种族、共同的语言、共同的文化、共同的历史和共同的传统等通常用来界定人民或民族的那些主要特征相关。[①] 在博格那里，罗尔斯的人民概念在如下两个方面是含混的：

> 第一，人们并不清楚，什么样的群体可以被视为人民。罗尔斯打算将在一个国家内的任何居住在一起的一群人都视为人民吗？那么，诸如库尔德人、犹太人、车臣人、毛利人、萨米人以及其他上百种传统的土著民族这些经常分散在不同国家中的或者居住在其他国家中的人要怎么来看待呢？第二，人们也并不清楚，罗尔斯是怎样确定不同人民的界限的。是根据护照、文化、血统、选择或者这些因素的组合还是其他的标准？一个人能够归属于不同的人民吗？

---

① Thomas W. Pogge, "An Egalitarian Law of Peoples", *Philosophy and Public Affairs*, Vol. 23, No. 3, 1994, p. 197.

还是最多只能归属于某个人民？①

也就是说，罗尔斯对人民的界定是非常含混的，他并没有提供能够区分不同人民的标准，按照罗尔斯对人民的现有说明，一个群体可能属于不同类型的人民。

第三节　以人民为中心的分析路径没有平等对待个人

正如上述分析所指出的那样，罗尔斯的"人民"概念是非常模糊的，罗尔斯并没有清晰地界定何谓"人民"。接下来我们将分析与罗尔斯的以人民为中心的分析路径有关的另一个棘手问题，即它平等对待个人了吗？事实上，罗尔斯的以人民为中心的分析路径并没有平等对待个人：一方面，人民的利益并不能简单地被化约成个人的利益，人民的利益与个人的利益并不总是一致的，这两种利益有可能是冲突的，某物品或者制度即使有利于人民的利益，也并不一定有利于个人的利益。安德鲁·库珀（Andrew Kuper）曾通过一个思想实验指出人民的利益与个人的利益并不总是一致的。② 假如在世界上有两个国家，其中一个国家是发展中国家U，另一个国家是发达国家D。每个国家的政府都理性地行动，以至于尽可能地保护其领土范围内的个人利益。对国家D来说，限制外来的移民也许是一种较为理性的政策，因为这将不会使得本国保护自身民众的权利和福祉的能力受到削弱。对国家U来说，基于相似的原因，限制本国的民众移居到国外也是一种较为理性的政策。即使国家D和国家U的代表在不知道自己代表哪一个国家的情况下，要确立一种用于处理两国之间关系的方法，他们也将会选择限制民众由国家U向国家D移民。然而，这种方法没有很好地保护这两个国家中的个人的权利和福祉。允许两个

---

① Thomas W. Pogge, "Do Rawls's Two Theories of Justice Fit Together?", in Rex Martin and David A. Reidy (ed.), *Rawls's Law of Peoples: A Realistic Utopia?*, Blackwell Publishing Ltd., 2006, p. 211.

② 本段的下述观点参见 Andrew Kuper, "Rawlsian Global Justice: Beyond the Law of Peoples to a Cosmopolitan Law of Persons", *Political Theory*, Vol. 28, No. 5, 2000, p. 646。

国家的人民的自由流动，也许将有利于处境较差之人的利益或者甚至能够保护所有人的基本自由。在库珀的思想实验中，虽然限制移民对国家D和国家U中的人民来说是有益的，但是对国家D和国家U中的个人来说，不一定是有益的，有时恰恰是有害的，因此，从整体上有利于人民的利益的政策，不一定有益于其中的个人的利益。

另一方面，罗尔斯的万民法并没有平等考虑人民的利益以及每个人的利益。在加里·夏蒂埃（Gary Chartier）看来，罗尔斯的万民法通过平等对待差异巨大的人民，并没有平等对待人民的成员的利益，因为个人的利益能否获得维护，将或多或少地依赖于其所属的人民的规模。同时，通过将每个人民视为一个统一的单位，万民法也没有平等考量所有人民的成员的利益和前景。实际上，万民法给予了那些在每个社会中占据主导地位的成员以特权，那些需要和前景异于他们的社会的领导者的持异议者和外来者的利益，也许被有效地忽略了。① 罗尔斯在证成其国际正义理论的过程中，仅仅设想了自由人民的代表和正派的等级制人民的代表在国际原初状态的第二次应用中有代表，法外国家、因不利状况而负担沉重的社会以及仁慈专制主义社会在国际原初状态中并没有自己的代表，这样的话，它们的利益并不能得到认真的考量和体现，这对这些国家的人民来说是极其不公平的。不但各人民之间有着巨大的差异，而且各人民内部的成员之间也有着巨大的差异，罗尔斯只是试图通过万民法来平等对待不同人民的利益，并没有平等对待不同人民的成员的利益。

可见，罗尔斯的以人民为中心的阐释路径并没有平等对待个人的利益，罗尔斯自己也曾明确提出了为什么万民法对人民是公平的，而对个人是不公平的这一问题："万民法在第二层次上使用原初状态，该原初状态为什么只是对人民而不是个人保持公平呢？人民本身有什么属性，使得我们要赋予它在万民法中的（道德的）行动者的地位呢？部分答案会在§2给出，在那里，我们将界定人民的理念；但更进一步的解释则在

---

① 参见 Gary Chartier, "Peoples or Persons? Revising Rawls on Global Justice", *Boston College International and Comparative Law Review*, Vol. 27, No. 1, 2004, p. 5。

§11。"① 然而，罗尔斯在《万民法》中的§2只是提及了我们在上文曾提到的自由人民的特征以及人民与国家之间的区别，只是罗列了自己的观念，并没有为自身的观点提供进一步的证明。在《万民法》的§11中，罗尔斯回应了某些世界主义者的全球正义理论。根据世界主义者的立场，所有人都被看作是合乎情理的以及理性的，并拥有罗尔斯所谓的正义感和善观念这两种道德能力。世界主义者以此为起点，认为存在一种全球原初状态，在无知之幕的作用下，各派将会采纳一种能够确保每个人都享有平等的基本权利与自由的正义原则。罗尔斯回应道，这等于说所有人将拥有宪政民主社会中的公民所拥有的平等的自由权利，

> 根据这种解释，一个自由人民的外交政策——它是我们希望去阐明的——将是逐步采取措施来塑造所有尚未是自由社会的社会，使它们朝着自由主义的方向转变，直至最终使得（在理想状况下）所有社会都变成是自由主义的社会。但这种外交政策只是简单地假定只有自由民主社会才是可以接受的。在没有得出一个合乎情理的万民法之前，我们怎么知道非自由主义的人民是不应该被宽容的？一个全球性原初状态存在的可能性并没有表明这一点，并且我们也不能简单地假设这一点。②

可见，罗尔斯的国际正义理论采取以人民为中心的分析路径的原因除了罗尔斯曾提到的人民与国家之间的差异以外，另一个重要原因在于罗尔斯认为自由人民应当"宽容"正派的等级制人民："宽容不仅意味着抑制住不去施加政治制裁——军事的，经济的或外交的——来迫使一个人民改变其发展路径。宽容还意味着将这些非自由社会认可为万民社会中遵规尽责的平等参与者。"③ 罗尔斯打算建构一种能获得正派的等级制人民所认可的万民法，如果他采取以个人为中心的分析路径，其万民法中就

---

① ［美］约翰·罗尔斯：《万民法》，陈肖生译，吉林出版集团2013年版，第59页。
② 同上书，第124页。
③ 同上书，第101页。

一定会包含个人主义的成分,就会要求所有的社会变成自由的社会,那么万民法的基础就会变得过于狭隘,万民法的八个原则并不能获得正派的等级制人民的认可。易言之,罗尔斯主要是出于一种实用主义的考虑,为了获得正派的等级制人民的认可而采取了一种反世界主义的立场,正如贝兹曾言,"罗尔斯看起来视人民而不是个人为伦理上的基本单位,主要基于实用主义的考虑——例如基于政治现实主义的考虑。他也认为一种世界主义的路径一定没有宽容政治传统和文化的多样性"[1]。博格也曾经猜测,"罗尔斯之所以认为原初状态的第二次应用要以人民的利益为标准,这些利益并不能被还原成个人的利益,其中的原因在于他认为后者所注入的个人主义因素是无法被等级社会接受的。罗尔斯所观察到的问题足够真实,他的解决方案能够得到等级制度捍卫者的认同,但却是以不能得到自由主义者的认同为代价的"[2]。然而,罗尔斯在此主张的宽容观是值得商榷的,我们将在第四章对此展开详细的分析。

在西蒙·卡尼(Simon Caney)看来,罗尔斯通过运用宽容以捍卫万民法,会带来一个根本问题。[3] 卡尼设想了一个思想实验,在某两个社会中,分别有两个拥有相同理念且不认同自由理念的群体 A 和 B。假如群体 A 生活在一个自由社会中,群体 B 生活在一个正派的等级制社会中。罗尔斯的万民法对待这两个群体的方式是不同的。根据《政治自由主义》中的理论,罗尔斯必须认为群体 A 的成员是不合乎情理的。《政治自由主义》的主题之一是如果人民拒绝自由价值,那么他们是不合乎情理的。根据《万民法》中的理论,罗尔斯必须认为群体 B 中的成员是合乎情理的,他认为群体 B 中的成员对自由价值的拒绝是合乎情理的,应该获得尊重。在卡尼看来,罗尔斯对待群体 A 和群体 B 中的成员的方式是难以理解的,因为我们事先假定群体 A 和群体 B 是同样的,唯一的差异在于群体 A 生活在一个自由国家中,群体 B 生活在一个正派的等级制社会中。

---

[1] Charles R. Beitz, "Rawls's Law of Peoples", *Ethics*, Vol. 110, No. 4, 2000, pp. 680 – 681.

[2] Thomas W. Pogge, "An Egalitarian Law of Peoples", *Philosophy and Public Affairs*, Vol. 23, No. 3, 1994, p. 211.

[3] 本段的下述观点参见 Simon Caney, "Cosmopolitanism and the Law of Peoples", *The Journal of Political Philosophy*, Vol. 10, No. 1, 2002, pp. 106 – 107。

然而，倘若群体 B 的成员对自由的拒绝是合乎情理的并值得尊重，那么，为什么群体 A 的成员对自由的拒绝不是合乎情理的呢？事实上，群体 A 和群体 B 的唯一差异在于其所处位置的不同而已。由上可见，对卡尼来说，罗尔斯的国际正义理论缺乏自洽性，其宽容观有待进一步的捍卫。以上我们分析了罗尔斯并没有能够证明为什么万民法对人民是公平的，而对个人是不公平的，他只是在简单地反复申述自己的立场，并没有提供一种能够令人信服的证明。

第四节　"人民"还是"个人"？

倘若我们的上述分析是可行的，既然罗尔斯的以人民为中心的阐释路径没有平等对待个人，而且其中明显也充斥着实用主义的动机，为了平等对待个人，世界主义者的以个人为中心的分析路径应该是一种较为有益的选择。在艾伦·布坎南（Allen Buchanan）看来，罗尔斯的万民法并没有关注个人和少数群体，一个仅仅反映"人民"的观点的万民法一定是不充分的。至少在现代世界，个人并不总是生活在他们所出生的社会中。这意味着需要有一个能够关注那些跨越边界的个人的原则，即那些能够明晰个人权利的原则，不论一个人生而所属的社会是什么样的社会。① 对布坎南来说，那些仅仅源自"人民"的针对国际法的道德原则是不充分的，那些关注个人的道德原则是必不可少的。倘若在罗尔斯的国内正义理论中，每个人之间的平等尊重是社会正义的基础，那么在罗尔斯的国际正义理论中，为什么它不能为世界上的每个人之间的关系提供同等的基础呢？本章认为，基于下述两个方面的考虑，我们完全有理由认为世界主义者所宣扬的以个人为中心的分析路径，有着存在的合理性。

一方面，依照罗尔斯在国内正义理论中所使用的契约主义方法，人们可以设想存在一种不同于罗尔斯的国际原初状态的"全球原初状态"，其中的各方是个人的代表，将会选择针对"个人"而不是针对"人民"

---

① 参见 Allen Buchanan, "Rawls's Law of Peoples: Rules for a Vanished Westphalian World", *Ethics*, Vol. 110, No. 4, 2000, p. 698。

的正义原则。在罗尔斯所设想的国际原初状态中，国际原初状态中的各方要么代表自由人民，要么代表正派的等级制人民，也就是说，国际原初状态中的各方既没有代表所有的人民，又没有代表世界上的所有个人，更没有考虑个人的利益以及人与人之间的利益差异性。这使得罗尔斯的万民法与其国内正义理论形成了鲜明的对照。一些世界主义者认为罗尔斯的国际原初状态这一设计过于保守和烦琐，开始按照罗尔斯在《正义论》中的推理逻辑，大胆设想存在一种全球原初状态，比如博格就在这方面进行了一种有益的尝试。博格并不像罗尔斯那样首先设想存在一种国内原初状态，然后再设想存在一种国际原初状态，而是设想存在一种单一的全球原初状态。① 易言之，博格主张应用原初状态这一设计一次就够了，而罗尔斯两次应用了原初状态这一设计（其中在国际原初状态中又有两个阶段）。依博格之见，全球原初状态中的各方是个人的代表。作为一个世界主义者，博格将个人视为道德关怀的终极对象，而罗尔斯的国际原初状态中的各方是人民的代表，个人的代表并没有参与其中，这体现了罗尔斯的国内正义理论与国际正义理论之间的不一致性：罗尔斯在其国内正义理论中，赞成规范性的个人主义，而在其国际正义理论中，他并不赞成规范性的个人主义，也完全没有论及个人以及个人的利益，这是一个不对称的地方。在罗尔斯的国内正义理论中，集体的利益并没有独立的重要性，而在其国际正义理论中，人民是道德关怀的终极对象。② 为了保持理论本身的融贯性，罗尔斯应该像其在国内正义理论中以个人作为道德关怀的终极对象一样，在国际正义理论中也应该以个人为道德关怀的终极对象。在将世界上的所有人涵盖在内的全球原初状态中，其中的各方代表个人，在无知之幕的遮掩之下，在不知道自己所代表的对象的家庭状况、教育程度、财富状况、社会地位、民族、种族和所属国家等因素的情况下，对正义原则做出选择，全球原初状态中的各方将会选择一种

---

① 参见［美］涛慕思·博格《康德、罗尔斯与全球正义》，刘莘、徐向东等译，上海译文出版社 2010 年版，第 164 页。

② 参见 Thomas W. Pogge, "Do Rawls's Two Theories of Justice Fit Together?", in Rex Martin and David A. Reidy (ed.), *Rawls's Law of Peoples: A Realistic Utopia?*, Blackwell Publishing Ltd., 2006, p. 211。

全球分配正义原则。倘若罗尔斯的国际正义理论能够转换分析路径，采取一种以"个人"为中心的阐释路径，那么它将能够平等对待个人的利益。

另一方面，在全球化的时代，存在一种类似于罗尔斯所谓的社会基本结构的"全球基本结构"，同时与社会基本结构一样，全球基本结构亦对人们的生活带来了深刻的、无法摆脱的影响，需要一种正义原则去关注和调节全球基本结构。布坎南认为，一旦明晰了如下两个事实，在国际原初状态中人民的代表所选择的原则将不同于罗尔斯所认为的人民的代表将选择的原则。第一个事实是：存在一种像国内基本结构一样的全球基本结构，全球基本结构也是正义的主题，而且也是一个非常重要的主题，因为它对个人、群体以及罗尔斯意义上的"人民"的生活前景带来了深刻的影响；第二个事实是国家中的居民并不是罗尔斯意义上的"人民"。罗尔斯并没有注意到上述两个事实，以至于罗尔斯并不能提供一种国际分配正义原则以及并未能提供用于解决国内群体冲突的原则。可以说，罗尔斯的万民法仅仅适用于一个已经不复存在的威斯特伐利亚世界，因为对我们今天所处的世界来说，它的价值是较为有限的，同时罗尔斯也不能以他仅仅关注理想的理论为由而反对这种批评。[①] 对布坎南来说，国际法的道德理论忽视全球基本结构，是难以获得证成的，不但很多文献已经从理论上证明了全球基本结构的存在，而且在国际舞台上也确实出现了很多全球基本结构的构成要素，比如地区性的以及全球性的经济制度和法律制度等。

倘若布坎南的上述观点是可以被接受的，那么我们必须确立能够针对和调节全球基本结构的正义原则。全球基本结构像罗尔斯的社会基本结构一样，对每个人的生活会产生深刻的影响，比如可以决定人生的境遇、社会地位的高低和财富的多寡，在全球基本结构中也有很多不公正的地方，比如很多不公正的地区性的和国际性的法律制度、经济制度和财产制度。一旦我们承认全球基本结构是存在的，为了平等对待每个人，全球原初状态中的个人的代表在无知之幕的遮蔽之下将会选择一种平等

---

① 参见 Allen Buchanan, "Rawls's Law of Peoples: Rules for a Vanished Westphalian World", *Ethics*, Vol. 110, No. 4, 2000, pp. 700 – 701。

主义的原则，将选择那些能使其所代表的个人能够处于一种根本的平等地位的原则，正像罗尔斯在论及其社会基本结构一样时，那些力图缓解社会基本结构所带来的不利影响的各方将选择一种平等主义原则。全球原初状态中的各方会选择什么样的全球分配正义原则，可以有多种选择，比如贝兹和莫伦道夫等人曾提议的全球差别原则和全球机会平等原则等原则。就全球机会平等的含义来说，有论者曾言，"就最通常的形式而言，全球机会平等要求无论那些拥有相同才能和积极性的人处于哪个社会，他们都应该拥有大致平等的获取社会利益的机会。从本质上而言，全球机会平等也要求无论一个人身处哪个社会，他应该被给予一种能够拥有才能和积极性的公平的机会"[①]。倘若全球原初状态中的各方将通过其所选择的原则，以确保全球基本结构不会伤害其所代表的个人的利益，那么他们所选择的原则一定是比罗尔斯的万民法所允诺的更为激进的分配正义原则，也将是一种能够在全球基本结构中起到积极作用的全球分配正义原则。

综上所述，我们分析了在罗尔斯的国际正义理论中，罗尔斯所采取的以人民为中心的阐释路径是否合理这一问题。通过分析我们可以发现，罗尔斯的以人民为中心的分析路径是有缺陷的，该路径既没有清晰地界定何谓人民，也没有平等对待个人。罗尔斯之所以采取此分析路径，除了罗尔斯所谓的人民与国家之间的差异以外，更主要的在于倘若罗尔斯采取以个人为中心的分析路径，其万民法并不能获得正派的等级制人民的认可。贝兹、博格和莫伦道夫等世界主义者的以个人为中心的分析路径优于罗尔斯所推崇的以人民为中心的分析路径，能够平等对待个人。

---

① Sylvie Loriaux, "On the Applicability of the Ideal of Equality of Opportunity at the Global Level", in Diogo P. Aurélio, Gabriele De Angelis and Regina Queiroz (ed.), *Sovereign Justice: Global Justice in a World of Nations*, De Gruyter, 2011, p.127. 莫伦道夫认为在全球层面上，"如果机会平等得以实现，一个在莫桑比克的农村长大的孩子将会与瑞士银行的高级行政官的孩子拥有同样的机会成为瑞士银行的高级行政官。因为教育和健康方面的基础设施的差异以及满足安全和生存需要方面的有效能力的差异，那些最贫困的发展中国家的儿童在成功的机会方面远远不如发达国家的儿童"。关于全球机会平等的较为详细的研究，可参见 Darrel Moellendorf, *Cosmopolitan Justice*, Westview Press, 2002, 以上所引述的莫伦道夫的观点，参见该书第49页。另外，我们将在第八章详细论述贝兹的全球差别原则。

第三章

人权、合法性与实用主义动机

在罗尔斯的国际正义理论中，人权观念处于一种非常重要的位置，正如里迪所言，"在《万民法》中，约翰·罗尔斯将基本的人权置于中心的位置。无论是在自己的国内秩序中，还是在与其他人民的关系中，所有人民必须尊重人权。人权成为任何可以接受的国际法和国际关系的基石"①。我们当下所处的时代是一个人权的时代，人权话语极能鼓舞人心，人权在国际正义理论中应当处于中心地位，这当然是毫无异议的。然而，罗尔斯的人权观不同于当代的主流人权理论：一方面，为了使得自由人民与正派的等级制人民能够实现和平共处，接受具有同样内容的万民法，罗尔斯试图建立一种普世主义的人权观，并认为人权所扮演的角色包括政体合法性的标准和免受外部干涉的标准等方面；另一方面，罗尔斯以人权的角色来确定何种权利属于人权，其人权清单仅仅包括生命权、自由权、财产权和形式平等的权利等基本权利。② 简言之，罗尔斯对人权清单的列举采取了一种极简主义的方式，《世界人权宣言》及其附属公约所规定的政治参与、集会自由、经济权利和社会权利等权利并不在罗尔斯的人权清单之上。可见，罗尔斯赋予了极简主义的人权清单一种非常重要的角色，这就引出了本章所要论及的主要问题：罗尔斯赋予人权的角色是可以为人们所接受的吗？即使这种角色是可以接受的，罗尔斯的极简主义人权清单能够承受罗尔斯赋予人权所要担负的角色吗？本章首先

---

① David A. Reidy, "Political Authority and Human Rights", in Rex Martin and David A. Reidy (ed.), *Rawls's Law of Peoples: A Realistic Utopia?*, Blackwell Publishing Ltd., 2006, p.169.

② [美] 约翰·罗尔斯：《万民法》，陈肖生译，吉林出版集团2013年版，第107—122页。

在归纳罗尔斯人权观的基本理念的基础上，探讨罗尔斯的人权观在万民法中所扮演的过于简单的角色，然后本章在假定罗尔斯对人权角色的设定是可以接受的基础上，分析罗尔斯的人权清单能否扮演其在万民法中的角色这一问题。最后，本章将论及罗尔斯试图赋予一种极简主义人权清单之非常重要的角色的缘由及其背后的实用主义动机。

第一节　罗尔斯的极简主义的人权清单

在罗尔斯的国际正义理论中，罗尔斯着力论述了人权理论，其万民法的第6条原则就主张"人民应当尊重人权"，同时，万民法的其他一些原则也或多或少与人权有关，可以说对人权的论述，贯穿了罗尔斯的国际正义理论的始终，正如有论者曾言，"罗尔斯将人权作为一种更加广泛的公共理性观念的一种构成要素，该公共理性是为那种由自由民主的和'正派的'人民在政治上所组成的国家而构成的国际社会而制定的"①。罗尔斯对人权的论述的着力点主要在于人权清单的内容、人权的基础以及人权在万民法中所要扮演的角色三个方面。

罗尔斯认为人权不同于公民权利，前者是一个人作为人应当具有的权利，而后者是作为一个国家的成员所具有的权利，罗尔斯的人权清单包括一些最低限度的权利，并称之为"基本人权"："生命权（如获得生存的手段和安全的权利）；自由权（免于成为奴隶、农奴和强制劳动的自由权利，以及一定程度上足够的良心自由权，以确保信仰和思想自由）；财产（个人财产）权；以及由自然正义规则所表达的形式平等（比如说，相似的情况应相似处理）。人权，如果这样理解的话，也就不能说它是自由主义或西方传统所独有的而将之拒绝。"② 除了包括上述权利以外，罗尔斯认为其人权清单还包括某些良心自由权、结社自由权和移民权，"万民法中的人权表达的是至关紧要权利中的一个特殊类别，如免于沦为奴隶或农奴的自由，良心自由（但不是平等的良心自由），少数族群免于被

---

① Charles R. Beitz, *The Idea of Human Rights*, Oxford University Press, 2009, p.96.
② ［美］约翰·罗尔斯：《万民法》，陈肖生译，吉林出版集团2013年版，第107页。

屠杀和种族灭绝的安全保障。对这类权利的侵犯，会受到合乎情理的自由人民和正派的等级人民的共同谴责"①。罗尔斯所说的生命权包括安全和生存的基本权利。就生存权而言，罗尔斯较为认同亨利·舒伊（Henry Shue）和 R. J. 文森特（R. J. Vincent）的生存权包含着最低程度的经济安全这一观点，其中的原因在于要合理地和理性地运用自由权利或任何类型的权利以及明智地使用财产，都要求某些一般的、通用的经济手段。②就宗教自由而言，罗尔斯认为人民享有一定程度的良心自由，并不享有完全的良心自由，享有的良心自由只要能够确保人民拥有信仰和思想自由即可。从总体上而言，罗尔斯的人权清单大体上涵盖了《世界人权宣言》的第 3 条至第 18 条所规定的一些权利：《世界人权宣言》的"第 3 条至第 18 条都可归于严格意义上的人权条款之列。还有一些人权，是此类权利的明显延伸。另外，由一些特别的协定如种族灭绝（1948）、种族隔离（1973）规定了一些极端情况。这样两个类别的权利构成了人权"③。对罗尔斯来说，万民法所要保护的人权是一些特别紧迫的权利，无论任何社会，只要侵犯了这些人权或者不能有效地保护人权，都会受到自由人民和非自由但正派的等级制人民的共同谴责、制裁乃至进行武力干涉。

罗尔斯对人权的基础的论述较有特色，他认为人权并不依赖如下整全性的道德学说或哲学学说：人具有同等的道德价值和道德地位，或者

---

① [美] 约翰·罗尔斯：《万民法》，陈肖生译，吉林出版集团 2013 年版，第 120 页。

② 参见 [美] 约翰·罗尔斯：《万民法》，陈肖生译，吉林出版集团 2013 年版，第 107 页。舒伊认为安全权和生存权是一个人应当享有的基本权利，前者包括人不受到谋杀、折磨、故意伤害、强奸和攻击等，后者包括拥有没有受到污染的空气和水、充足的食物、衣服、住房和最低限度的医疗保障等。为什么安全权和生存权应该是人应当享有的基本权利呢？舒伊认为其中的原因在于"由于安全和生存在保护人们的所有其他权利以及使人们享有所有其他权利方面所扮演的角色，生存权和安全权是基本权利。在安全权或生存权不能被享有时，其他权利也不能被享有，即使其他权利在这样的环境中在某些方面奇迹般地获得了保护。同时，如果安全权或生存权确实受到了威胁，那么其他权利无论如何也不能获得保护。享有其他权利要求一定程度的身体完整性"。参见 Henry Shue, *Basic Rights: Subsistence, Affluence, and U. S. Foreign Policy* (Second Edition), Princeton University Press, 1996, p. 30。

③ [美] 约翰·罗尔斯：《万民法》，陈肖生译，吉林出版集团 2013 年版，第 33 页。然而，我们需要注意的是，罗尔斯并没有完全照搬《世界人权宣言》的第 3 条至 18 条，而是进行了删减，只认可其中的一些基本人权，《世界人权宣言》中的很多权利（尤其是其中的经济权利和社会权利）并不在罗尔斯的人权清单上。

说人具有某些特定的道德能力和理智能力（这些能力使得人有资格拥有人权），也不诉诸关于人之本性的神学的、哲学的或道德的观念。对罗尔斯来说，要阐明这些整全性学说就需要一种相当深刻的哲学理论，很多等级社会将以它是自由主义的、民主的或者以某种方式带有西方政治传统色彩等为由而主动抵制它。① 易言之，人权并不通过任何整全性的宗教、哲学或者道德学说来证明其正当性，其中的原因在于在一个多元主义的社会中，这样的尝试非但不会有利于建立一个和平的世界，而且还会引发各种冲突的频发。实际上，既然罗尔斯认为其万民法是从自由主义的政治性的正义观念扩展而来的，罗尔斯并不将其人权观建立在整全性的哲学学说、道德学说或者宗教学说的基础之上就很容易为人们理解了。为了探讨人权的基础，罗尔斯采取了一种不同的阐释路径，认为：

> 我目前所描述的人权特征，已经以两种方式做出了说明。一种方式是将之看作属于一个从合乎情理意义上讲是正义的自由主义的政治性正义观，并且作为宪政民主自由政体里所有自由和平等公民都能享有的各种权利和自由权的一个恰当的子类。另一种形式是将它们看作属于（我所说的）一种联合主义的社会形式，这种形式将人首先看作是群体——联合体的、合作体的，以及社会各阶层的——的成员。作为这样的成员，人们具有各种权利和自由权，使得他们可以去履行他们的责任和义务，以及参与一种正派的社会合作体系。那些被称为人权的东西，被视为任何形式的社会合作的必要条件。但如果这些权利被经常性地侵犯，我们所得到的就只是一种由强力发布命令的奴隶制，而不是任何形式的合作。②

可见，罗尔斯认为人权是那些对任何社会合作来说都必不可少的权利，如果人民的人权被剥夺了，那么人民并不能参与任何意义上的社会合作，只能像奴隶那样处于一种被奴役和被蹂躏的状态，同时，罗尔斯在寻找

---

① 参见［美］约翰·罗尔斯《万民法》，陈肖生译，吉林出版集团2013年版，第110页。
② 同上。

人权的基础的过程中，并没有诉诸其他学者经常援引的人的平等的道德地位、道德尊严、自然权利、根本利益或者所有人所拥有的普遍特征等观念，而是主要诉诸社会合作理念。

虽然社会合作理念在罗尔斯的国际正义理论中处于重要地位，但是罗尔斯在《万民法》中并没有深入论述社会合作理念，他在《政治自由主义》中较为详细地论述了社会合作理念。依罗尔斯之见，社会合作主要包含三个构成要素：一是社会合作与诸如根据某种权威发布的命令而进行的协同活动不同，社会合作受到公共认可的规则和程序的引导；二是社会合作包括公平合作项目的理念，该理念将一种相互性理念具体化了，每一个参与社会合作并按规则和程序履行职责的人将从中受益；三是社会合作要求一种参与者都能合理地获得利益的理念。[1] 与在论述人权时诉诸社会合作不同的是，罗尔斯在论述人的基本自由（比如思想自由和良心自由等）时，主要诉诸自由和平等的公民所拥有的正义感和善观念这两种道德能力："正义感即是理解、运用和践行代表社会公平合作项目之特征的公共正义观念的能力。……善观念的能力乃是形成、修正和合理追求一种人的合理利益或善观念的能力。"[2] 为什么罗尔斯在论述人的基本自由和基本人权时诉诸不同的观念？这是有待罗尔斯及其捍卫者回答的一个重要疑问。

罗尔斯除了论述人权清单的内容和基础外，还着重论述了人权在万民法中所要扮演的角色。对罗尔斯来说，自第二次世界大战以来，国际法的要求比以前更加严格了，它在两个方面发生了深刻的变化，一是国际法限制了国家的对外权，比如限定了国家的战争权的适用范围。在二战以前，很多国家往往将战争作为推行国家政策的手段，比如获取经济资源或者他国的领土，但是二战以后，战争已不再被允许作为推行国家政策的手段，只有在自卫和为集体安全而战时才拥有正当性。二是国际法限制了国家的对内权，比如二战后国际法可以限制国家的对内的统治

---

[1] 参见［美］约翰·罗尔斯《政治自由主义》，万俊人译，译林出版社2000年版，第16—17页。

[2] 同上书，第19—20页。

权。总之，人权可以限制一国的某些主权。罗尔斯认为人权角色的变化主要与第二种变化相关，人权设定了一种不可逾越的外部边界，如果一个社会要想成为一个正义的万民社会中的遵规尽责的成员，那么它的内部制度必须不能越出此边界，否则它就不是万民社会中的一员。在罗尔斯的国际正义理论中，人权扮演了如下三种重要的角色：

1. 它们是一个政体的合法性、法律秩序的正派性的必要条件。
2. 如果一类人民满足了尊重人权的要求，这就足以排除了其他类人民可以对它进行有辩护的强力干涉，如外交、经济制裁，或更严重的军事干涉。
3. 人权为各人民之间的多元性设置了限度。①

可见，在罗尔斯的万民法中，人权的角色主要在于正派的政治制度的最低标准以及证明外部干预和干涉的合法性，也就是说，一个政权只要尊重罗尔斯所给定的人权清单，那么该政权就拥有合法性，就可以免受外部力量的干涉，就拥有自卫权。

第二节　人权在万民法中的角色过于狭窄

正如上述分析所指出的那样，在罗尔斯那里，人权主要扮演合法性的角色，界定了何时国际干涉和强制是被允许的，何时国际干涉和强制是不被允许的，人权可以限制国家的政治主权及其在战争中的行为，侵犯人权是能够证成外交制裁、经济制裁乃至军事干涉的重要缘由之一。那些不尊重人权的国家（比如罗尔斯曾重点提及的"法外国家"）的自卫权也受到了限制，无论任何人民，只要其域内制度侵犯了生活在其中的人的人权，他们都不能够抗议国际社会对其的谴责、制裁甚至军事干预，他们本身拥有的自卫权和独立权并不是其免予外部干涉和制裁的护身符。同时，通过罗尔斯对人权的角色的论述我们也可以看出，罗尔斯

---

① ［美］约翰·罗尔斯：《万民法》，陈肖生译，吉林出版集团2013年版，第122页。

在国际事务中较为认同多元主义，即使一个社会没有建立自由民主的制度，只要该社会保护了人权，那么该社会也可以足以免受外部的干涉和制裁。

罗尔斯对人权在万民法中的角色的设定是可以为人们接受的吗？实际上，在国际政治中，人权除了扮演罗尔斯所提到的角色以外，还应该扮演如下角色：首先，对人权的尊重，是建立一个自由的、正义的与和平的世界的重要基础。《世界人权宣言》曾明确提到人权的这一角色，它对人权的角色的理解，比罗尔斯的理解更为宽泛，并不像罗尔斯那样仅仅将人权作为合法性的标准以及限制政治主权等。《世界人权宣言》的序言写道：

> 鉴于对人类家庭所有成员的固有尊严及其平等的和不移的权利的承认，乃是世界自由、正义与和平的基础，……因此现在，大会，发布这一世界人权宣言，作为所有人民和所有国家努力实现的共同标准，以期每一个人和社会机构经常铭记本宣言，努力通过教诲和教育促进对权利和自由的尊重，并通过国家的和国际的渐进措施，使这些权利和自由在各会员国本身人民及其在其管辖下领土的人民中得到普遍和有效的承认和遵行。①

可见，《世界人权宣言》认为人权在国际政治中所扮演的角色主要有两个：一是人权是建立一个自由、正义与和平的世界的基础；二是人权是所有人民和所有国家的成就的普遍标准。罗尔斯确实比较强调人权对世界和平的重要性，法外国家之所以遭受外交上的谴责乃至在严重侵犯人权的状况中会遭到军事制裁，其中的原因在于这些国家不尊重人权和万民法，对国际秩序的和平与稳定会带来一种严重的威胁："法外国家具有侵略性和危险性；如果法外国家转变或被迫转变它们的行事方式，那么所有人民都将会更加安全。否则，它们将对权力和暴力的国际气候产

---

① 有关《世界人权宣言》及其附属的9个公约的具体内容，可参见张伟主编《联合国核心人权文件汇编》，中国财富出版社2013年版。以下同。

生深远的影响。"① 然而，罗尔斯忽视了人权对建立一个自由的与正义的世界的重要性，如果世界上有很多国家不尊重其公民的人权，比如不尊重其公民的生命权、自由权、财产权和政治参与的权利等，那么建立一个自由的与正义的世界，无异于天方夜谭。

其次，对人权的尊重和保障，是世界各国在进行政治改革、司法改革、经济改革与社会改革时所应致力于实现的主要目标，人权的这一角色与《世界人权宣言》的序言所宣称的"所有人民和所有国家努力实现的共同标准"是较为契合的。无论国家在进行政治改革和司法改革的过程中，抑或在进行经济改革和社会改革的过程中，必须以尊重和保障其公民的人权作为主要的目标之一。如果国家在进行改革的过程中背离了这些目标，其公民的生命权、自由权和财产权等人权得不到切实保障，或者以侵害其公民的人权为代价，那么这样的改革并不是惠及其大多数公民的改革，只是为少数权贵人士谋利益的改革，这样的改革离真正的改革尚有不少差距。

再次，人权是限制政府的其他行为以及限制非政府组织的行为的标准，并不仅仅像罗尔斯认为的那样仅仅是限制政治主权和战争中的行为，证成外交制裁、经济制裁乃至军事干涉正当性的标准。贝兹对此曾有论述，他对人权角色的理解有别于罗尔斯的理解，认为在国际政治中，人权不仅是政府行为的标准，而且还是国际非政府组织的行为的标准，"作为个人反对政府的基础，或者那些构成国际公民社会的非政府组织的政治行动的基础"②。贝兹还曾言：

> 罗尔斯并没有将人权视为在国家宪法中可以被强制实施的权利，没有将人权视为在某些区域性的人权法庭中有时所认为的那样，没有将人权视为某些人权宣言的起草者所想象的那样。那些针对国际监督、报告和谴责之实践的条款并不存在（虽然它们也许存在）。罗尔斯曾注意到但是并没有吸纳，为了影响那些人权受到威胁的国家

---

① [美]约翰·罗尔斯：《万民法》，陈肖生译，吉林出版集团2013年版，第123页。
② Charles R. Beitz, "Rawls's Law of Peoples", *Ethics*, Vol. 110, No. 4, 2000, p. 684.

的内部事务，国家和国际组织所使用的非强制性的、范围广泛的政治措施和经济措施。他并没有将人权视为证成了个人和非政府组织从事的以改革为导向的政治行动。①

对贝兹来说，人权不但可以限制政府的行为，而且还可以限制国际公民社会中的非政府组织的行为，国际公民社会中的非政府组织也不能侵犯人权，也应以保障人权为自己的行动目标，如果罗尔斯对人权的角色进行更少限制的话，那么罗尔斯的人权清单的范围会更加宽泛，而不会像现在那样那么狭窄。

最后，人权在当今世界的一些主要国际组织（如联合国、欧盟等）中所扮演的角色，要远远大于罗尔斯所提到的人权所扮演的角色。詹姆斯·W. 尼克尔（James W. Nickel）曾提到人权在欧盟、美洲国家组织、非洲联盟和联合国等国际组织中所扮演的14种角色，比如有：好政府的标准；在国家层面上引导制定人权清单的合适内容；引导国内的愿望、改革和批评；当对政府的反抗被许可时为反抗提供指导；当国家的领导人和官员在国内侵犯人权被揭发时提供指导；国家的公民以及其他国家中的人民、国际上的非政府组织批评政府所采用的标准；为评估针对国家的财政援助的合适性提供标准；政府和国际组织所采取的国际干涉和批评的标准；国际组织进行的经济制裁的标准；国际组织或政府进行的军事干预的标准。② 对尼克尔来说，罗尔斯所提到的人权角色仅仅包括最后三个，这是令人难以接受的。

由上可见，无论当代有关人权的主要国际文件对人权角色的设定，还是其他学者对人权角色的理解，往往比罗尔斯的理解更为宽泛。人权之所以在国际政治中应该扮演一种更加宽泛的角色，与人权在本质上是一种道德权利密切相关，正如乔恩·曼德勒（Jon Mandle）所言，"基本人权为社会带来了一种很强的道德义务，这些权利对其他权利具有优先

---

① Charles R. Beitz, *The Idea of Human Rights*, Oxford University Press, 2009, p. 101.
② 参见 James W. Nickel, "Are Human Rights Mainly Implemented by Intervention?", in Rex Martin and David A. Reidy (ed.), *Rawls's Law of Peoples: A Realistic Utopia?*, Blackwell Publishing Ltd., 2006, p. 270.

性。德沃金抓住了权利对其他考量的优先性,认为权利应该被视为'王牌'"①。罗尔斯认为人权主要扮演合法性的角色,实际上,罗尔斯忽视了一个主要的问题:合法的制度和世界并不一定是正义的制度和世界,当今世界及其制度仅仅具有合法性,这是不够的。譬如,莱夫·韦纳(Leif Wenar)认为罗尔斯的"合法性理论界定了可接受的强制性政治权力的最低标准。合法性是一个比正义更宽泛的标准:某种制度也许是合法的,但是从整体上而言,并不一定是正义的,世界上的很多制度毫无疑问都是这样的"②。某种制度也许具有合法性,然而,它并不一定是正义的,因为某种制度所合乎的法律本身就是非正义的法律,并不是一种良法。

  罗尔斯为何将人权的角色设定得如此狭窄呢?其中的主要原因在于正如本章开篇曾提到的那样,罗尔斯的国际正义理论所关注的主要问题是一个和平的世界如何可能,为了解决该问题,罗尔斯主张自由的人民要宽容正派的等级制人民,这样有利于建构一个和平的世界。在罗尔斯那里,正派的等级制人民与合乎情理的自由人民都尊重人权,都属于组织有序的人民的范畴,自由的人民必须宽容正派的等级制人民,"宽容不仅意味着抑制住不去施加政治制裁——军事的,经济的或外交的——来迫使一个人民改变其发展路径。宽容还意味着将这些非自由社会认可为万民社会中遵规尽责的平等参与者。他们拥有某些权利和义务,包括一种公民性义务。这种义务要求他们的行动向其他人民提供适合于万民社会的公共理由"③。为什么自由的人民必须宽容正派的等级制人民?罗尔斯认为其中的原因在于正派的等级制人民尊重人权,并奉行一种非侵略性的政策,"如果所有社会都被要求变成是自由主义的,那么政治自由主义的理念将无法表达出对按照其他可接受的方式组织起来的社会(如果

---

  ① Jon Mandle, *Global Justice*, Polity, 2006, p. 45.
  ② Leif Wenar, "Why Rawls is Not a Cosmopolitan Egalitarian", in Rex Martin and David A. Reidy (ed.), *Rawls's Law of Peoples: A Realistic Utopia?*, Blackwell Publishing Ltd., 2006, p. 100.
  ③ [美] 约翰·罗尔斯:《万民法》,陈肖生译,吉林出版集团 2013 年版,第 101 页。

有这样的社会的话，而我假定会有）的应有尊重"①。对罗尔斯来说，合乎情理的自由人民只有宽容正派的等级制人民，才能建构一个和平的世界。罗尔斯认为人权的首要角色并不是用于保障人权，而是为了实现世界和平，他主要从和平与稳定的角度而不是从创造一个公正的世界秩序的角度出发，来探讨什么是国际正义。可见，罗尔斯的国际正义理论对和平的考量优先于对正义的考量，然而，罗尔斯可能忽视了，一个不以正义为根基的和平也许是一种根基不稳的和平。

第三节　罗尔斯的人权清单难以扮演其在万民法中的角色

如上述分析所显示的那样，罗尔斯对人权的角色的设定可能过于狭窄。如果我们采取一种较为同情的态度来理解罗尔斯的人权观，假定罗尔斯对人权角色的理解是可以为人们所接受的，那么罗尔斯的人权清单能够扮演其在万民法中的角色吗？

为回答上述问题，我们首先对比一下罗尔斯的人权清单与《世界人权宣言》及其附属文件有关人权内容之间的差异。1948 年 12 月 10 日联合国大会通过了《世界人权宣言》，此后为了进一步保护人权，联合国大会又相继通过了《消除一切形式种族歧视国际公约》《公民权利和政治权利国际公约》《经济、社会和文化权利国际公约》《消除对妇女一切形式歧视公约》《禁止酷刑和其他残忍、不人道或有辱人格的待遇或处罚公约》《儿童权利公约》《保护所有移徙工人及其家庭成员权利国际公约》《残疾人权利公约》和《保护所有人免遭强迫失踪国际公约》等公约。《世界人权宣言》及其附属文件所涉及的人权内容非常广泛，也获得了世界上大多数国家的承认（至少目前还没有国家公开否定《世界人权宣言》），尼克尔将其中所提到的权利归纳为七大类：

（1）**安全权利**，即保护人民免遭杀戮、大屠杀、折磨和强奸等

---

① ［美］约翰·罗尔斯：《万民法》，陈肖生译，吉林出版集团 2013 年版，第 101 页。

的权利;(2)**拥有法定诉讼程序的权利**,即免遭未经审问就被监禁、秘密审判和过度惩罚的权利;(3)**自由权利**,即个人在信仰、表达、结社、集会和迁徙等方面的自由受到保护;(4)**政治权利**,即人民通过投票、担任公职、交流与和平的集会等活动而拥有定期和真实的选举的权利;(5)**平等的权利**,即拥有平等的公民身份、法律面前人人平等和不受到歧视的权利;(6)**经济和社会权利**,即向所有儿童提供受教育的机会和避免出现严重的贫困和饥饿的权利;在这里也应该提到另一种权利,即第(7)种权利:**少数民族和群体的权利**。①

虽然罗尔斯的人权清单上的权利大体上也可归类于上述几种权利,比如罗尔斯的人权清单也包括安全的权利,反对种族灭绝和种族隔离,形式平等的权利大体上类似于法定诉讼程序的权利;然而,罗尔斯的人权清单只是大体上认同《世界人权宣言》的第3条至第18条所规定的权利,漠视了《世界人权宣言》的其他条款规定的权利,对公民所享有的自由权利、政治权利、平等权利、经济权利和社会权利进行了更多的限制。第一,就自由权利而言,罗尔斯的人权清单上的自由权利包括"免于成为奴隶、农奴和强制劳动的自由权利,以及一定程度上足够的良心自由权,以确保信仰和思想自由",以及包括某些良心自由权、结社自由权和移民权,《世界人权宣言》及其附属文件除了包括罗尔斯所说的自由权以外,还包括表达自由、集会自由、结社自由以及平等的良心自由。第二,就政治权利而言,罗尔斯的人权清单并不认同《世界人权宣言》的第21条所宣称的公民所享有的政治权利:"人人有直接或通过自由选择的代表参与治理本国的权利。人人有平等机会参加本国公务的权利。人民的意志是政府权力的基础;这一意志应以定期的和真正的选举予以表现,而选举应依据普遍和平等的投票权,并以不记名投票或相当的自

---

① James W. Nickel, "Are Human Rights Mainly Implemented by Intervention?", in Rex Martin and David A. Reidy (ed.), *Rawls's Law of Peoples: A Realistic Utopia?*, Blackwell Publishing Ltd., 2006, pp. 264–265. 黑体字为原文所有。

由投票程序进行。"罗尔斯的这一做法,引起了不少人的异议,罗尔斯的人权清单对政治权利的忽视,与罗尔斯的自由主义立场可能存在不一致之处。第三,就平等权利而言,罗尔斯并不主张宗教自由的平等,认为"必须承认一定程度充分足够的良心自由以及信仰和思想自由,即使这些自由在该正派社会里并不像在自由社会里那样,对所有社会成员都是足够广泛及平等的。尽管国教可能拥有各种各样的特权,……但由于宗教自由的不平等性,一个等级社会必须允许移民的权利"①。布坎南对此也有论述,认为"罗尔斯的人权清单没有包括免受宗教歧视的权利,而是包括不受宗教迫害的权利;……它也没有包括不受其他形式的歧视的权利——基于种族、性别、民族或性别定位的权利。除了援助的权利和一个总体上并没有加以界定的财产权之外,任何类型的福利权也并没有处于人权清单之上"②。第四,就经济和社会权利而言,《世界人权宣言》包含很多经济权利和社会权利,③比如享有包括食物、衣着、住房和医疗在内的社会服务的权利以及在遭到失业、疾病、残废、守寡和丧失谋生能力时有获得保障的权利,这些经济权利和社会权利并不在罗尔斯的人权清单上。

可见,罗尔斯对人权清单的列举采取了一种极简主义的方式,认为人权不同于政治自由主义所要求的自由民主权利。罗尔斯不但忽视了一些重要的自由和民主的权利:言论自由、表达自由、集会自由、职业自由、平等的政治参与权(比如普选权)、完全的和平等的良心自由,而且也忽视了很多经济权利与社会权利,正如有论者曾言,"接受罗尔斯的那份经过压缩的人权清单会碰到一个主要障碍,尤其是,如果我们就像罗尔斯那样希望得到一份有现实的机会得到采纳的清单,我们就会碰到这

---

① [美] 约翰·罗尔斯:《万民法》,陈肖生译,吉林出版集团2013年版,第116页。

② Allen Buchanan, "Taking the Human out of Human Rights", in Rex Martin and David A. Reidy (ed.), *Rawls's Law of Peoples: A Realistic Utopia?*, Blackwell Publishing Ltd., 2006, p.151.

③ 当然,这并不意味着笔者认为《世界人权宣言》上所列举的所有权利都属于人权的范畴,比如带薪休假的权利和工作权,这些权利能否实现与个人所属国家的具体情况有着很大的关联性。另外,关于社会权利的进一步论述,可参见 [英] T. H. 马歇尔《公民身份与社会阶级》,刘训练译,载郭忠华、刘训练编《公民身份与社会阶级》,江苏人民出版社2007年版。

个障碍，那就是：国际社会绝不会接受那份清单。联合国人权清单已经根深蒂固，因此很难被大幅度地改动"①。我们需要注意的是，罗尔斯的国内正义理论的第一个正义原则肯定会主张保护公民的上述权利，我们也可以由此看出，并不是罗尔斯的国内正义理论所认同的所有基本权利和自由都属于其国际正义理论所认可的基本人权的范畴。

　　罗尔斯所持有的自由主义的政治性的正义原则为其提出一种范围更加宽泛的人权清单提供了坚实的基础，然而，为什么罗尔斯以极简主义的方式来列举人权清单，并大大删减《世界人权宣言》等人权公约所罗列的人权呢？这在很大程度上与罗尔斯以人权的角色来界定人权的范围是密切相关的："基本人权表达了所有人民的组织有序的政治制度的最低标准，这些人民都属于一个正义的万民政治社会的遵规尽责的成员。对这些权利的任何系统性侵犯都是严重事件，并扰乱了作为一个整体的万民社会（包括自由与等级社会）。既然这些权利表达的是一种最低度的标准，那么此要求所产生的这些权利是比较薄的。"② 罗尔斯首先设定了人权在万民法中所要扮演的角色，然后才开始规定人权清单的具体内容，罗尔斯赋予人权的角色较为特殊，这在很大程度上致使罗尔斯的人权清单没有包括个人应当拥有的一些重要权利。世界主义者贝兹也持有类似的观点，认为罗尔斯的人权清单之所以较为简单，其原因在于罗尔斯对人权在国际政治中的作用的理解较为狭窄。③

　　即使我们认同罗尔斯对人权的角色的设定，罗尔斯的极简主义人权清单也难以扮演其在万民法中的角色。一方面，罗尔斯的人权清单所忽视的一些权利，恰恰可以将自由民主社会同非自由民主社会区分开来，比如一些重要的自由和民主的权利。罗尔斯的极简主义人权清单容忍一

---

①　[美]詹姆斯·格里芬：《论人权》，徐向东、刘明译，译林出版社2015年版，第174页。纳斯鲍姆也曾强调，罗尔斯的《万民法》"公然删除了《世界人权宣言》所罗列的超过半数的权利，其中包括法治下的完全平等（因为允许有不平等的自由）、舆论自由、集会自由、自由选择职业、同工同酬的权利以及受教育权"。参见[美]玛莎·C.纳斯鲍姆《正义的前沿》，朱慧玲、谢慧媛、陈文娟译，中国人民大学出版社2016年版，第173页。

②　[美]约翰·罗尔斯：《万民法》，陈肖生译，吉林出版集团2013年版，第31页。

③　参见Charles R. Beitz, "Rawls's Law of Peoples", *Ethics*, Vol. 110, No. 4, 2000, p. 687。

些压迫和其他侵犯人权之现象的存在，如果一个国家中压迫和侵犯人权的现象长期存在且得不到有效的解决，那么该国家的合法性就会受到侵蚀，久而久之就会引起民众的抵抗乃至强烈的反抗和革命；另一方面，虽然罗尔斯的极简主义人权清单致力于创造一个多元主义的社会，但是一个没有涵盖经济权利与社会权利的人权清单并不能确保人的生命权获得尊重和保障，人的生命权往往是以人所享有的经济权利和社会权利为前提条件的，这样的多元主义社会并不是可欲的。作为罗尔斯的正义理论的主要辩护者，弗里曼也曾为罗尔斯的极简主义的人权清单进行辩护，他认为罗尔斯人权清单上的生命权、自由权、财产权和其他人权对社会合作来说是必不可少的，但是，投票权和竞选公职的权利对民主社会来说是关键的，对社会合作来说并不是必不可少的，将政治参与的民主权利视为同生命权、自由权、财产权一样重要，并不是可行的和合理的。[①] 实际上，弗里曼的辩护是值得商榷的，虽然罗尔斯人权清单上的生命权、自由权和财产权等权利是人们所拥有的政治参与的民主权利的基础，但是政治参与权是人们所拥有的生命权等权利的重要保障，人们只有在一定程度上拥有政治参与权，关注公共权力的运作及其不被肆意滥用，个人的生命权和自由权等权利才能获得有效的保障。否则，人们的生命权、自由权等权利将形同虚设，缺乏坚实和有效的基础。

因此，罗尔斯的人权清单过于简单，这基本上是一个不争的事实，即使最低限度的人权理论的代表人物 A. J. M. 米尔恩（A. J. M. Milne）认同的权利也比罗尔斯的人权清单上的权利要多一些。在米尔恩看来，人权在道德上是不可被剥夺的，权利人无论做了什么，都不能丧失自己的如下人权："生命权、公平对待的公正权、获得帮助权、在不受专横干涉这一消极意义上的自由权、诚实对待权、礼貌权以及儿童受照顾权。"[②] 因此，为增强罗尔斯的国际正义理论的吸引力和说服力，罗尔斯不能过于删减《世界人权宣言》及其附属公约上的人权内容，应进行适当的增添。

---

① 参见 Samuel Freeman, "*Justice and the Social Contract*: *Essays on Rawlsian Political Philosophy*", Oxford University Press, 2007, p. 267。

② ［英］A. J. M. 米尔恩:《人的权利与人的多样性——人权哲学》，夏勇等译，中国大百科全书出版社 1995 年版，第 171 页。

第四节　罗尔斯的人权观背后的实用主义考虑

通过上述分析我们可以发现，罗尔斯试图赋予一种极简主义人权清单一种非常重要的角色，罗尔斯这样做的缘由以及背后的动机何在呢？实际上，其中的缘由主要在于罗尔斯主张自由的人民要对正派的等级制人民持一种宽容的态度，即使正派的等级制人民只是部分地认同公民的自由权与平等权亦当如此。对罗尔斯来说，虽然正派的等级制人民并不是自由的人民，但是正派的等级制人民因具有如下特征，从而应该获得宽容："一个正派的人民必须要尊崇和平的法则，其法律体系必须能够是一个尊重人权的，以及能把政治责任和义务施加到其辖域内的每一个人身上的法律体系。"① 对正派的等级制人民的宽容，意味着不对正派的等级制人民进行经济的、外交的或者军事的制裁，不去改变其发展路径，不要求其变成自由主义的，"如果自由人民要求所有的社会都变成自由主义的，并且对那些非自由主义的社会施以政治制裁，那自由人民就否认了正派但非自由的社会——如果有这样的人民的话——应得一定程度的尊重。这种尊重的缺乏，将会损害正派但非自由人民他们作为人民的自尊，以及伤害他们的个体成员，并且带来痛苦和怨恨"②。依罗尔斯之见，如果自由的人民不尊重正派的等级制人民，那么将会伤害正派的等级制人民的自尊并有可能激起其心生怨恨，这样并不有利于一个和平世界的建构和维护。

为了使得自由的人民能够宽容正派的等级制人民，罗尔斯试图建立一种普世主义的人权观，并力图避免人权仅仅源于西方传统、仅仅属于自由社会的成员的权利等地域主义（parochialism）的指控。对罗尔斯来说，由于地域主义没有尊重自由主义对宽容的承诺，因此，地域主义是一种严重的缺陷。罗尔斯认为其基本人权属于普遍性的权利，"人权有别于宪法权利、民主的公民权利或其他各种属于某类型政治制度（个人主

---

① ［美］约翰·罗尔斯：《万民法》，陈肖生译，吉林出版集团2013年版，第109页。
② 同上书，第102—103页。

义的或联合主义的）的权利。它们是普适权利的一个特殊类别，且在其一般意图上根本不存在什么争议。它们是合理万民法的一个部分，对各人民的内部制度设定了限制，这是万民法要求所有人民必须做到的"①。易言之，在罗尔斯那里，人权并不是宪法性的权利和民主的公民权利，并不仅限于西方传统，而是一种普遍有效的道德权利。罗尔斯还认为人权与个人的公民身份没有关系，具有超越文化和经济界限的普遍性，同时，人权可以超越民族国家等共同体的边界，约束包括法外国家在内的所有人民和社会，无须获得这些人民和社会的认同，正如罗尔斯所言，

> 自由人民和正派等级制政体都尊重的那个人权清单，应该被理解为如下意义上的普遍权利：它们对万民法而言是本质性的，并且无论是否得到地方性政治当局的支持，它们都具有政治（道德）影响力。也就是说，它们的政治（道德）力量扩展到所有社会，并且它们约束所有的人民和社会，包括法外国家。一个侵犯这些权利的法外国家将会受到谴责，并且在严重侵犯人权的情形里，可能会招致强制制裁甚至是干涉。②

同时，为了获得正派的等级制人民的认同，罗尔斯还刻意改变了人权的基础，"万民法并没有说人是道德的人，并且在上帝眼中具有相同的价值；或者他们具有某些道德和理智能力使他们有资格享受这些权利。如果以这些方式去论证人权，就会涉及一些宗教学说和哲学学说；而这些学说可能被许多正派的等级制人民拒绝，因为他们觉得它们是属于自由主义的或民主的，或者以某种方式凸显了西方政治传统而对其他的文化怀有偏见"③。

可见，罗尔斯的人权清单是一种折中主义的方案，背后的实用主义色彩非常浓厚。在阿利斯泰尔·M. 麦克劳德（Alistair M. Macleod）看

---

① [美] 约翰·罗尔斯：《万民法》，陈肖生译，吉林出版集团2013年版，第33页。
② 同上书，第122页。
③ 同上书，第110页。

来，罗尔斯之所以打算设定一种比其自身的自由民主原则允诺的更为简略的人权清单，其中的原因在于罗尔斯认为自由民主原则在可预见的将来在国际共同体中不可能获得普遍的认同。例如，这些原则不可能被那些拥有不同的经济、文化和政治传统的社会——这些社会的道德和宗教传统既不完全民主又不完全自由——所接受。罗尔斯试图展示万民法中的自由主义原则是被自由民主的人民和正派的等级制人民所分享的原则，如果完全的良心自由——自由民主社会中的一种关键价值——是正派的等级制人民不能认可的东西，那么万民法肯定会削弱自身的要求，以获得正派的等级制人民的认可。如果正派社会中的等级制政府的要求与自由民主的要求是不一致的，那么万民法中的政治参与的要求一定会受到节制，以符合这种事实。① 罗尔斯为了使其人权清单能够获得正派的等级制人民的认同并试图建立一个各方能够和平相处的世界，不仅用一种极简主义的方式列举了人权清单的内容，而且还改变了人权的基础，这使得罗尔斯的人权观在当代人权理论中处于特立独行且极具争议性的地位。鉴于罗尔斯试图避免其人权观所面临的地域主义指控，他删减了《世界人权宣言》及其附属权利公约中的大部分自由、平等或者民主的人权内容，对言论自由、表达自由、集会自由、平等的政治参与权等自由和权利的尊重并不是非自由但正派的等级制人民所要满足的必要条件，同时罗尔斯力图使得其人权理论一定不依赖任何整全性的道德观念、宗教学说或哲学学说，他并没有像当代的主流人权理论那样通过诉诸于人的自然权利、根本利益或者普遍特征（比如道德能力与理智能力）而为自己的人权理论寻找坚实的基础，而是诉诸于社会合作理念。

罗尔斯的人权清单是普世主义的吗？能够获得普遍的认同吗？实际上，罗尔斯的人权清单的内容并不能获得普遍认同，他的人权观并不是推导出来的，自由的人民和正派的等级制人民恰恰是以认同人权为前提的。在罗尔斯所设定的国际原初状态中，自由人民的代表与正派的等级

---

① 参见 Alistair M. Macleod,"Rawls's Narrow Doctrine of Human Rights", in Rex Martin and David A. Reidy (ed.), *Rawls's Law of Peoples: A Realistic Utopia?*, Blackwell Publishing Ltd., 2006, p. 136。

制人民的代表并不是处于同一个国际原初状态并在一起选择万民法的原则，而是自由人民的代表首先选择万民法的八条原则，然后"将万民法扩展到正派的等级制人民。……从合乎情理意义上讲是正义的自由和正派等级制人民都会接受这个相同的万民法。出于此种理由，人民间关于他们彼此关系的政治讨论应该根据该万民法的内容和原则来表达"①。罗尔斯的万民法的第六条原则只是说人民要尊重人权，但是并没有说明何种权利被视为人权。罗尔斯的这种论证思路不但导致正派的等级制人民的代表有可能不会认同自由人民的代表所认同的万民法，而且还会导致正派的等级制人民的代表选择的人权清单有可能不同于自由人民的代表所选择的人权清单。罗尔斯的国际原初状态仅仅包括自由人民的代表和正派的等级制人民的代表，法外国家的代表并没有资格参与国际原初状态，这使得罗尔斯没有为其人权清单的正当性提供一种独立的证明。如果我们假设自由人民的代表和正派的等级制人民的代表在人权清单的内容上达成一致意见，那么当自由的人民和正派的等级制人民的政府从事侵犯人权的活动时，对其进行干涉能够获得证成。然而，当法外国家的政府从事侵犯人权的活动时，根据自由人民和正派的等级制人民所认同的人权清单对其进行干涉，就难以获得证成，因为法外国家在国际原初状态中并没有代表，并没有机会对罗尔斯的人权清单发表自己的意见。可见，罗尔斯的人权清单并不像罗尔斯及其辩护者所认为的那么具有普遍性，易言之，罗尔斯的人权清单并不是一种普世主义的人权观。

总的来说，为了建构一种和平的世界秩序，罗尔斯在其国际正义理论中着重论述了其人权观，分析了人权的角色以及人权清单的内容。罗尔斯的人权观在国际政治中所扮演的角色主要是证明政体的合法性以及外部干预和干涉的合法性的角色，罗尔斯对人权的角色的设定过于狭窄。即使我们认同罗尔斯对人权角色的设定，罗尔斯的人权清单也难以扮演其在万民法中的角色，因为罗尔斯的人权清单是一种极简主义的人权清单，他不但忽视了一些重要的自由和民主的权利，也忽视了很多经济权利与社会权利等重要的权利。罗尔斯为什么赋予一种极简主义的人权清

---

① ［美］约翰·罗尔斯：《万民法》，陈肖生译，吉林出版集团2013年版，第127页。

单如此重要的角色？其背后的原因主要在于罗尔斯主张宽容正派的等级制人民，并力图以其万民法为基础，建构一个和平的世界，可以说其中的实用主义动机是非常明显的。这不但使得罗尔斯删减了《世界人权宣言》及其附属人权条约等人权文件的大部分内容，仅仅诉诸社会合作来证成其人权观，而且也使得罗尔斯建构的普世主义人权观存在很多有待克服的困境。虽然如此，罗尔斯的人权观在当代人权理论和国际正义理论中仍然处于一种非常重要的位置：一方面，罗尔斯将人权置于国际正义理论的中心位置，是否尊重人权是判断国际秩序正当与否的重要标准。他的人权观尤其是其对基本人权的论述，有助于深化人们对人权理论的认识，为建构一个和平的世界秩序做出了尝试。另一方面，罗尔斯的人权观中的不足之处也激发了人们进一步探讨人权理论的兴趣，比如在当代有关全球正义理论的讨论中，以人权为中心的分析路径与全球正义理论的契约主义分析路径、全球正义理论的功利主义分析路径以及从"义务"出发对全球正义理论进行的分析一道，[1]成为全球正义理论的重要分析路径。因此，罗尔斯的人权观值得引起人们的重视。

---

[1] 具体研究可参见 Thomas W. Pogge, *World Poverty and Human Rights*, Polity Press, 2002; Charles R. Beitz, *Political Theory and International Relations*, Princeton University Press, 1979; Peter Singer, "Famine, Affluence, and Morality", *Philosophy and Public Affairs*, Vol. 1, No. 3, 1972; Onora O'Neil, *Faces of Hunger*, London: Allen & Unwin, 1986. 笔者曾分析了全球正义理论的功利主义分析路径、人权分析路径和契约主义分析路径，并分析了民族主义和爱国主义对全球正义的挑战，具体研究可参见高景柱《全球正义的功利主义分析路径——以彼得·辛格的理论为例》，《教学与研究》2016 年第 9 期；《论全球正义理论的人权分析路径》，《哲学研究》2017 年第 1 期；《全球正义的契约主义分析路径》，《浙江社会科学》2017 年第 11 期；《评民族主义与全球正义之争》，《民族研究》2016 年第 3 期；《评爱国主义与全球正义之争》，《江苏行政学院学报》2016 年第 6 期。

第四章

宽容、尊重与多元主义

当今世界是一个充满差异的世界，有着各种各样的国家，各种国家之间应该如何相处呢？这是自古以来人们不断思考的问题，也引起了很多学者的关注。罗尔斯在其国际正义理论中也思考了一个自由主义国家应该如何对待非自由主义国家这一问题。在罗尔斯那里，有些非自由主义国家是好战的和不尊重公民的基本人权，他称之为"法外国家"；有些非自由主义国家是爱好和平以及尊重公民的基本人权的，他称之为"正派的等级制人民"。罗尔斯认为自由主义国家不应该宽容法外国家，应该宽容正派的等级制人民，并试图以"宽容"来化解自由主义价值与非自由主义价值之间的对立与冲突。① 对那些信奉自由主义观念的人来说，对法外国家的不宽容是毫无异议的。然而，自由主义国家应该宽容正派的等级制人民这一观点在当今有关国际正义理论的研究中引起了很大的争议。本章关注的主要问题是罗尔斯的自由人民对正派的等级制人民的宽容这一观点能否获得辩护？本章将在梳理何谓正派的等级制人民、为何以及怎样宽容正派的等级制人民的基础上，分析罗尔斯的自由人民对正派的等级制人民的宽容这一观点能否获得证成，本章认为罗尔斯的这一观点难以获得证成。最后，本章将探讨为什么罗尔斯并不能以宽容来化解自由主义价值与非自由主义价值之间的对立与冲突，并强调自由人民应该在尊重差异的基础上，对正派的等级制人民的非自由主义的政治观

---

① 参见［美］约翰·罗尔斯《万民法》，陈肖生译，吉林出版集团2013年版，第4—5页。

点采取一种多元主义的立场。

第一节 何谓正派的等级制人民？

在罗尔斯的国际正义理论中，有两个概念非常重要，一个概念是"合乎情理的自由人民"，另一个概念是"正派的等级制人民"。合乎情理的自由人民拥有三个基本特征：第一个基本特征是制度性的特征，自由人民拥有一个正义的宪政民主政府来为他们的那种由成文宪法或者不成文宪法所界定的根本利益服务；该宪政民主政府有效地处于人民通过选举而进行的控制之下，不受到那些追逐私利的官僚集团以及大规模的私人利益的控制，并能够有效地保护人民的利益；第二个基本特征是文化上的特征，公民通过约翰·密尔所谓的由同一种族、同一血统、共同的语言、共同的宗教和共同的政治经历等因素所带来的"共同的感情"而联结在一起，同时，这些人民都想处于一个民主政府的控制之下；第三个特征是道德上的特征，自由人民拥有一种恰当的自尊心和自豪感。自由人民不但追求理性的利益，而且还追求合乎情理的利益。自由人民的理性行为受到他们关于什么是合乎情理的感觉的约束，会向其他人民提议按照公平的条件进行合作，正如合乎情理的公民在国内根据公平的合作条款同其他人民合作一样。如果一个人能够确定其他人也会和他一样遵循这些社会合作条款，那么他也会这样做。① 罗尔斯除了着力论述合乎情理的自由人民的特征以外，还特别着力论述了正派的等级制人民的特征。什么是正派的？在罗尔斯那里，尊重人权是人民是不是"正派的"必要条件之一："人权就有别于宪政权利或者自由民主的公民身份的权利，或其他各种属于某类型政治制度（个人主义的或联合主义的）的权利。人权为判断一社会内部制度的正派性提供了一个必要（尽管不是充分的）标准。这样，人权设定了一种边界，如果一个社会要想成为一个从合乎情理意义上讲是正义的万民社会里的遵规尽责的成员，那么它的

---

① 参见［美］约翰·罗尔斯《万民法》，陈肖生译，吉林出版集团 2013 年版，第 65—67 页。

内部制度必须不能越出此边界。"① 罗尔斯认为正派的人民包括两大类，其中一类的社会基本结构是正派的协商等级制，这样的人民被称为"正派的等级制人民"。在正派的协商等级制中，虽然人民并不像在自由社会中那样被视为自由的和平等的公民，但是人民仍然能够认识到自身所担负的道德责任和道德义务，并且能够在社会中尽自己作为公民应当尽的责任，同时"在协商等级制中，不同意见都有机会表达出来被听到，当然肯定不是以民主制度中所允许的那种方式来表达的，而是通过从该社会的宗教与哲学观点看来是恰当的方式去表达。因此，个体并不像自由社会那样拥有言论自由的权利；但是，作为联合体和合作体的成员，在协商过程中的某些时候，他们有某种权利表达政治不满，而且政府有义务认真考虑他们的不满并给出真诚的答复"②。另一类正派的人民的社会基本结构并不具备罗尔斯所谓的正派的协商等级制的特征，但是仍然有资格作为"万民社会"中的一员，罗尔斯主要论述了前一种类型的正派的人民（即正派的等级制人民）的特征。合乎情理的自由人民和正派的人民都属于组织有序的人民的范畴。

在罗尔斯看来，正派的等级制人民可以采纳各种各样的制度形式，在公共生活中，其成员是属于不同群体的成员，而且在正派的协商等级制中，每个群体在法律体系中都由一个小团体代表。那么，正派的等级制人民拥有什么特征呢？对罗尔斯来说，正派的等级制人民只有满足如下两个条件，才能有资格成为一个合乎情理的万民社会中的遵规尽责的一员。第一个条件是正派的等级制人民必须遵守和平的法则，不能具有侵略性的目的，不能奉行扩张主义的外交政策，并且通过贸易、外交以及其他和平的方式来达成自身的合法目的。③ 虽然正派的等级制人民也持有整全性的宗教学说、道德学说或者哲学学说等学说，这些学说也在影响着自身的政府结构以及社会政策，但是正派的等级制人民仍然对其他社会的政治秩序和社会秩序持有一种尊重的态度，并不试图通过某种方

---

① ［美］约翰·罗尔斯：《万民法》，陈肖生译，吉林出版集团2013年版，第121页。
② 同上书，第24页。
③ 参见［美］约翰·罗尔斯《万民法》，陈肖生译，吉林出版集团2013年版，第106页。

式去改变它。正派的等级制人民需要满足的第二个条件由三个要素构成。第一个要素是：

> 一个正派的等级制人民的法律体系，要与该人民共同善的正义理念（common good idea of justice）相一致，确保社会成员享受现在被称为基本人权的那些权利。一个违反这些权利的社会体系，并不能界定一种正派的政治和社会合作计划。在这些人权中，包括生命权（如获得生存的手段和安全的权利）；自由权（免于成为奴隶、农奴和强制劳动的自由权利，以及一定程度上足够的良心自由权，以确保信仰和思想自由）；财产（个人财产）权；以及由自然正义规则所表达的形式平等（比如说，相似的情况应相似处理）。①

第二个要素是正派的等级制人民的法律体系必须能够将真正的道德责任和道德义务施加到其管辖范围内的每一个成员身上。正派的等级制人民的成员被视为理性的、正派的以及负责任的，同时，他们还认为这些道德责任和道德义务符合他们所持有的共同善的正义理念。正派的等级制人民并不需要接受将每个人首先看作公民并且作为平等的公民具有平等的基本权利这一自由主义理念。第三个要素是：

> 法官和其他管理法律秩序的官员必须具有如下真诚的和并非不合乎情理的信念：法律的确是由共同善的正义观念所引导的。法律如果仅仅依赖强力来支持，那么这正是它遭到违反和抵抗的根源。共同善的正义理念，将人权赋予该人民的所有成员；如果这些权利被系统性地侵犯，而法官和其他官员却依然认为公共善的正义理念得到了遵循，那么如果不能说他们的这种信念是非理性的，它也是不合乎情理的。②

---

① [美] 约翰·罗尔斯：《万民法》，陈肖生译，吉林出版集团2013年版，第107页。
② 同上书，第108页。

总而言之，正派的等级制人民必须爱好和平，其法律体系能够将道德责任和道德义务施加到其每一个成员的身上，并且尊重人权和共同善的正义理念。

为了更加清晰地论述正派的等级制人民，罗尔斯以上述正派的等级制人民为原型，构想了一个关于非自由的穆斯林人民的思想实验，并称之为"卡赞尼斯坦"。在卡赞尼斯坦中，人们不信奉政教分离的原则，伊斯兰教是受到特别优待的宗教，并且只有伊斯兰教徒才能在政治权力中占据高层的位置，可以在政治上拥有发言权并影响政府的主要决策。虽然如此，在卡赞尼斯坦中，人们仍然信奉宗教宽容的原则，其他宗教都会获得宽容，其他的宗教和联合体都被鼓励拥有一种属于自己的繁荣的文化生活。卡赞尼斯坦公平地对待其他信奉非伊斯兰宗教的以及其他居住在其领土范围之内的少数群体——这些少数群体可能是以前被征服的群体的后裔或者是得到卡赞尼斯坦的同意之后而移民过来的群体。卡赞尼斯坦的统治者尊重基本人权，热爱和平，并不寻求建立帝国的梦想，其政府也允许非穆斯林加入军队并可以在其中担任高级指挥官。卡赞尼斯坦的基本结构包括一些议会组织，在协商等级制中，各个团体能够在这些议会组织中通过协商的方式解决问题。各个团体的代表可以在其中提出他们对政府决策的不满，相应地，政府对这些异议必须做出回应，而不能充耳不闻。政府对异议的回应必须清楚地解释它是如何根据共同善的正义理念合乎情理地解释其政策，又能将责任和义务施加到其所管辖的每个社会成员的身上。① 罗尔斯还设想卡赞尼斯坦是根据一种正派的协商等级制组织起来的，该等级制应当满足如下六条指导方针：

第一，必须要和所有的群体进行咨询协商。第二，这类人民的每一名成员都必须属于一个群体。第三，每一个群体都应由一个小团体来代表，这个小团体的成员应包括该群体自己的成员，他们了解并分享该群体的根本利益。这前三个条件确保所有群体的根本利益都得

---

① 参见［美］约翰·罗尔斯《万民法》，陈肖生译，吉林出版集团2013年版，第117—118页。

到了咨询并纳入考虑范围。第四，做最后决定的那个小团体——卡赞尼斯坦的统治者——必须衡量受到咨询的各个团体的观点和主张，并且一旦有人要求，那么法官和其他官员必须对统治者的决定进行解释和做辩护。……第五，统治者应该根据卡赞尼斯坦的特殊优先目标的观念来做政治决定。这些优先目标中，包括造就一个正派的和理性的、尊重其内部的宗教少数派的穆斯林人民。……第六个方针——但是非常重要的一个——是这些特殊的优先目标必须能够整合进一个总体的合作计划中，并且用于规范一个群体参与合作的行为的公平合作条款必须明确地界定。①

对罗尔斯来说，虽然卡赞尼斯坦并没有实现完美的正义，但是它仍然是一个正派的社会，仍然是我们所能期望的最好的社会。

第二节 为何以及怎样宽容正派的等级制人民？

至此，我们已经论述了自由的人民以及正派的等级制人民的特征。那么，自由的人民应该怎样对待正派的等级制人民呢？自由的人民应该怎样与正派的等级制人民相处呢？譬如，自由的人民可以采取强制的手段或者其他手段（比如物质激励的手段）来使得正派的等级制人民认同自由人民所持有的自由主义价值观吗？

在罗尔斯看来，自由的人民不能采取上述措施，而是应该"宽容"正派的等级制人民："将万民法扩展到非自由人民中去的一个主要任务是：界定自由人民应该在多大程度上宽容非自由人民。"② 那么，自由的人民为什么应当宽容正派的等级制人民呢？罗尔斯对此曾言，

> 一个自由社会将会尊重它的公民的整全性学说——无论是宗教，哲学和道德的——只要追求这些学说的方式能够与一种合乎情理的

---

① ［美］约翰·罗尔斯：《万民法》，陈肖生译，吉林出版集团2013年版，第118—119页。
② 同上书，第101页。

政治性正义观及其公共理性相容。相似地，我们说，假定一个非自由社会的基本制度符合某些特定的政治正当和正义条件，并且能引导人民去尊重一个合乎情理的正义的万民法的话，一个自由人民就将去宽容和接受该社会。在找不到一个更好的名字的情况下，我将满足这些条件的社会称为正派的人民。①

可见，"相似地"这一说法体现出罗尔斯在论及自由的人民为何要宽容正派的等级制人民时，主要采取了一种"类比论证"的方式：既然在一个国家的内部，自由社会将会对那些与合乎情理的政治性的正义观和公共理性相容的公民的整全性学说，持一种宽容的态度（即既不对这些整全性学说的优劣和高下进行任何判断，也不会采取某些和平的或者强制性的手段试图改变其公民所持有的各种整全性学说），那么在国际政治舞台上，自由的人民相应地也应当宽容正派的等级制人民，即使正派的等级制人民并不是自由的人民。罗尔斯的"假定一个非自由社会的基本制度符合某些特定的政治正当和正义条件，并且能引导人民去尊重一个合乎情理的正义的万民法的话"的这一说法，体现出自由的人民应当宽容正派的等级制人民的理由主要有以下两个方面：一方面，正派的等级制人民拥有本章第一部分曾提及的一些特征，比如具有非扩张主义的外交政策、其法律体系能够将责任和义务施加到其每一个成员的身上，并且尊重生命权、自由权和财产权等人权，同时，"正派人民允许一种持异议的权利，并且要求政府和司法官员要尊重且有礼地予以回答，这种回答要依据由司法进行解释的法治来对问题的是非曲直进行分析阐述。官员们不能因为自认为那些提出反对意见的人能力不足、不可理喻便拒绝听取这些意见。在正派社会里，由于持异议者的批评推动，久而久之，正派人民所持有的共同善的观念可能就会以这样那样的方式逐步改变"②。另一方面，在国际原初状态中，正派的等级制人民与自由的人民接受同样内容的万民法。对罗尔斯来说，无论自由的人民要求所有的社会都认同

---

① [美]约翰·罗尔斯：《万民法》，陈肖生译，吉林出版集团2013年版，第101页。
② 同上书，第103页。

自由主义的价值，都变成自由主义社会，还是对那些非自由主义社会施以经济制裁、政治制裁和军事干预，这些做法都否认了正派的等级制人民应得的尊重。罗尔斯反复申述了自由的人民尊重正派的等级制人民的重要性，譬如，如果自由的人民不尊重正派的等级制人民，那么相应的后果将会是非常严重的："这种尊重的缺乏，将会损害正派但非自由人民他们作为人民的自尊，以及伤害他们的个体成员，并且带来痛苦和怨恨。要否定对其他人民及其成员的尊重的话，这要求要能提供有辩护的强理由。"① 虽然依据自由主义的原则来看，正派的等级制社会并不是一个完全正义的社会，但是

> 允许这样的不正义并且不坚持所有社会都要奉行自由主义的原则，这需要强理由的支持。我相信这样的理由是存在的，其中最重要的理由就是维持人民间的彼此尊重。一方轻蔑侮辱，另一方就会痛苦怨恨，而这只会造成伤害。这些关系，并非是每个人民（自由的或正派的）各自内部基本结构的问题。毋宁说，在万民社会中维持人民间的彼此尊重，构成了该社会的基本结构和政治氛围的一个核心部分。②

倘若自由的人民对正派的等级制人民采取一种不宽容的态度，正派的等级制人民并不会与自由的人民和平共处。

罗尔斯还回应了其宽容观可能面临的一种批判：批评者有可能认为万民法并不要求自由人民宽容正派的等级制人民，其中的原因在于一个自由社会的公民是否宽容其他社会，主要依据在于其他社会是否与他们自身所认同的一种合乎情理的自由主义的政治观念相似。在存在合理多元论的情况下，自由社会的公民会认可合乎情理的政治性的正义观念，但是非自由社会并没有把那些具有理性、智力和道德感等能力的人视作真正自由和平等的人。因此，自由的人民并不需要宽容非自由的社会，

---

① [美] 约翰·罗尔斯：《万民法》，陈肖生译，吉林出版集团2013年版，第103页。
② 同上书，第104页。

可以对其采取政治的、经济的甚至军事的制裁,以促使非自由的社会朝着自由主义的方向转变,从而最终变成自由主义社会的一员。罗尔斯紧接着对上述批评回应道,"在还没有尝试去发展出一个合理的万民法之前,我们怎么知道非自由主义的人民是不应该被宽容的?如我们第二个原初状态中的论证(它挑选了那些适合诸自由人民的万民法原则)中看到的那样:各派是平等人民的代表,并且平等人民希望在与其他人民相处时维持这种平等地位"①。对罗尔斯来说,上述批评意见是存在问题的。

自由的人民应当如何宽容正派的等级制人民呢?罗尔斯认为"在这里,宽容不仅意味着抑制住不去施加政治制裁——军事的,经济的或外交的——来迫使一个人民改变其发展路径;宽容还意味着将这些非自由社会认可为万民社会中遵规尽责的平等参与者。他们拥有某些权利和义务,包括一种公民性义务。这种义务要求他们要为他们的行动向其他人民提供适合于万民社会的公共理由"②。罗尔斯在此对宽容含义的理解,要比以前的自由主义者的宽容观的含义宽泛一些。依罗尔斯之见,宽容一方面意味着虽然正派的等级制人民并不认可自由主义的价值,但是自由人民要对其采取容忍的态度,不能采取强制的手段来改变正派的等级制人民的发展路径;另一方面还意味着自由的人民应当尊重正派的等级制人民,并将之视为万民社会中的平等参与者。具体说来,一旦自由的人民宽容并尊重正派的等级制人民,将正派的等级制人民视为万民社会中平等参与者,正派的等级制人民就会逐渐地发生改变,久而久之会成为自由社会的一员。倘若一种自由主义的宪政民主制度在事实上确实优于其他非自由社会的制度,自由的人民应当相信并假定,只要自由的人民宽容正派的等级制人民,并给予正派的等级制人民应有的尊重,正派的等级制人民最终将会认识到自由制度的优点之所在,并主动地采取行动以使自己的制度逐渐向自由制度靠拢。反之,如果自由的人民并没有给予正派的等级制人民应有的尊重,而是采取强制性的手段以使其发生改变并拥抱自由主义的基本理念,那么这种做法将会挫败正派的等级

---

① [美]约翰·罗尔斯:《万民法》,陈肖生译,吉林出版集团2013年版,第102页。
② 同上书,第101页。

制人民的活力以及积极性，结果往往会适得其反。

第三节　对正派的等级制人民的宽容能否获得证成？

根据上述分析我们可以发现，罗尔斯认为自由的人民应当宽容正派的等级制人民。那么，罗尔斯的自由人民应当宽容正派的等级制人民这一观点能够获得证成吗？笔者认为罗尔斯的观点是难以令人接受的。

一方面，本章第二部分业已提到罗尔斯在论及自由的人民为何要宽容正派的等级制人民时，主要采取了一种"类比论证"的方式，这种类比论证是值得商榷的。为了反思罗尔斯的类比论证是不是合理的，我们必须回到罗尔斯在《政治自由主义》中所阐发的"宽容观"上。在罗尔斯看来，在现代民主社会中，人们持有不同的整全性的宗教学说、哲学学说和道德学说，这些整全性学说是互不相容的，而且都是合乎理性的，任何一种整全性学说都不能获得民众的普遍认可，

> 在现代民主社会里发现的合乎理性的整全性宗教学说、哲学学说和道德学说的多元性，不是一种可以很快消失的纯历史状态，它是民主社会公共文化的一个永久特征。在得到自由制度的基本权利和自由之保障的政治条件和社会条件下，如果还没有获得这种多样性的话，也将会产生各种相互冲突、互不和谐的——而更多的又是合乎理性的——整全性学说的多样性，并将长期存在。①

这一合乎理性而又互不相容的整全性学说的事实，罗尔斯称之为"合理多元论的事实"，这也是现代民主社会的重要特征之一。在合理多元论存在的情况下，罗尔斯认为他在《正义论》中对整全性的正义观的追求是不恰当的，转而追寻一种仅仅适用于政治领域的自由主义。他在《政治自由主义》中主要致力于回答如下问题："一个因各种尽管互不相容但却

---

① [美]约翰·罗尔斯：《政治自由主义》，万俊人译，译林出版社2000年版，第37页。

合乎理性的宗教学说、哲学学说和道德学说而产生深刻分化的自由平等公民之稳定而公正的社会如何可能长期存在？易言之，尽管合乎理性但却相互对峙的诸整全性学说，怎样才可能共同生存并一致认肯一立宪政体的政治观念？"① 罗尔斯对此问题的部分回答是在现代民主社会中，人们要秉持一种宽容的观念，要在存在人见人殊的合乎理性且相互冲突的整全性学说的情况下，寻找一种通过激烈的辩论等手段实现和平共存的方式，而不是试图采取强制性的方式强迫他人接受自己的观念。可见，在罗尔斯那里，人们为什么需要秉承一种宽容的观念，原因就在于在现代民主社会中所存在的合理多元论这一事实。罗尔斯认为人们之所以会产生各种各样的合乎理性的分歧，根源在于"判断的负担"："理性分歧的理念包含着对各种根源或原因的考虑，包含着对这样加以界定的理性个人之间的分歧的考虑。我把这些根源作为判断的负担来对待。……在理性的个人中间，产生理性分歧的各种根源——即判断的负担——乃是许多偶然未知因素，这些因素包含在我们于政治生活的日常进程中正确地（和正直地）行使我们的理性能力和判断能力的实践之中。"② 正是因为判断的负担的存在，理性的个人之间所存在的各种各样的分歧就是非常正常的，对同一个问题也会得出不同的判断。在现代民主社会中，在存在合理多元论和判断的负担的情况下，任何一种整全性学说都不可能获得公民们的一致认同，此时需要人们做的是在超越各种整全性学说的情况下，追求一种"重叠共识"，以对社会基本政治制度、宪法原则和价值观达成共识，重叠共识的核心是政治性的正义观念。

可见，依罗尔斯之见，在现代民主社会内部，自由主义的宽容对象是公民所持有的合乎理性的整全性的宗教学说、哲学学说和道德学说，非自由主义的政治学说并不在自由主义的宽容对象之列。易言之，自由主义的宽容主要体现了一种伦理上的中立性，并不是一种政治上的中立性。然而，在罗尔斯的国际正义理论中，罗尔斯认为自由人民的宽容对象是正派的等级制人民，正派的等级制人民持有一种非自由主义的政治

---

① ［美］约翰·罗尔斯：《政治自由主义》，万俊人译，译林出版社2000年版，第5页。
② 同上书，第58页。

学说。正如我们在本章第一部分曾经提到的那样，罗尔斯强调正派的等级制人民是非自由的，虽然正派的等级制人民也认同基本人权，并不拥有侵略性的目标，但是正派的等级制人民所认同的基本人权的清单只是包括生命权、自由权、财产权和形式平等的权利。除此之外，正派的等级制人民还认同某些良心自由权、结社自由权和移民权："万民法中的人权表达的是至关紧要权利中的一个特殊类别，如免于沦为奴隶或农奴的自由，良心自由（但不是平等的良心自由），少数族群免于被屠杀和种族灭绝的安全保障。对这类权利的侵犯，会受到合乎情理的自由人民和正派的等级人民的共同谴责。"① 正派的等级制人民所认同的人权清单比自由主义者所认同的人权清单要简略得多，因为自由主义者非常重视的平等的政治参与权利、言论自由、集会自由以及一些经济权利和社会权利等权利并不在正派的等级制人民所认可的人权清单之上。这也使得卡尼认为罗尔斯所罗列的基本人权的清单否认了民主的投票权利，有可能允许种族清洗、种族歧视、对少数群体的政治上的排斥以及对某些群体的强制性的迁移。② 罗尔斯所进行的上述类比论证也引起了很多学者的批判，比如科克-肖·谭（Kok-Chor Tan）认为倘若自由主义国家强迫推行一种根据整全性的宗教学说、哲学学说或道德学说而建构的善观念是不合乎情理的，但是自由主义国家仍然可以批判那些支持非自由主义政治学说的整全性学说，甚至在必要的情况下，可以采取攻击的态度。然而，罗尔斯的类比论证意味着在国内层面上那些不合情理的非自由主义政治学说，在国际层面上就变得合乎情理了，同时，那些并不能被应用于国内自由主义社会的观点可以在国际舞台上被应用，罗尔斯的观点缺乏一致性。③ 在安德鲁·库伯（Andrew Kuper）看来，罗尔斯的观点是不能令人信服的，因为"它依赖在人民和个人（分别围绕合乎理性的整全性学说组织自己的生活）之间进行的不完全的类比，罗尔斯式的建构主义并

---

① ［美］约翰·罗尔斯：《万民法》，陈肖生译，吉林出版集团 2013 年版，第 120 页。
② 参见 Simon Caney, "Cosmopolitanism and the Law of Peoples", *The Journal of Political Philosophy*, Vol. 10, No. 1, 2002, pp. 101 - 102。
③ 参见 Kok-Chor Tan, "Liberal Toleration in Rawls's Law of Peoples", *Ethics*, Vol. 108, No. 2, 1998, pp. 282 - 284。

不会支持这种类比,自由主义者也不应该认同这种类比。国家,即使是较弱意义上的国家,也使得政治强制制度化,同时任何强制性的制度都提出了其自身的合法性问题"①。总之,在罗尔斯那里,自由人民在国内层面上宽容的对象只是宗教学说、哲学学说和道德学说,并不会宽容非自由主义的政治学说,而自由人民在国际层面上必须要宽容正派的等级制人民所持有的非自由主义的政治学说。为什么自由人民在国内层面上并不会宽容的非自由主义的政治学说,在国际层面上必须给予宽容呢?罗尔斯及其立场的辩护者必须给予说明,否则罗尔斯的正义理论就缺乏自洽性。这也体现了罗尔斯所进行的上述类比论证是缺乏说服力的。

另一方面,罗尔斯在论证为何自由的人民应当宽容正派的等级制人民的过程中,有循环论证之嫌疑,这也是缺乏说服力的。为什么自由的人民在国际层面上必须宽容那些在国内层面上并不会给予宽容的非自由主义的政治学说?罗尔斯在回应贝兹和博格等世界主义者在国际层面上拓展其国内正义理论时曾反驳了这一指责,认为在世界主义者所设想的全球原初状态中,个人而不是人民被视为道德关怀的终极对象,这意味着所有人都将拥有宪政民主社会中的公民所拥有的平等自由权利,自由人民的外交政策在于使所有社会都变成自由主义社会,"但这种外交政策只是简单地假定只有自由民主社会才是可以接受的。在没有得出一个合乎情理的万民法之前,我们怎么知道非自由主义的人民是不应该被宽容的?一个全球性原初状态存在的可能性并没有表明这一点,并且我们也不能简单地假设这一点"②。罗尔斯的上述回应意味着正派的等级制人民等非自由人民能否获得宽容,就在于正派的等级制人民等非自由人民的特征是否符合万民法的要求以及是否接受万民法的八个原则。然而,罗尔斯在从自由主义的正义原则推导出万民法的过程中,为了使得正派的等级制人民等非自由人民接受自由人民所认可的万民法的八个原则,放弃了贝兹等世界主义者所建议的以个人为道德关怀的终极对象以及设计

---

① Andrew Kuper, "Rawlsian Global Justice: Beyond the Law of Peoples to a Cosmopolitan Law of Persons", *Political Theory*, Vol. 28, No. 5, 2000, p. 649.

② [美]约翰·罗尔斯:《万民法》,陈肖生译,吉林出版集团2013年版,第124页。

的全球原初状态,而是以"人民"为道德关怀的终极对象,并构想了一种国际原初状态。在罗尔斯看来,"全球性的原初状态的麻烦在于,它对自由理念的运用问题很多;因为在此情形中,它要将所有的人,不管其社会与文化如何,都视为是自由而又平等的、合乎情理而又理性的个体,以求符合自由主义的观念。这就使得万民法的基础变得太过狭隘了"①。可见,为了拓宽万民法的基础,以使得正派的等级制人民等非自由人民能够认可自由人民的代表在国际原初状态中所选择的万民法的八个原则,罗尔斯认为可以将贝兹等世界主义者所设想的全球原初状态弃之不顾。自由主义的宽容观并不会要求一种基础较为狭隘的万民法,因为一旦万民法的基础过于狭隘的话,正派的等级制人民等非自由人民将会拒绝接受这种万民法。万民法一旦不认为所有人是自由的和平等的,万民法的基础就会变得较为宽泛,正派的等级制人民等非自由人民就会与自由的人民认可同样的万民法。

简单说来,罗尔斯在回应为什么自由的人民在国际层面上必须宽容那些在国内层面上并不会被宽容的非自由主义的政治学说这一指责的过程中,采取的思路是:其一,正派的等级制人民等非自由人民能否被宽容的条件在于,他们的特征是否符合万民法的要求以及是否接受自由的人民所认可的万民法;其二,为了使得正派的等级制人民与自由的人民认可同样的万民法,罗尔斯在使用国际原初状态这一工具的过程中,认为人民(而不是个人)在国际原初状态中拥有自己的代表,这样的话,万民法的基础就会变得较为宽泛,也能使得正派的等级制人民等非自由人民接受自由人民所认可的万民法。可见,在罗尔斯的上述思路中,明显存在一种循环论证。如果一种观点在论证自身的可行性的过程中,仅仅诉诸循环论证的方式,那么它并不能够令人信服。罗尔斯目前的论证方式很容易使得人们认为罗尔斯只是为了使得其万民法能够获得正派的等级制人民等非自由人民的认可、更加具有普适性,对正派的等级制人民采取了过于宽容的态度,从根本上有违自由主义的宽容观,正如科克-肖·谭曾言,"为了容纳那些组织有序的等级社会的代表,以及为了

---

① [美] 约翰·罗尔斯:《万民法》,陈肖生译,吉林出版集团2013年版,第28页。

确保他的万民法能够被一些非自由主义国家所接受，罗尔斯已经轻易地放松了宽容的限度。……罗尔斯的国际计划从根本上而言，是一种权宜之计的计划，是一种在自由主义政体和非自由主义政体之间寻求妥协的计划，而不是一种在自由主义的正义观方面取得稳定性的计划"①。可见，罗尔斯为了增强其理论的融贯性，必须为其理论提供除循环论证以外的，一种更加具有说服力的、独立的论证方式。

第四节 宽容抑或多元主义？

在考察完自由人民对正派的等级制人民的宽容能否获得证成这一问题之后，本章的以上论述很容易给人们留下如下印象，即自由的人民不应该宽容正派的等级制人民。为了消除这一不恰当的印象，澄清误解，本章将考察罗尔斯的对正派的等级制人民的宽容并不是一种真正基于"尊重"之上的宽容，自由的人民仅仅宽容正派的等级制人民是不够的，宽容并不能够化解自由主义价值与非自由主义价值之间的对立和冲突。

在论及宽容理念时，有一个非常重要的问题，即何谓宽容？应当出于一种什么姿态去宽容他人或他人的观点？正如《布莱克维尔政治学百科全书》曾经提到的那样，"宽容是指一个人虽然具有必要的权力和知识，但是对自己不赞成的行为也不进行阻止、妨碍或干涉的审慎选择。宽容是个人、机构和社会的共同属性。……在为支持宽容态度而提出的各种道德观点中，最有影响的是那些援引自功利主义、中立主义和尊重他人的原则观点"②。可见，宽容意味着虽然我们对宽容的对象（如善观念、生活方式以及信念等）并不认可，甚至从内心上感到反感或者极度厌恶，认为其是一种恶，但是我们仍然对那些我们并不认可的东西采取一种包容的态度。这也是人们经常视宽容为一种美德的主要缘由之所在。倘若我们认可他人的善观念或者对他人的善观念毫不关心，那么说我们对

---

① Kok-Chor Tan, "Liberal Toleration in Rawls's Law of Peoples", *Ethics*, Vol. 108, No. 2, 1998, pp. 284–285.

② [英] 戴维·米勒等主编：《布莱克维尔政治学百科全书》（第二版），邓正来等译，中国政法大学出版社 2002 年版，第 820 页。

他人的善观念采取一种宽容的态度，这似乎没有任何意义。宽容的理由是多种多样的，罗尔斯采取的是上述第三种进路，即"尊重"。我们在本章第一部分曾经提及罗尔斯在论及自由人民为何要宽容正派的等级制人民时，反复强调其中的原因主要在于自由人民对正派的等级制人民的"尊重"。

那么，罗尔斯的《万民法》中的宽容观背后的动机真的是"尊重"吗？事实上，出于尊重的宽容的前提条件在于宽容者与被宽容者处于一种平等的地位之上，虽然宽容者和被宽容者在善观念上存在根本的分歧，但是他们仍然视彼此是一个平等的道德主体和权利主体，并不存在所谓的高低、贵贱、优劣之分，相应地，国家既不应该偏袒某种善观念，也不应该压制某种善观念。本书多次提及，罗尔斯在《万民法》中曾将社会分为五种类型，除了本章开篇提到的"合乎情理的自由人民"和"正派的等级制人民"以外，还有"法外国家""因不利状况而负担沉重的社会"和"仁慈的专制主义社会"。虽然自由的人民和正派的等级制人民都属于组织有序的人民，但是自由的人民和正派的等级制人民之间的关系并不是一种平等的关系。因为罗尔斯在采取契约主义的方法来证成其国际正义理论的过程中，并不是像其在证成国内正义理论一样，设想存在一种原初状态，各方都处于平等的地位，而是设想通过两个阶段来证成其国际正义理论：在第一个阶段中，自由人民的代表在无知之幕的遮蔽下，将会选择罗尔斯从传统的国际关系规范中所总结出的万民法的八个原则；在第二个阶段中，正派的等级制人民的代表在无知之幕的遮蔽之下，也会认同自由人民所认可的万民法的八个原则。在罗尔斯看来，"万民法是从政治自由主义内部发展出来的，并且它是将一种适合域内政制的自由主义的正义观扩展到万民社会得到的结果。……我们关注的是一个自由人民的外交政策，这一点贯穿全文的始终。……万民法坚持认为正派但非自由的观点是存在的，并且非自由人民应该得到多大程度的宽容，这是自由人民的外交政策必须面对的一个至关重要的问题"[①]。倘若自由的人民和正派的等级制人民真的处于一种平等的关系之中，罗尔斯并不需要分别设定自由人民的代表所处的国际原初状态和正派的等级制

---

① ［美］约翰·罗尔斯：《万民法》，陈肖生译，吉林出版集团2013年版，第52页。

人民的代表所处的国际原初状态，而是应该设定一种自由人民的代表和正派的等级制人民的代表共同参加的国际原初状态即可。倘若这样的话，正派的等级制人民的代表是否会认可自由人民的代表所认可的万民法的八个原则，就会具有很大的争议性。可见，自由的人民与正派的等级制人民之间的关系并不是一种平等的关系。"法外国家""因不利状况而负担沉重的社会"和"仁慈的专制主义社会"更不可能与自由人民处于一种平等的地位，因为这些社会或国家在国际原初状态中根本没有自己的代表，仅仅是自由人民干涉或者援助的对象而已。如果我们的上述分析是可行的，则罗尔斯的《万民法》中的宽容观背后的动机并不是"尊重"。倘若没有给予不同的观点以尊重的态度，不同的观点之间就不可能实现真正的和平共存。

即使我们承认罗尔斯的《万民法》中的宽容观是一种基于"尊重"之上的宽容观，自由的人民对正派的等级制人民仅仅采取基于尊重之上的宽容态度还是不够的，因为正如有论者曾言，"出于尊重的宽容只是一种消极宽容，它将宽容作为一种不干涉贯彻到善观念领域，以解决善观念之间的分歧和冲突。然而，当今社会不仅存在善观念之间的冲突，也存在着认同领域的冲突，包括群体认同冲突和文化认同的冲突，而认同冲突不可简单地化约为善观念的冲突"①。具体说来，就自由的人民和正派的等级制人民之间的分歧而言，他们之间的分歧并不纯粹是宗教学说、哲学学说和道德学说等善观念上的冲突，更主要的是一方持有自由主义的政治学说，另一方持有非自由主义的政治学说，甚至持有反自由主义的政治学说。自由主义的政治学说同非自由主义的政治学说或者反自由主义政治学说之间的分歧和冲突，并不是通过一种基于尊重的宽容就能够化解的。虽说自由的人民通过宽容正派的等级制人民，能够实现他们之间短暂的和平共处，但是自由的人民宽容正派的等级制人民的终极目的在于使得正派的等级制人民最终能够认同自由主义价值，使正派的等级制社会成为自由主义社会的一员。一旦正派的等级制人民认识到自由人民的宽容背后的终极目的，正派的等级制人民有可能不会认可自由人

---

① 刘曙辉：《宽容：如何在差异中共存》，上海三联书店2013年版，第195页。

民所认同的万民法的八个原则，更有可能不会再与自由的人民和平共处。因此，自由的人民对正派的等级制人民仅仅持一种宽容的姿态还是不够的。为了真正建构一个和平的世界，自由的人民应该在真正将正派的等级制人民视为万民社会的平等一员的基础上，对正派的等级制人民的非自由主义政治学说持一种多元主义的立场。

在罗尔斯那里，他不但认为自由的人民应该宽容正派的等级制人民，而且还试图以宽容来化解自由主义价值和非自由主义价值之间的对立与冲突。实际上，试图仅仅以宽容来化解自由主义价值与非自由主义价值之间的对立与冲突，往往是徒劳的。这其中的原因在于，在人类社会中存在各种各样的价值，各种价值之间既无法进行排序，也难以进行通约，诚如约翰·格雷所言，"有许多种善的生活，其中的一些无法进行价值上的比较。在各种善的生活之间没有谁更好也没有谁更坏，它们并不具备同样的价值，而是不可通约的；它们各有其价值。同样，在各种政体之间没有谁更合法也没有谁更不合法。它们因不同的理由而合法"①。罗尔斯自己也曾说道，在现代社会，我们要把善观念的多元性作为一种现代生活的事实接受下来，因为"自由主义的一个关键假设是，平等的公民们有着各自不同的因而也的确是无公度的和不可调和的善观念。在现代民主社会里，这种多样性生活方式的存在被看作是一种正常状态，只有独裁地使用国家权力才能消除这一状态"②。既然这样的话，面对自由主义价值和非自由主义价值之间的对立与冲突，人们应该认为自由主义价值和非自由主义价值之间的分歧是一个不可避免的现象，是人类社会存在的一种客观事实，对此种现象应该持一种价值多元论的态度。以赛亚·伯林（Isaiah Berlin）曾经为价值多元论进行了非常强有力的辩护，他认为多元主义及其所蕴含的消极自由标准之所以优于积极的自我控制的人所追求的目标，主要原因在于它至少承认"人类的目标是多样的，它们并不都是可以公度的，而且它们相互间往往处于永久的敌对状态。

---

① ［英］约翰·格雷：《自由主义的两张面孔》，顾爱彬等译，江苏人民出版社 2002 年版，第 35 页。
② ［美］约翰·罗尔斯：《政治自由主义》（增订版），万俊人译，译林出版社 2011 年版，第 281 页。

假定所有的价值能够用一个尺度来衡量，以致稍加检视便可决定何者为最高，在我看来这违背了我们的人是自由主体的知识，把道德的决定看作是原则上由计算尺就可以完成的事情"①。既然各种价值之间是难以进行通约和公度的，面对各种价值之间的冲突，人们就应该持一种多元主义的立场。倘若这种说法是可以接受的，那么自由人民在面对正派的等级制人民所持有的非自由主义的政治学说时，也应该持一种多元主义的立场。

这样，我们就分析了罗尔斯的自由人民对正派的等级制人民的宽容这一观点能否获得辩护这一问题，本章认为罗尔斯的自由人民对正派的等级制人民的宽容这一观点难以获得证成：一方面，罗尔斯在论及自由的人民为何要宽容正派的等级制人民的过程中主要诉诸类比论证，这是缺乏说服力的；另一方面，罗尔斯在回应类比论证缺乏可行性这一指责的过程中主要诉诸一种循环论证。事实上，倘若自由的人民要与正派的等级制人民真正实现和平共处，自由的人民对正派的等级制人民仅仅持一种宽容的立场是不够的，还应该在真正尊重正派的等级制人民的基础之上，对正派的等级制人民所持有的非自由主义政治理念持一种多元主义的态度。

---

① ［英］以赛亚·伯林：《自由论》，胡传胜译，译林出版社 2003 年版，第 245 页。

第 五 章

战争、正义与法外国家

在20世纪50年代和60年代初，现实主义的战争观在国际政治有关战争的研究中占据着主导地位，这种战争观认为谋求和扩大国家利益永远是战争的至上目标，战争与道德是没有关系的，不能对战争进行道德方面的判断。然而，随着越南战争的扩大化以及人们对越南战争的反思，现实主义的战争观逐渐难以合乎潮流。人们开始重新关注战争与道德之间的关联性，认为有些战争是不道德的，有些战争在道德上是能够获得辩护的——不像和平主义的战争观所认为的那样——所有战争都是不道德的，正义战争观也重新进入了人们的视野，正如长期致力于研究战争问题的学者迈克尔·沃尔泽（Michael Walzer）所言，"越战结束后，正义战争成了一个学术课题；政治学家和哲学家们此时发现了这个理论；学术刊物上出现了关于正义战争的文章，大学里开设了有关正义战争的课程——一小群越战老兵在促使这门道德学科成为一门重要军事学科过程中发挥了主要作用"①。虽然没有参加过越战但是参加过第二次世界大战的罗尔斯就在此时开始关注正义战争观，他在1969年哈佛大学的春学期开设了"战争问题"这一课程，并于1971年出版的《正义论》一书的第58节中简要探讨了正义的战争问题。罗尔斯论及了士兵的不服从、"开战正义"和"战时正义"，认为一个国家介入战争要有正当的理由，即使在一场正义的战争中，也不应当采取某些形式的暴力，因此，"在一场合法

---

① ［美］迈克尔·沃尔泽：《论战争》，任辉献、段鸣玉译，江苏人民出版社2011年版，第13页。

的自卫战争中当必要时可允许的某些行为，换到另一场较可疑的战争中就可能被断然排除。战争的目标是一种正义的和平，因此所使用的手段不应该破坏和平的可能性，或者鼓励对人类生命的轻蔑，这种轻蔑将使我们自己和人类的安全置于危险的境地"①。罗尔斯在其国际正义理论中也用了大量篇幅集中探讨自由的人民（以及正派的等级制人民）如何对待法外国家，并探讨了正义战争观。譬如，在他所提出的"万民法"的八条原则中，其中的四条原则与战争问题是密切相关的："4. 各人民要遵守互不干涉的义务"，"5. 各人民有自卫权，但无基于自卫之外的理由发动战争的权利"，"6. 各人民都要尊重人权"，"7. 各人民在战争中要遵守对战争行为设立的特定限制"②。可见，万民法的主要问题乃是战争问题，一套有关战争的规范，是万民法的主体。

然而，与学界对罗尔斯的国际正义理论中的人民本体论、人权观、援助义务以及罗尔斯对全球分配正义原则的拒斥等内容的热切关注相比，学界并不重视罗尔斯的正义战争观。③ 本章拟对罗尔斯的正义战争观展开研究，具体说来，本章将在简要梳理罗尔斯的正义战争观的基本理念的基础上，在第二节至第四节分别对罗尔斯的正义战争观提出三点批评意见：首先，就战争的根源而言，罗尔斯认为宪政民主国家之间并不会发生战争，即认为民主的和平是可能的，本章认为民主的和平观并不能获

---

① ［美］约翰·罗尔斯：《正义论》，何怀宏等译，中国社会科学出版社1988年版，第379—380页。
② ［美］约翰·罗尔斯：《万民法》，陈肖生译，吉林出版集团2013年版，第79页。
③ 譬如，雷克斯·马丁（Rex Martin）和戴维·里迪（David A. Reidy）所主编的一部研究罗尔斯的国际正义理论的重要文集《罗尔斯的万民法：一个现实的乌托邦？》就没有涉及罗尔斯的正义战争观，德兰·库卡瑟斯（Chandran Kukathas）所主编的研究罗尔斯思想的重要文集《约翰·罗尔斯》（四卷本），也未涉及罗尔斯的正义战争观，具体研究参见 Rex Martin and David A. Reidy (ed.), *Rawls's Law of Peoples: A Realistic Utopia?*, Blackwell Publishing Ltd., 2006. Chandran Kukathas (ed.), *John Rawls: Critical assessments of leading political philosophers*, London and New York: Routledge, 2003. 国内学界关于罗尔斯的正义战争观的研究同样也着墨甚少，相关论文也主要只有如下两篇：陈宜中：《罗尔斯的国际正义论与战争的正当性》，载许纪霖主编《全球正义与文明对话》，江苏人民出版社2004年版（类似的内容亦可参见陈宜中《何为正义》，中央编译出版社2016年版，第四章：罗尔斯的义战论说）；刘贺青：《论罗尔斯的正义战争观》，《伦理学研究》2009年第1期（一个较完整的论述可参见刘贺青《罗尔斯国际政治思想研究》，上海大学出版社2012年版，第四章：罗尔斯的战争观）。

得证成；其次，就战争的对象而言，法外国家既不拥有自卫权，又会成为合乎情理的自由人民和正派的等级制人民的战争对象，本章认为罗尔斯的这一观点是值得商榷的，罗尔斯所提供的针对法外国家的战争理由是不充分的；最后，罗尔斯的正义战争观是不完整的，一种较为完整的正义战争观，不但应该包含"开战正义"和"作战正义"，而且还应包含"战后正义"，罗尔斯只是关注了前者，并未给予战后正义应有的重视，这也是当今关于正义战争观研究的一个普遍缺陷。

第一节 罗尔斯的正义战争观的基本理念

罗尔斯在其国际正义论中着力论述了正义战争观，为战争的正当性设置了一个较高的门槛。罗尔斯的正义战争观与其对世界上的社会进行的一个非常重要的类型学的分析密切相关，他将世界上的社会分为两大类，一类是组织有序的人民，另一类是非组织有序的人民。组织有序的人民包括合乎情理的自由人民和正派的人民。组织有序的人民的共同特征是遵守罗尔斯所归纳的万民法的八条原则，比如尊重人权、并不富有侵略性，只不过自由人民拥有正派的人民所不拥有的宪政民主政府以及一些自由制度。同时，正派的人民拥有整全性的宗教、哲学或者道德学说，这些学说将影响到正派的人民的政府的基本结构和社会政策，由于正派的人民的社会基本结构拥有一种正派的协商等级制，罗尔斯称这些人民为"正派的等级制人民"。非组织有序的人民包括法外国家、因不利状况而负担沉重的社会和仁慈的专制主义社会。顾名思义，法外国家是那些并不遵守万民法的国家，比如富有侵略性，不尊重人权。虽然因不利状况而负担沉重的社会并不具有扩张性和侵略性，但是它缺乏一个组织有序社会所必需的政治传统、文化传统、人力资本、专门技能以及通常必要的物质和技术资源。仁慈的专制主义社会"尊重人权，但因为其社会成员参与政治决定的这个有意义的角色被否定了，它们就并不是组织有序的社会"①。可见，有的非组织有序的人民尊重人权，有的非组织有序的人民不尊重人权。

罗尔斯的正义战争观主要涉及哪种国家有利于和平、为何从事战争、谁有资格进行战争、对谁进行战争以及战争的目标等内容，即涉及战争的根源、战争的原因、战争的主体、战争的客体和战争的目的等内容。在罗尔斯的正义战争观中，罗尔斯反复申述了民主的和平观，即"战争问题的一个关键事实是：宪政民主社会之间相互不开战"②。宪政民主社会之间相互不开战的原因之一并不在于这些社会中的公民是特别正义和良善的，而是因为他们缺乏与对方开战的理由。英格兰、法兰西、西班牙、奥地利的哈布斯堡王朝和瑞典等国曾经为了领土、财富、权力和荣耀等原因不断地进行王朝战争，因为这些社会的内部制度使得自身对其他国家怀有敌意和侵略性，"民主人民之间和平的关键事实在于民主社会的内部结构，它们不易被引诱去进行战争，除非为了自卫或对不正义社会的严重情况进行干预以保护人权。因为宪政民主社会对彼此而言都是安全的，那么和平就在它们之间占主导地位"③。由上可见，在罗尔斯那里，战争的根源之一在于国家的体制，宪政民主国家是世界和平的重要因素。罗尔斯的言外之意是，诸如法外国家等非宪政民主国家是世界动荡不安的重要源头，这些国家的存在不利于世界和平的建构和维系。同时，由于宪政民主社会之间不会发生战争，如果那些用于主导宪政民主社会的理念和原则能够主导所有社会之间的关系，那么一种和平的国际秩序将会出现并得以维系。

上述罗尔斯的"除非为了自卫或对不正义社会的严重情况进行干预以保护人权"这一观点体现出战争的原因有两点：一是自卫，二是保护人权。易言之，只有自卫或者保护人权，才能证明战争的正当性。罗尔斯的万民法的第 5 条原则认为"各人民有自卫权，但无基于自卫之外的理由发动战争的权利"，罗尔斯随后又对该权利进行了进一步的阐明，认

---

① ［美］约翰·罗尔斯：《万民法》，陈肖生译，吉林出版集团 2013 年版，第 46—47、148 页。

② 同上书，第 50 页。

③ 同上。

为"万民法的第 5 条初始平等的原则赋予组织有序人民在自卫时有战争的权利,但这种权利不是如在传统的主权理论中所理解的、为理性地追求一个国家的理性利益的战争权;仅仅这一点并不构成一个充分的理由"①。换言之,虽然组织有序的人民可以为了自卫而进行战争,但是这种权利并不是在以前的国际政治中为了追求自身的理性利益而进行战争的权利。在罗尔斯那里,组织有序的人民除了因自卫(包括集体自卫)而进行战争外,还可以因保护人权而进行战争。正如我们在第三章曾经强调的那样,罗尔斯在其国际正义理论中强调的人权并不是像人们通常所认为的那种较为宽泛意义上的人权,而是仅仅包括生命权、自由权、财产权和形式平等的权利等权利的基本人权。罗尔斯认为人权在万民法中扮演三种重要的角色,其中一种重要的角色是"如果一类人民满足了尊重人权的要求,这就足以排除了其他类人民可以对它进行有辩护的强力干涉,如外交、经济制裁,或更严重的军事干涉"②。也就是说,如果某些人民没有尊重人权,那么其他人民就可以对其进行外交制裁、经济制裁或者军事干涉等能够获得辩护的强力干涉。

就战争的主体、客体和目的而言,罗尔斯认为组织有序的人民有资格从事战争,而法外国家是战争的客体,并不拥有自卫权,同时,战争的终极目的在于实现世界的和平。罗尔斯专门论述了"组织有序人民的战争权",认为"没有任何国家有权为了追求自己的理性(与合乎情理相对的)利益而发动战争。但是,万民法将一种为了自卫而战的权利赋予所有组织有序的人民(包括自由的和正派的人民),并且实际上是赋予任何遵守和尊崇一种从合乎情理意义上讲是正义的万民法的任何社会"③。正如上述所言,组织有序人民包括自由的人民和正派的等级制人民,罗尔斯又分别论述了自由人民的战争权和正派的等级制人民的战争权。在罗尔斯那里,自由人民在从事自卫战争时,其目的在于保护其公民的基本自由及其宪政民主制度,而不能为了不正义地要求其公民为了攫取经

---

① [美]约翰·罗尔斯:《万民法》,陈肖生译,吉林出版集团 2013 年版,第 132 页。
② 同上书,第 122 页。
③ 同上书,第 132—133 页。

济财富或自然资源而战，更不能要求其公民为了谋取权力或建立帝国而战。在宪政民主体制下，公民拥有我们曾反复提及的、罗尔斯在《政治自由主义》中极力强调的"正义感"和"善观念"这两种道德能力，同时，罗尔斯还假定"每一个公民在任何时候都具有一种与某种整全性宗教的、哲学的或道德的学说相一致的善好观念。这些能力使得公民能够完成他们作为公民的角色，并且确保了他们的政治和公民自律。正义原则保护了公民的高阶利益；这些都在自由宪法和社会基本结构的框架内得到了保护"。① 即使国家要求公民为了帝国或者权力而战，自由社会中的公民也会自觉抵制国家的这种不合理的要求。

罗尔斯也论述了正派的等级制人民为了自卫而进行战争的权利。虽然正派的等级制人民在描述自身所捍卫的东西时采取的方式不同于自由人民所采取的方式，但是他们拥有的某种东西是值得捍卫的，譬如，罗尔斯所设想的卡赞尼斯坦这一正派的等级制人民的统治者就可以正当地捍卫其正派的等级制穆斯林社会，"他们允许和尊重其社会成员的不同信仰，并且他们尊重其他社会包括非穆斯林的和自由社会的政治制度。他们还尊重和尊崇人权；他们的基本结构包含着一个正派的协商等级制，并且他们接受和遵循一个（合乎情理）的万民法"②。正是因为正派的等级制人民拥有上述特征，正派的等级制人民才拥有因自卫而进行战争的权利。虽然罗尔斯强调组织有序的人民拥有战争权，仁慈的专制主义社会并不属于组织有序人民的范畴，但是罗尔斯还是认为仁慈的专制主义社会拥有为了自卫而战的权利，"尽管一个仁慈的专制主义社会的确尊重人权，但它不是一个组织有序的社会，因为在做政治决定时它没有赋予其社会成员一种有意义的角色。但任何非侵略性的社会以及尊重人权的社会都拥有自卫权。其精神生活和文化的层次在我们眼中可能不算高，但它总是拥有捍卫其自身而反对其他国家侵略其领土的权利"③。可见，从事战争的权利并不是组织有序人民的专利，某些非组织有序的人民也

---

① ［美］约翰·罗尔斯：《万民法》，陈肖生译，吉林出版集团2013年版，第134页。
② 同上。
③ 同上。

拥有因自卫而战的权利。罗尔斯只是提及了仁慈的专制主义社会这一非组织有序的人民的战争权,并没有明确说明因不利状况而负担沉重的社会和法外国家这些非组织有序的人民的战争权。然而,根据罗尔斯上面的"但任何非侵略性的社会以及尊重人权的社会都拥有自卫权"这一观点,因不利状况而负担沉重的社会也拥有因自卫而进行战争的权利,法外国家并不拥有这一权利,因为法外国家既拥有侵略性,又不尊重人权,组织有序的人民可以对其进行谴责、制裁乃至进行武力干预。

第二节　民主的和平观难以获得证成

至此我们论述了罗尔斯的正义战争观的基本理念,下面我们将对其提出几点批评意见。首先来看罗尔斯的"宪政民主社会之间相互不开战"这一观点是否恰当,即民主的和平这一观点能否获得证成。为了完成这一任务,我们必须更加深入地阐述罗尔斯的这一观点。在罗尔斯的民主和平观中,"宪政民主社会"是一个关键的概念,那么,宪政民主社会拥有哪些特征呢?在罗尔斯那里,宪政民主社会拥有如下五个基本特征:①第一,拥有一定程度的公平的机会平等,尤其在教育和培训方面拥有一定程度的公平的机会平等。实际上,罗尔斯在此重申了其在《正义论》中所构建的两个正义原则中的第二个正义原则,即公平的机会平等原则。罗尔斯强调倘若缺乏公平的机会平等,各方并不能参与关于公共理性的讨论,更无法对社会政策和经济政策有所贡献。第二,对收入和财富的恰当分配必须符合那种能够确保所有公民都拥有明智地、有效地运用他们的基本自由所必需的通用手段等自由主义原则。倘若这些条件未获得满足的话,那些拥有较多收入和财富的人就会倾向于支配那些拥有较少收入和财富的人,并逐渐使得政治权力向有利于自己的方向运转。第三,通过全国政府或者地方政府,或者通过其他的社会政策和经济政策,社会要成为公民的最后可以依靠的雇主,也就是说,公民要拥有长远的安全感以及有意义的工作,否则就会伤害到公民的自尊。第四,所有公民

---

① 参见[美]约翰·罗尔斯《万民法》,陈肖生译,吉林出版集团2013年版,第92页。

能够获得基本的健康以及医疗照顾。第五，通过公共财政对选举进行资助，并且采取各种各样的方式，以确保公众能够知晓有关公共政策问题的信息，这样的话，公民就可以对公共政策进行明智的评估和监督。在罗尔斯那里，所有自由主义的正义观都满足上述要求，只要宪政民主的人民拥有上述五种特征，他们的行为就会支持一种民主的和平理念。

在明晰了宪政民主社会的五个基本特征以后，一个随之而来的问题是罗尔斯是如何证成"宪政民主社会之间不相互开战"这一观点的呢？罗尔斯主要提供了两种论证：第一种论证（以下简称"论证1"）是我们在本章第一部分曾提及的罗尔斯的如下观点：宪政民主社会之间相互不开战的原因并不在于这些社会中的公民特别正义和良善，而是因为他们缺乏与对方开战的理由。然后罗尔斯主要诉诸历史经验，正如他曾言，"历史记录似乎告诉我们，在由诸多从合情理意义上讲是正义的宪政民主社会所组成的那个社会中，基于正当理由的稳定性是可以获得的。尽管诸自由民主社会经常与非民主国家交战，但自1800年以来根基稳固的各民主社会相互之间却没有过交战记录"①。罗尔斯区分了两种类型的稳定性，即"基于正当理由的稳定"和"作为力量间的一种平衡的稳定"，当然罗尔斯倾向于认同前者。在罗尔斯看来，历史上所发生的著名战争，比如伯罗奔尼撒战争、罗马与迦太基之间的第二次布匿战争、16世纪至17世纪的宗教战争、拿破仑战争、俾斯麦的战争以及美国内战，都不是在根基稳固的自由民主的人民之间展开的，

> 主要的、根基稳固的民主人民之间没战争，这种说法（就我们所知道的情况而言）已经近乎成为社会间关系的一条简明的经验法则。从此事实出发，我倾向于认为：历史记录表明了由诸民主人民所组成的那一个社会——这个社会中的每一个成员，他们的基本制度都是根据自由主义的正当和正义观念（尽管不必是同一个观念）有序组织起来的——具有一种基于正当理由的稳定性。②

---

① [美]约翰·罗尔斯：《万民法》，陈肖生译，吉林出版集团2013年版，第93页。
② 同上书，第94页。

通过分析罗尔斯的论证，我们不难发现，罗尔斯在证成其民主的和平观的过程中，一反其早期在证成其国内正义理论的过程中所惯用的规范层面的论证方法，主要采取了经验层面的论证方法。虽然罗尔斯声称自己的民主的和平观承继了康德的永久和平理念，但是他在论证方法上并没有采用康德所经常使用的规范层面的论证方法。

罗尔斯的"论证1"能够令人信服吗？事实上，罗尔斯既然采取经验层面的论证方法，他就不得不面临着来自经验世界的反例。罗尔斯自己也意识到这一点，他认为仅仅列举一些有利于自身结论的事例，这是不充分的，因为一些所谓的宪政民主国家也会经常干涉某些弱小的国家，譬如，美国推翻了智利阿连德的民主政府以及危地马拉的阿本斯。

> 尽管民主人民并不是扩张主义者，但他们的确要捍卫其安全利益；并且一个民主政府很容易以此安全利益为借口进行偷偷摸摸的干涉行动，尽管这样的干涉行动实际上是由幕后的经济利益所驱动的。当然，现时代建立起来的根基稳固的立宪民主的民族，过去都曾参与了建立帝国的战争。几个欧洲的民族在18—19世纪时就是这样做的，且一战前大不列颠、法兰西和德意志帝国之间的角力也是如此。英法在18世纪中叶为建立帝国进行了所谓的七年战争。法国失去了它在北美的殖民地，并且英国在1776年革命后也失去了其美国殖民地。①

面对历史经验所提供的不利于自己结论的反例，罗尔斯不得不尴尬地承认他无法对这些情况提供合理的解释，不得不承认民主的和平观依赖于一个有待证明的假设："如果上述那个假设（即康德的和平联盟的假设——引者注）是正确的，民主的人民间的武装冲突将会随着它们接近那个理想形态而趋于消失；并且民主的人民如果参与战争的话，它们只会结成同盟同法外国家做斗争。**我相信此假设是正确的，并且认为它保**

---

① ［美］约翰·罗尔斯：《万民法》，陈肖生译，吉林出版集团2013年版，第95页。

证了万民法能成就一个现实的乌托邦。"① 同时，罗尔斯在回应法西斯主义的大屠杀等事实给其民主的和平观所带来的挑战时，又回到了他以前所惯用的规范层面的论证方法上："大屠杀的事实以及我们现在知道人类社会承认这种恶行的可能性，但这两点都不会影响通过一种现实的乌托邦的理念以及康德的和平联盟理念表达出来的我们对未来的希望。这些令人震惊的罪恶历史上就曾长期存在。"② 可见，罗尔斯在意识到现实世界中有很多反例不利于自己的民主的和平观时，他不得不将民主的和平观放置于康德的和平联盟的假设之上，不得不将自己所进行的经验层面的论证变成一种个人的"确信"。实际上，康德的和平联盟观本身就具有很大的争议性。罗尔斯如果不能为其民主的和平观提供进一步的独立的证明，如果仅仅诉诸于康德的和平联盟观，那么罗尔斯的观点就是缺乏说服力的。

罗尔斯采取的第二种论证（以下简称"论证 2"）是孟德斯鸠的"温和的风尚"理念以及雷蒙·阿隆（Raymond Aron）的"自由的人民是获得了满足的人民"这一理念。孟德斯鸠的"温和的风尚"理念的核心在于商业有助于和平：

> 一个商业社会倾向于培养公民勤奋、刻苦、守时和正直等德行；而商业倾向于带来和平。将这两个理念联合起来——为了使人民过得更加幸福和满足而（通过民主）对政治和社会制度进行革新改进以及商业倾向于导致和平——我们也许可以推测说：有商业交往的民主人民将没有理由彼此作战。除了其他理由外，这主要是因为他们所缺乏的商品，可以通过交易更加便捷和廉价地获得；而且还因为，作为自由主义的立宪民主社会，它们没有动力去迫使其他人民

---

① ［美］约翰·罗尔斯：《万民法》，陈肖生译，吉林出版集团 2013 年版，第 96 页。黑体字为笔者所加。康德提出了永久和平的三项正式条款，其中前两项条款是：每个国家的公民体制都应该是共和制、国际权利应该以自由国家的联盟制为基础，参见［德］伊曼努尔·康德《永久和平论》，何兆武译，上海世纪出版集团 2005 年版，第 14、19 页。康德的这两个条款结合起来就是为了确保永久和平的实现，应该以共和制国家为核心建立一个和平的联盟。

② ［美］约翰·罗尔斯：《万民法》，陈肖生译，吉林出版集团 2013 年版，第 63 页。

改信国教或其他占统治地位的整全性学说。①

阿隆认为自由的人民是获得了满足的人民，其基本需要获得了满足，并且其根本利益与其他民主人民的根本利益是充分一致的，这样的话，他们之间的和平就是一种真正的和平，罗尔斯同意阿隆的上述看法，认为阿隆所说的不寻求扩展领土、不试图占领其他人民等条件"对一种持久和平而言是必要的，并且我认为生活在自由主义的宪政民主政府之下的人们能够满足这些条件。这些人民尊崇一种合法政府都共享的原则，并且丝毫不为对权力、荣耀的激情所打动，也不醉心于那种统治他人带来的虚荣"②。基于上述考虑，罗尔斯认为自由人民没有发动战争的理由，也不会相互作战。

罗尔斯的"论证2"是能够令人接受的吗？我们首先看看罗尔斯所诉诸的孟德斯鸠的上述观点能否令人信服。实际上，孟德斯鸠的商业有助于和平这一观点并没有获得人们的普遍认可，比如卢梭就曾对此提出过异议，认为金钱是造成不平等的根源，商业联系的加强非但没有造就和平，反而滋生了妒忌和愤恨，这恰恰是战争的根源之一。③ 不但罗尔斯所依赖的孟德斯鸠的观点是存在诸多疑问的，罗尔斯以此为基础进行的"推测"也存在很多疑点，英法之间的七年战争、第一次世界大战和第二次世界大战的爆发证明了，商业交往的增加并不意味着战争的减少。正如有论者曾言，

> 至于商业交流导致和平的命题，一般说来经济互赖虽然会增加合作的诱因，但同时也会产生相互的易受攻击（mutual vulnerability）

---

① ［美］约翰·罗尔斯：《万民法》，陈肖生译，吉林出版集团2013年版，第88页。
② 同上书，第89页。
③ Grace Roosevelt, "Rousseau versus Rawls on International Relations", *European Journal of Political Theory*, Vol. 5, No. 3, 2006, pp. 313–314. 卢梭曾言，"金钱的利益是一切利益之中最容易使人腐败堕落和产生恶果的利益。……是的，在每个人的心中都有许多强烈的追求，但是，如果一心只追逐金钱的话，则其他一切应当积极努力实现的目标就会被湮没无存"。参见［法］卢梭《论波兰的治国之道及波兰政府的改革方略》，李平沤译，商务印书馆2014年版，第75页。

的问题,因此在理论上,经济依赖与和平之间并不是一种单纯的线性关系。在经验证据上,这个命题也同样难以证实,因为在经济往来频繁的国家,战争仍会发生,第一次世界大战就是一个例子。因此,商业交流或贸易本身并不足以解释民主国家间的和平。①

虽然通过商业交往,各个国家可以较为便捷地和廉价地获得本国所需要的物品和服务,但是战争有可能使得某些国家更加便捷地和廉价地获得本国所急需的物品和服务,比如通过对某些国家的长期的殖民征服,从事征服的国家可以经常大肆掠夺殖民地的自然资源,获得本国的工业化所需要的大量原料和产业工人,获取可以自由倾销本国商品的广大市场,而且从事这样的战争几乎是一本万利的活动。同时,罗尔斯在阿隆观点的基础上所得出的自由人民"丝毫不为对权力、荣耀的激情所打动,也不醉心于那种统治他人带来的虚荣"这一观点,与历史事实也不相吻合。

通过上述分析可以发现,罗尔斯为其民主的和平观所进行的两种论证都是不能令人信服的,其民主的和平观值得商榷,比如在塔里克·珂枝(Tarik Kochi)看来,罗尔斯的自1800年以来主要的民主国家之间并未发生战争这一观点

> 掩饰了欧洲的殖民主义历史。罗尔斯仅仅将这段历史视为"实际的、宪政民主政体的巨大缺陷",此时罗尔斯并没有反思或者拒绝反思欧洲的殖民扩张过程以及非常残忍的殖民战争。……倘若罗尔斯认真对待战争问题,他一定要谴责欧洲的殖民主义历史和美国的侵略行为。由于罗尔斯并未这样做,他反而对某些行为置之不理并视某些行为为"罪恶的",他的解释陷入了"道德相对主义"。②

同时,罗尔斯的论证方式也是摇摆不定的。他在论证民主的和平观的过

---

① 林炫向:《国际关系学与政治理论的重新结合:以罗尔斯的〈万民法〉为鉴》,台湾:《全球政治评论》2009年第28期,第24页。

② Tarik Kochi, "The Problem of War—Rawls and the Law of Peoples", *Law, Culture and the Humanities*, Vol. 3, 2007, pp. 261–262.

程中主要采取了经验层面的论证方法,然而,当现实世界中的经验事实并不有利于自己的观点时,他又采取了规范层面的论证方法。罗尔斯并没有一以贯之地采取某种论证方法,他在经验层面的论证方法和规范层面的论证方法之间进行较为随意的取舍,取舍的标准基本在于哪种论证方法有利于自己的论证,有利于达成自己所需的结论。

第三节 对"法外国家"发动战争的理由并不充分

在罗尔斯的正义战争观中,法外国家是诸如自由人民和正派的等级制人民等组织有序的人民以及仁慈专制主义等非组织有序的人民的战争的对象,笔者认为基于下述三种考量,组织有序的人民对法外国家发动战争的理由是不充分的。

第一,罗尔斯所创造的"法外国家"这一概念本身就不甚恰当,极易遭到误解和滥用,预先将法外国家置于"敌人"的位置之上,正如有论者曾言,

> "法外国家"一词及其背后的"邪恶"概念,乃是"圣战"(holy war)而非正义之战思想传统下的产物。凡是被贴上这类卷标(法外国家、流氓国家、邪恶帝国、邪恶轴心国、撒旦、希特勒)的国家及其领袖,即被视为是邪恶的化身,仿佛有某种挥之不去的邪恶本质。在今日世界,这套十分危险的圣战语言又开始泛滥,而历史经验告诉我们,绝大多数法外国家的"邪恶"本质其实都是被刻意杜撰出来的。不难了解的是,诸如"法外国家""邪恶国家""流氓国家"等名词,极容易遭到误用与滥用。①

正如本章第一节开篇曾提及的,罗尔斯将世界上的社会分为组织有序的人民和非组织有序的人民两大类。在组织有序的人民中间,自由人民和

---

① 陈宜中:《罗尔斯的国际正义论与战争的正当性》,载许纪霖主编《全球正义与文明对话》,江苏人民出版社 2004 年版,第 371 页。

正派的等级制人民之间的关系是一种朋友关系，自由人民对正派的等级制人民持一种"宽容"的态度，并不会强迫正派的等级制人民接受其自由观念，但是罗尔斯主张应当将自由人民所认同的万民法"扩展"到正派的等级制人民之中去。自由人民与法外国家之间的关系是一种敌对关系，罗尔斯已经事先将法外国家设定为一种在道德上是邪恶类型的国家，不爱好和平，拥有侵略性和扩张性，不尊重人权。既然"法外国家"属于"非组织有序的人民"中的一员，组织有序的人民可以因法外国家侵犯人权等原因而对法外国家这一非组织有序的人民发动战争。然而，"法外国家"这一概念是一个极易被误读和滥用的概念，一些所谓的自由国家会以为防止法外国家发动侵略性战争为借口而事先对法外国家进行所谓的"预防性战争"（预防性战争的非正当性已经获得了国际社会的公认），比如美国在 2003 年以伊拉克拥有大规模的杀伤性武器为借口而对伊拉克进行的战争，事后证明，这种借口纯粹是子虚乌有。

我们还需要注意的是，罗尔斯在对待违反万民法的国家的态度上，并不是前后一致的。譬如，罗尔斯认为一个自由社会并不能要求其公民为了攫取自然资源、权力和建立帝国而战，当一个社会追求这些利益时，它就不再尊崇万民法，变成一个法外国家了，但是罗尔斯随后在注释中又说"当然，所谓的自由社会有时候也会做这样的事情，但这只表明其行为是不正当的"①。"战争的责任很少能只归给一方，这是肯定的。但显然某些人的肮脏之手比其他人更为肮脏；并且有时候，即使民主人民也将自己的手弄脏了，但他们仍然有权利甚至是义务去捍卫自身不被另一方所征服。这一点在二战中可以看得很清楚。"② 易言之，虽然自由社会有时候也会为了帝国、权力和自然资源而战，即不再遵守万民法，但是这只是意味着自由社会的行为是不正当的，并没有使得自由社会立即成为法外国家，也不会成为战争的对象。换句话说，自由社会在犯了错误之后，并没有丧失作为一个自由社会的资格，仍然是一个自由社会。即使自由人民从事了一些罪恶的行径，违反了万民法，自由人民仍然拥有

---

① ［美］约翰·罗尔斯：《万民法》，陈肖生译，吉林出版集团 2013 年版，第 133 页。
② 同上书，第 136 页。

自卫权。然而，在罗尔斯对待法外国家的过程中，法外国家因为不尊重万民法，对组织有序人民的安全构成了威胁，就会成为组织有序人民的战争对象，就丧失了自卫权。可见，罗尔斯此时的观点缺乏自洽性，有失公允。

第二，罗尔斯的万民法的八个原则对法外国家缺乏约束力，这主要与罗尔斯在证成其国际正义理论时所使用的契约论方法密切相关。正如我们在本书第一章曾提到的那样，与罗尔斯在证成其国内正义理论时使用契约论的方法一样，罗尔斯在证成其国际正义理论时也使用了契约论的方法。无论是在自由人民的代表所参与的第二原初状态——国际原初状态——的第一阶段中，还是在正派的等级制人民的代表所参与的第二原初状态的第二阶段中，法外国家的代表并未参与其中，并没有机会对万民法的某些原则发表自己的意见。倘若法外国家有代表参与万民法的选择，他们不一定会认可万民法的八条原则，罗尔斯可能正是基于这种担心，才未主张在理想理论中有法外国家（以及其他非组织有序的人民）的代表参与选择万民法。既然这样的话，自由人民的代表以及正派的等级制人民的代表所认同的万民法，对法外国家就缺乏约束力。我们可以设想一个思想实验来进一步说明上述问题，假如张三和李四达成了一份针对王五的房屋的买卖协议，该协议将王五的市值超过200万元的房屋以100万元（甚至更低）的价格卖给李四。该协议对王五肯定没有约束力，因为这是在王五没有参与的情况下张三和李四所达成的一种针对王五的、非常不公平的协议。相似的情况是，在国际原初状态中，如果自由人民的代表和正派的等级制人民的代表在法外国家没有代表参与的情况下所选择的万民法的八个原则，对法外国家有约束力，那么这就类似于在上述思想实验中让王五接受张三和李四达成的协议一样荒谬。

第三，虽然在罗尔斯那里，法外国家不尊重人权和万民法，是法外国家成为战争对象的重要原因，但是组织有序的人民主要是出于自卫和集体安全的考虑而对法外国家发动战争。依罗尔斯之见，法外国家之所以会成为战争的对象，其中一个很重要的缘由在于法外国家不尊重人权，自由的人民和正派的等级制人民所认同的人权清单的政治（道德）力量扩展到所有社会，并且它们约束所有的人民和社会，包括法外国家。一个侵犯这些权利的法外国家将会受到谴责，并且在严重侵犯人权的情形里，可能会招致强制制裁甚至是干涉。……如果政治自由主义的政治性观念是合理的，并且如果我们发展出万民法的那些步骤也是合理的，那么在万民法之下，自由和正派人民就拥有不宽容法外国家的权利。自由和正派人民持有这种态度，理由极其充分。法外国家具有侵略性和危险性；如果法外国家转变或被迫转变它们的行事方式，那么所有人民都将会更加安全。否则，它们将对权力和暴力的国际气候产生深远的影响。①

我们可以引用贝兹的观点来回应罗尔斯的上述看法，贝兹认为"到目前为止，很少有系统性的证据显示，与其他政府相较而言，那种侵害其人民之人权的政府为国际秩序带来了更大的威胁，同时，我们还完全不清楚什么因果机制能够解释这种不可靠性，倘若它曾经被发现存在的话。即使就战前的德国和日本而言，人们也只能推测性地认为这些政权所拥有的能够解释其各种国内不端行为的特征，也在很大程度上对那些带来战争的决定负责"②。当然，贝兹在此并不是否认在某些情况下某政权的国内不端行为也许会导致国际不稳定这一可能性，而只是强调那些在国内侵害人权的国家并不一定是国际秩序的极大威胁。

与对法外国家侵犯人权的强调相比，罗尔斯更加着力强调组织有序的人民因自卫或者集体安全等因素而从事的战争。譬如，罗尔斯认为"自第二次世界大战以来，国际法变得比以前更加严格了。它倾向于将国家的战争权限制在各种自卫（以及为了集体安全利益而战）的情形，并且也倾向限制国家对内的统治权。人权的角色很明显地与后面的一种变化是紧密联系着的，并作为为政府对内的统治权提供适当定义或施加限制的努力的一部分"③。为了确保集体安全，组织有序的人民还必须要保

---

① ［美］约翰·罗尔斯：《万民法》，陈肖生译，吉林出版集团2013年版，第122—123页。
② Charles R. Beitz, *The Idea of Human Rights*, Oxford University Press, 2009, p. 132.
③ ［美］约翰·罗尔斯：《万民法》，陈肖生译，吉林出版集团2013年版，第69页。

护自己的盟友，罗尔斯也曾反复强调了这一点，认为组织有序人民的战争权"一般包括帮助和捍卫其盟国的权利"①。自由的人民可以因"合法的自卫（或为了保卫他们的合法的盟友），或在其他国家严重侵犯人权的情况下为保卫人权而战"②。事实上，这是令人难以接受的，罗尔斯在此的观点有为美国扩张性的外交政策张目之嫌。比如《美日安全保障条约》第5条规定了共同防卫："各缔约国宣誓在日本国施政的领域下，如果任何一方受到武力攻击，依照本国宪法的规定和手续，采取行动对付共同的危险。"假如日本与其他国家开战，美国可以根据《美日安全保障条约》对其他国家开战，依照罗尔斯在此处的论说逻辑，美国此时的行为就与罗尔斯的正义战争观是一致的。罗尔斯认为当法外国家的政策威胁到组织有序人民的安全时，组织有序的人民就可以通过针对法外国家的战争，以捍卫自己的自由和独立，"组织有序的人民，无论是自由人民还是正派人民，都不会对对方发动战争；只有当他们真诚地和合乎情理地相信他们的安全受到了法外国家扩张政策的严重威胁时，他们才会走向战争"③。可见，在罗尔斯那里，只要组织有序的人民认为自己的安全受到了威胁，就可以对法外国家进行战争，甚至可以进行某些预防性的战争，罗尔斯的此种观点有着很大的争议性。通过以上分析我们可以发现，组织有序的人民（以及仁慈的专制主义等非组织有序的人民）对法外国家进行战争的理由是不充分的。

第四节　并未给予战后正义应有的重视

顾名思义，正义战争观主要涉及战争的道德条件，意味着战争必须要讲究道德原则，不讲道德的战争必定是不正义的。罗尔斯的正义战争观不仅没有证成民主的和平观，对法外国家进行战争的理由是不充分的，而且没有给予"战后正义"应有的重视。一个较为完整的正义战争观应

---

①　[美] 约翰·罗尔斯：《万民法》，陈肖生译，吉林出版集团2013年版，第133页。
②　同上书，第91页。
③　同上书，第132页。

该包括"开战正义""作战正义"和"战后正义",正如沃尔泽所言,"正义战争观通常由开战正义(jus ad bellum,这是关于开始战争的决定的部分)和作战正义(jus in bello,这是关于战斗行为的部分)组成,这最初是中世纪的天主教哲学家和法学家提出的。现在我们必须再增加一个战后正义(jus post bellum)"。① 罗尔斯的正义战争观主要关注开战正义和作战正义(尤其关注开战正义),并不怎么重视战后正义(他主要是在论述作战正义的过程中偶尔论及战后正义)。即使他在有限地涉及战后正义观念的过程中,他对士兵之责任的看法也是值得商榷的。

开战正义主要侧重于战争的正当性问题,探讨的是在何种情况下人们可以以符合道德规范的方式从事一场战争,要求国家在发动战争时必须拥有一种正当的理由,要求人们区分侵略、自卫和人道主义干涉等,诚如康德所言,"开始战争的权利是由于任何明显的损害行为而构成。它包括任何随意的反击或报复行为,当一个民族冒犯了另一个民族,后者不打算通过和平的途径去获得赔偿而采取的报复行为。这样一种反击行动,可以看成是不经事先宣战而爆发的敌对行动"②。正如上述分析所显示的那样,罗尔斯非常重视开战正义,强调可以在自卫、集体安全和保护人权的情况下进行战争。

作战正义主要涉及在战争的过程中,何种交战行为符合道德规范和作战规则,即使一个国家有符合道德规范的理由从事一场战争,但是这并不意味着它在战争过程中就可以为所欲为,相反,它同样要受到某些原则的限制,比如交战双方在交战的过程中应当遵循一些基本的底线原则,国家在战争过程中要区别对待平民和战斗人员,要区分军事目标和非军事目标,不准进行"无差别的轰炸",不准使用生化武器,不准进行人体细菌实验,不准伤害非战斗人员,不准杀害战俘,不准进行强奸和掠夺等,正如卢梭所言,

---

① [美]迈克尔·沃尔泽:《论战争》,任辉献、段鸣玉译,江苏人民出版社2011年版,第4页。
② [德]康德:《法的形而上学原理——权利的科学》,沈叔平译,商务印书馆1991年版,第182页。

即使是在正式的战争中，一个公正的君主尽可以占有敌人国土上全部的公共所有物，但是他尊重个人的人身和财富；他尊重为他自己的权利所依据的那种权利。战争的目的既是摧毁敌国，人们就有权杀死对方的保卫者，只要他们手里有武器；可是一旦他们放下武器投降，不再是敌人或者敌人的工具时，他们就又成为单纯的个人，而别人对他们就不再有生杀之权。①

康德对此也曾言，"任何国家在与其他国家作战时，均不得容许在未来和平中将使双方的互相信任成为不可能的那类敌对行动；例如，派遣暗杀者（pecussores）、放毒者（venefici），破坏降约以及在交战国中教唆叛国投敌（perduellio）等等"②。这也是康德所设定的那种能够实现永久和平的6条"先决条款"之一。罗尔斯承继了康德的民主和平论，其正义战争观也深受康德的影响。

罗尔斯的正义战争观也涉及了作战正义，他强调在战争过程中要遵循六种原则，并区分了政治家和政客：③ 第一，组织有序的人民所发动的正义战争的目的在于实现各人民间的正义的、持久的和平，尤其是与当前的敌人达成和平；第二，组织有序的人民并不相互开战，它们的战争对象是一些非组织有序的国家，比如法外国家，这些国家所拥有的扩张性的目的会威胁到组织有序人民的安全和自由政体；第三，组织有序的人民必须区分战争行为中的三种群体，即法外国家的领导人和官员、士兵以及广大的平民；第四，组织有序的人民必须尽可能地尊重敌方的平民和士兵的人权，其中的原因一方面在于依照万民法，敌方的平民和士兵拥有这样的权利，另一方面在于一旦尊重敌方的平民和士兵的人权，可以将这些人权的内容教导给他们；第五，组织有序的人民通过自身的行为以及宣言，在战争中预先展示了他们所要达到的和平的目的，其中

---

① ［法］卢梭：《社会契约论》（第2版），何兆武译，商务印书馆1980年版，第19页。
② ［德］伊曼努尔·康德：《永久和平论》，何兆武译，上海世纪出版集团2005年版，第9—10页。
③ 参见［美］约翰·罗尔斯《万民法》，陈肖生译，吉林出版集团2013年版，第136—139页。

的责任落在其政府领导人和官员的肩上;第六,在战争中,人们不能逾越某些边界,战争计划和战术、战役的实施必须处于这些边界的范围之内。战争行为原则的第4条和第5条与国家的领导人密切相关,罗尔斯区分了政治家和政客。在罗尔斯看来,政治家并不像总统、首相和总理那样拥有明确的职位,只是一个理想。担任总统或者总理职位的人要想成为政治家,必须凭借自己的模范行为以及在民族艰难困苦时期所展现的卓越领导能力,在危急关头带领其人民渡过难关。政客的目标是下一次选举,关心个人私利,而政治家的目标则显然不同,他们关心下一代的命运,虽然在担任公职期间也许有个人的利益,但是在社会利益问题上必须做到大公无私,并且不能被复仇这样的激情所控制,华盛顿和林肯是政治家,而俾斯麦则显然不是。虽然罗尔斯论述了在战争过程中要遵循的6条原则,但是他还探讨了极度紧急情况下的豁免。① 虽然一般说来,非战斗人员在战争过程中不应该受到攻击,但是极度紧急状况下的豁免允许人们在某些特定的情况下攻击某些非战斗人员。譬如,在二战过程中就存在这样的时刻,二战期间,德国对英国进行了猛烈的打击,罗尔斯认为当不列颠孤立无援且找不到其他任何手段打败德国的猛烈进攻时,不列颠对德国城市的空袭是能够获得辩护的,这个时期一直持续到1941年末和1942年,因为无论如何也不能让严重危及世界文明的纳粹德国赢得战争。然而,美国在二战末期对日本城市的燃烧弹袭击以及在日本的广岛和长崎投下原子弹这一行为是得不到辩护的,美国对日本人民是有所亏欠的。

战后正义主要涉及战争结束以后对战犯的审判、清算战争责任、对侵略行为的补偿、惩罚侵略者和战后重建等内容。战后正义是正义战争观的一个非常重要的组成部分,长期以来没有引起研究正义战争观的学者的重视,比如沃尔泽在其研究正义战争观的代表性著作《正义与非正义战争》中用了大量的篇幅研究开战正义和作战正义,仅仅用一章的篇

---

① 本段的下述内容参见[美]约翰·罗尔斯《万民法》,陈肖生译,吉林出版集团2013年版,第140—141页。

幅探讨了战后正义问题。① 同样，罗尔斯在其正义战争观中也很少涉及战后正义问题，他偶尔探讨战后正义时也是结合作战正义来谈战后正义。罗尔斯认为一旦正义的和平被稳固地建立起来，战败国有自主的权利去建立自己的组织有序的政体，同时"敌方人民在投降后不会被降为奴隶或农奴，他们的充分自由权也不会在此过程中被剥夺"②。罗尔斯在其整个学术生涯中，鲜有对政治事件发表看法，然而，在1995年广岛被核武器轰炸的50周年之际，罗尔斯发表评论，认为美国对广岛的核轰炸以及对东京的燃烧弹袭击都是巨大的错误，美国人要进行反省和检讨："有时候，人们会认为质疑对广岛的核轰炸，也就是质疑为那场战争而冲锋陷阵的美国军队。这种说法令人难以理解。我们应该有能力回顾历史并在50年之后反思我们的错误。我们期望德国人和日本人去做正如德国人所言的'对过往的反省检讨'。那么为什么我们就不应该去做同样的反省检讨呢？我们不能以为，我们进行的这场战争是没有任何道德过错的！"③ 反省和检讨也是战后正义的重要体现。

　　罗尔斯在谈到战争的责任问题时认为，应该区分法外国家的领导人和官员、士兵以及平民应当承担的责任。在他看来，由于法外国家的领导人及其官员是战争的发起人，应该对战争负责，并犯有战争罪。然而，在罗尔斯那里，法外国家的平民并不能被称为"人民"，并不拥有受到质询的权利，同时由于平民经常受到国家领导人的欺骗和唆使，因此不应该对战争承担责任，即使某些平民很了解战争行为并且较为狂热，平民仍然不应当承担战争的责任，同时，

　　　　对于士兵而言，他们和平民一样，除了他们当中的高层军官外，他们也不用对战争负责；士兵们是被征召入伍或者以其他方式被迫卷入战争中去的，他们的爱国热情往往残酷地和讽刺性地遭人利用。

---

① 参见［美］迈克尔·沃尔泽《正义与非正义战争》，任辉献译，江苏人民出版社2008年版。
② ［美］约翰·罗尔斯：《万民法》，陈肖生译，吉林出版集团2013年版，第140页。
③ ［美］约翰·罗尔斯：《广岛核轰炸50年反思（1995）》，载《罗尔斯论文全集》（下册），陈肖生等译，吉林出版集团2013年版，第610页。

> 士兵们可能受到直接攻击的理由，不在于要他们对战争负责，而在于组织有序的人民没有其他方式可供自卫；为了捍卫自身，就必须对敌方的士兵进行攻击。①

一般说来，平民不应当承担战争的罪责，这种观点并没有多大异议，② 然而，除高层军官以外的士兵不承担战争的罪责这一观点，是令人怀疑的。罗尔斯的这一观点与其在《正义论》中所阐述的良心拒绝是不相吻合的："如果一个士兵受命参与某种不合法的战争行为，并且合理和真诚地相信运用于战争行为的正义原则明显地受到了侵犯，那么他就可以拒绝参战。"③ 当罗尔斯在《万民法》中进一步阐述其正义战争观时，他已经不再提及士兵的良心拒绝。在沃尔泽看来，为了明晰士兵在战争中是否要承担责任这一问题，要区分两种情况："一种是战争本身，军人对之不负责任；另一种是战争中的行为，这是军人要为之负责任的，至少是在他们自己的行动范围内要负责任。"④ 军人拥有自己的意志，如果在战争中攻击非战斗人员或者杀害俘虏，那么他们必须对自己的行为承担责任。譬如，在南京大屠杀中，侵华日军臭名昭著的暴行之一是"百人斩"。当年，日本军人野田毅和向井敏明在日军攻陷南京途中展开了令人发指的杀人比赛，比赛内容是看谁先杀满100个中国人。最终，向井敏明以杀害106人对野田毅所杀害的105人"胜出"。依照罗尔斯的论说逻辑，这两个日本军人不应当对自己的残酷行为承担罪责。事实上，这既是有违道

---

① ［美］约翰·罗尔斯：《万民法》，陈肖生译，吉林出版集团2013年版，第137页。
② 约翰·洛克对此曾言，"我可以说征服者只是有权支配那些实际上曾帮助、赞成或同意那用来攻击他的不义武力的人们。因为，既然人民没有授权他们的统治者去做不义的事情，例如发动不义的战争（因为他们自己也从未有过这种权力），那么除非是他们实际上煽动这一战争，他们就不应该被认为对于在不义战争中所做的暴行和不义行为负有责任，正如他们不应该被认为对于他们的统治者对人民或他们同一国家的臣民的任何部分施行的任何强暴或压迫负有罪责一样，因为他们未曾授权他们的统治者去做这一或那一件事"。参见［英］洛克《政府论》（下篇），叶启芳、瞿菊农译，商务印书馆1964年版，第110页。
③ ［美］约翰·罗尔斯：《正义论》，何怀宏等译，中国社会科学出版社1988年版，第380页。
④ ［美］迈克尔·沃尔泽：《正义与非正义战争》，任辉献译，江苏人民出版社2008年版，第45页。

德直觉的，又不符合历史事实：1947 年，向井敏明和野田毅在南京军事法庭审判中被判处死刑，并于 1948 年在南京中华门外雨花台刑场被执行枪决。

　　罗尔斯除了论及在战后应当尊重敌方人员的人权以及战后官员、士兵和平民要承担的责任以外，并未更多地谈到战后正义，这也是当今关于正义战争观研究的一个普遍缺陷。同时，罗尔斯在论及士兵要承担的战争责任时的说法是不能令人接受的。虽然士兵必须服从高级军官的命令，但是他们作为一个拥有意志的个体，在需要自己做出选择的关头（比如是否射杀平民以及敌方士兵投降后是否射杀），必须做出符合战争规则的选择。如果士兵在战争的过程中采取有违战争规则的行为，那么他们必须对自己的行为承担应当担负的责任。

　　概而言之，以上我们分析了罗尔斯在其国际正义理论中着力强调的正义战争观，并对罗尔斯的正义战争提出了三点商榷意见：一是罗尔斯并未为其民主的和平观提供令人信服的证明；二是罗尔斯在建构其国际正义理论的过程中使用的"法外国家"这一概念是不甚恰当的，对法外国家提出的战争理由并不是充分的，他为证成其民主的和平观主要采取了经验层面的论证方法，当遇到现实世界中的不利于自己的论证的事例后，他又回归到规范层面的论证方式，在两种论证方式之间进行较为随意的取舍；三是罗尔斯的正义战争观非常关注开战正义和作战正义，但是他与当代研究正义战争观的其他学者一样，并未给予战后正义应有的重视，其正义战争观并不完整，即使在罗尔斯为数不多的涉及战后正义的过程中，他对士兵责任的看法同样是值得商榷的。

第 六 章

援助义务能否替代全球分配正义?

不平等和贫困的问题不仅会出现于国家的内部,而且也会在全球层面上显现。近年来,随着全球层面上的不平等和贫困问题日益加剧,全球不平等和贫困问题也逐渐引起学术界的重视,不少学者从不同的视角出发探讨如何解决全球不平等和贫困的问题,并对全球分配正义理论各抒己见。其中一个重要的研究进路是罗尔斯在 1971 年出版的《正义论》中所使用的契约主义分析方法,并试图将罗尔斯针对国内问题提出的正义原则应用于全球层面上,从而得出一种全球分配正义原则,然而,罗尔斯本人对全球分配正义原则持一种否定的态度。虽然罗尔斯在《正义论》中并未提及任何用来处理全球贫困和不平等问题的原则,但是仍然有许多学者主张把罗尔斯的分配正义理论用于全球层面上,譬如,贝兹和博格等世界主义者就在这方面做了重要的探索。

贝兹在 1975 年便提出将罗尔斯的契约主义方法用于处理全球分配正义问题,并在 1979 年出版的《政治理论与国际关系》一书中进一步提出了"全球差别原则"和"资源再分配原则"等更加具体的主张。博格随后在 1988 年和 1989 年阐述了如何依照罗尔斯的契约主义方法推导出全球分配正义原则。① 为了进一步探讨国际正义问题,罗尔斯在 1993 年发表

---

① 贝兹和博格的观点,可分别参见 Charles R. Beitz, "Justice and International Relations", *Philosophy and Public Affairs*, Vol. 4, No. 4, 1975, pp. 360 – 389. Charles R. Beitz, *Political Theory and International Relations*, Princeton: Princeton University Press, 1979. Charles R. Beitz, Rawls's Law of Peoples, *Ethics*, Vol. 110, No. 4, 2000, pp. 669 – 696. Thomas Pogge, "Rawls and Global Justice", *Canadian Journal of Philosophy*, Vol. 18, 1988, pp. 227 – 256. Thomas Pogge, *Realizing Rawls*, Ithaca, NY: Cornell University Press, 1989。

的《万民法》一文中回应了部分学者试图依照其契约主义方法推导出全球分配正义原则的尝试。罗尔斯提出的用于处理国家之间关系的"万民法"的7条原则并未涉及分配正义问题,只是曾提及了人民之间的互相援助的问题:"人民之间也应有互助援助的条款,以便可以共同应对饥荒和干旱;而且如果可行的话,也应该包括一些条款去确保所有已获得合理发展的自由社会里人们的基本需求得到满足。这些条款将会界定在特定情形下的援助责任,且根据情形的严重程度这些条款的严格性也会改变。"① 这一援助条款应该是我们将要提及的罗尔斯的"援助义务"的雏形。然而,罗尔斯的这种回应,显然不能令其批评者满意,比如博格随后对罗尔斯的国际正义理论进行了批判。② 罗尔斯随后在1999年出版的《万民法》一书中进一步深化了对国际正义理论的思考,提出了"万民法"的8条原则,其中第8条明确规定了自由的人民如何对待因不利状况而负担沉重的社会:"各人民对那些生活在不利状况下、因此无法拥有一个正义或正派的政治和社会制度的其他人民负有一种援助的责任。"该原则可以被简称为"援助义务",是罗尔斯对国际分配正义思考的最主要体现,也是罗尔斯与其批评者长期交锋而提出的一种较为温和的分配原则。即使如此,罗尔斯并不认同全球分配正义原则,反对贝兹、博格和莫伦道夫等世界主义者试图依照其契约主义方法推导出全球分配正义原则的尝试,这也令很多世界主义者感到失望。本章关注的主要问题是罗尔斯为了处理自由的人民如何对待因不利状况而负担沉重的社会这一问题而设定的援助义务,是否能够替代全球分配正义原则?易言之,罗尔斯对全球分配正义原则的拒斥是可以被人们接受的吗?本章将首先简要梳理罗尔斯的援助义务的基本理念以及罗尔斯为何拒斥全球分配正义原则,然后探讨以贝兹和博格等人为代表的世界主义者和以弗里曼和希思(Joseph Heath)等人为代表的罗尔斯国际正义理论的辩护者围绕罗尔斯对全球分配正义原则的拒斥是否合理所产生的纷争,最后分析罗尔斯对

---

① [美]约翰·罗尔斯:《万民法》,陈肖生译,吉林出版集团2013年版,第18页。
② Thomas Pogge, "An Egalitarian Law of Peoples", *Philosophy and Public Affairs*, Vol. 23, No. 3, 1994, pp. 195–224.

全球分配正义原则的摒弃能否获得辩护。

第一节　罗尔斯以援助义务替代全球分配正义的尝试

正如我们曾多次提到的那样，在罗尔斯所区分的五种不同类型的社会中，合乎情理的自由人民和正派的等级制人民属于组织有序的人民，都尊重人权，并认同内容相同的万民法，只不过正派的等级制人民是非自由的人民。法外国家并不尊重万民法，组织有序的人民将会谴责法外国家，甚至通过采取制裁或军事干预的方式使其改变行事方式，以遵守万民法。因不利状况而负担沉重的社会深受政治腐败的毒害，"不具有扩张性和侵略性，但缺乏一个组织有序社会所必需的政治和文化传统、人力资本、专门技能以及通常是必要的物质和技术资源"①。组织有序的人民应该如何对待因不利状况而负担沉重的社会呢？应该采取什么方式解决负担沉重的社会所处的不利状况呢？罗尔斯认为组织有序的人民对因不利状况而负担沉重的社会负有一种"援助义务"，是要把因不利状况而负担沉重的社会变成组织有序的人民的一员，正如要把法外国家变成组织有序的人民的一员一样："援助的目的是帮助负担沉重的社会，使得它们有能力合乎情理地和理性地处理其自身事务，并且最终变成组织有序人民所组成的那个社会中的一员。这就界定了援助的'目标'。在这一目标达成之后，就不再要求进一步的援助，即使这个现在变得组织有序了的社会依然贫困。"② 援助义务也侧重于满足因不利状况而负担沉重的社会的人民的基本需要，比如要为其提供能够运用权利、自由权及其社会中的机会所必需的东西，这些东西包括经济手段以及制度性的权利和自由等。可见，将因不利状况而负担沉重的社会变成组织有序的人民的一员，能够理性地处理自身的事务，实现政治自主，这既是援助义务的目标，又是援助义务的终止点。与其国内正义理论的目标相较而言，罗尔

---

① ［美］约翰·罗尔斯：《万民法》，陈肖生译，吉林出版集团2013年版，第148页。
② 同上书，第153页。

斯的援助义务的目标显然要有限得多,鉴于罗尔斯的国内正义理论是当代分配正义理论的代表性理论之一,人们很容易设想以罗尔斯的分配正义理论来处理因不利状况而负担沉重的社会所面临的不利状况,易言之,人们很容易设想存在一种全球分配正义原则。

然而,罗尔斯既不认可以全球分配正义原则来处理因不利状况而负担沉重的社会所面临的不利状况,又不认为全球分配正义原则是存在的。罗尔斯拒斥全球分配正义原则,主要是基于以下四个方面的考虑:其一,罗尔斯认为一国贫困的主要根源关键在于其国内因素,即罗尔斯持有一种"纯粹国内因素致贫论"。罗尔斯认为"一个人民富裕的原因及其采取的形式,深深植根于其政治文化、支持他们的政治和社会制度的基本结构的宗教、哲学和道德传统,还有该社会成员的勤勉及合作,所有这些都由他们的政治德行支撑着"[1]。在罗尔斯那里,自然资源的丰裕程度对一国的发展来说并不是至关重要的,因为在世界上还没有国家因自然资源稀缺到无法成为组织有序的社会的一员,诸如即使日本这样的自然资源稀缺的国家也可能成为组织有序的社会的一员,而诸如阿根廷这样的自然资源丰富的国家在成为组织有序的社会的一员的过程中就面临着很大的困难,"造成这些差异的重要因素就是政治文化、政治德行、该国的公民社会、该社会成员的正直勤劳和他们的创新能力等方面。同样重要的是该国的人口政策,它必须小心谨慎,不能让人口规模超过该国的土地和经济的承受力"[2]。法外国家之所以会犯下严重的错误,其错误的根源正在于其政治传统、法律制度、财产制度、阶级结构、宗教信念、道德信念及其内在的深层次文化。在所有这些影响一国发展的国内因素中,罗尔斯最为重视的是一国的政治文化(比如因不利状况而负担沉重的社会的政治文化是一种扭曲的、腐败的政治文化),并着力论述了如何改变一国的政治文化。在罗尔斯那里,并不存在什么简单的方法可以帮助一个因不利状况而负担沉重的社会改变其政治文化和社会文化。人们通常建议要么通过给予金钱的方式,使因不利状况而负担沉重的社会自愿改

---

[1] [美]约翰·罗尔斯:《万民法》,陈肖生译,吉林出版集团2013年版,第150页。
[2] 同上。

变其政治文化和社会文化,要么通过武力的方式,强迫因不利状况而负担沉重的社会改变其政治文化和社会文化。然而,对罗尔斯来说,前一种方式是不可欲的,后一种方式有违万民法的基本精神。罗尔斯只是简单地提到了在提供援助的时候,可以增加一些附加条件,比如那些接受援助的社会不应该侵害妇女的人权,① 这样既能为因不利状况而负担沉重的社会提供援助,又不会损害那些受到援助的因不利状况而负担沉重的社会的宗教和文化。

其二,罗尔斯认为其差别原则是一种政治原则,并不适合处理国家之间的贫困和不平等问题。针对贝兹和博格等人所建议的用其差别原则和其他自由主义的分配正义原则处理负担沉重社会所面临的不利状况,并调控国家之间出现的经济不平等这一建议,罗尔斯回应道,差别原则是针对处理民主社会内部的问题而提出的分配正义原则,将差别原则用于处理民主社会内部的正义问题是合乎情理的,但是将其用于处理社会之间的不平等和贫困的状况,这一做法并不是可行的。其中的原因在于,在万民社会里,存在着各种各样的差异较大的社会,我们并不能奢望所有社会都接受自由主义的分配正义原则,比如正派的等级制人民就不会接受自由主义的分配正义原则,即使各个自由社会之间也存在较大的差异,它们也不可能接受同样内容的自由主义的分配正义原则,"在一种建构主义的观念中,没有理由认为适用于域内正义的原则,同样也适合用去规制诸人民组成的社会中的不平等。……每一主题——无论是制度还是个体,是一个政治社会还是由各政治社会所组成的社会——都各由因应其自身而制定的原则来规范。这些原则是什么,必须由一套恰当的程序从一个正确的起点出发来制定"②。可见,依罗尔斯之见,并不存在一种能够处理所有社会内部问题的正义原则,正义原则随着社会的制度的变化而变化。同时,"作为公平的正义主张一种政治的正义观念,而非一种一般的正义观念:它首先应用于基本结构,并且认为局部正义(local justice)的问题和全球正义的问题(我称为'万民法'的东西)需要按照它们各自的特性

---

① 参见[美]约翰·罗尔斯《万民法》,陈肖生译,吉林出版集团2013年版,第152页。
② [美]约翰·罗尔斯:《万民法》,陈肖生译,吉林出版集团2013年版,第138页。

分别加以考虑"①。虽然如此,这并不意味着组织有序的人民对因不利状况而负担沉重的社会并不负有任何义务和责任,在罗尔斯那里,组织有序的人民对因不利状况而负担沉重的社会所负的义务是一种援助义务,所有自由主义的分配正义原则——比如差别原则——并不适合处理负担沉重的社会所面临的不利状况。

其三,全球分配正义原则没有目标和终止点,这是令人难以接受的,正如罗尔斯曾言,"组织有序人民具有一种**责任**(duty)去为负担沉重的社会提供帮助。但这并不能得出,承担这种援助责任的唯一或最好方式就是遵循一种分配正义的原则,并用它来规制各社会间出现的经济和社会不平等。大多数这样的分配正义原则都没有一个明确的目标、目的或终止点(cut-off point),超过它该援助就可以停止了"②。对罗尔斯来说,援助义务的目标并不是增加因不利状况而负担沉重的社会的财富和福祉水平,因为并非所有因不利状况而负担沉重的社会都是贫穷的,正如并非所有组织有序的人民都拥有较多的财富一样。大量的财富并不是建立一种正义的或正派的制度的必要条件,建立一种正义的或正派的制度到底需要多少财富,取决于该社会的特殊的历史及正义观,只要该社会的政治传统、法律、财产、阶级结构以及深层次的道德、宗教和文化能够支撑该社会成为自由的或正派的社会,即使该社会的自然资源和财富都比较少,这也不会妨碍该社会成为组织有序的社会的一员。可见,罗尔斯对一国贫困所持的"国内因素致贫论"深深地影响了罗尔斯对全球分配正义原则的看法。罗尔斯在论述援助义务的过程中还提到了其在《正义论》中曾提到的"正义的储存原则"③,即一种正义的储存原则的目的

---

① [美]约翰·罗尔斯:《作为公平的正义:正义新论》,姚大志译,上海三联书店2002年版,第19页。
② [美]约翰·罗尔斯:《万民法》,陈肖生译,吉林出版集团2013年版,第148页。黑体字为原文所有。
③ [美]约翰·罗尔斯:《正义论》,何怀宏等译,中国社会科学出版社1988年版,第285—298页。正义的储存原则是罗尔斯的代际正义理论的重要组成部分,有关其所引起的纷争可参见Clayton Hubin, "Justice and Future Generations", *Philosophy and Public Affairs*, Vol. 6, No. 1, 1976, pp. 72–82; Jane English, "Justice between Generations", in Chandran Kukathas (ed.), *John Rawls: Critical assessments of leading political philosophers* (Volume II), Routledge, 2003, pp. 355–367。

在于为一个自由的宪政民主社会或者任何组织有序的社会建立一种从合乎情理的意义上讲是正义的基本制度,并且为所有公民确保一种值得生活的世界是可能的。相应地,正义的或者正派的基本制度一旦建立起来,那么存储也就停止了,这也"带出了在万民法中援助责任与域内情形中正义储存责任的相似性。在两种情形中,目的都是实现和保存正义(或正派)的制度,而不是简单地提升(更不用说无限地最大化)财富的平均水平,或任何社会、任何阶级的财富"①。对罗尔斯来说,援助义务与正义的储存原则所表达的深层次理念是相同的,罗尔斯也在此强调了对一个国家来说,制度而非财富是更加重要的。

其四,全球分配正义原则会损害人民的政治自主,没有尊重人民的选择。罗尔斯认为贝兹和博格等人的全球分配正义原则(比如全球差别原则)是没有终止点的,会进行毫无目的的援助,虽然罗尔斯承认他接受贝兹和博格等人所说的保障人权和满足基本需要这些目标,但是罗尔斯认为其援助义务能够涵盖这些目标。为了更进一步地批判贝兹和博格等人的全球分配正义原则,罗尔斯设想了两个备受关注的思想实验,在第一个思想实验中,罗尔斯设想存在两个具有相同财富水平和相同规模人口的自由的或者正派的国家 S1 和 S2,在其中人民是自由而负责任的,能够做出他们自己的决定。S1 决定实行工业化并提高自身的实际存储率,但是 S2 并没有这样做,而是安于现状,偏爱田园式的悠闲生活。几十年过去了,S1 的财富数量是 S2 的财富数量的 2 倍。那么,应当对 S1 进行征税,以便为 S2 提供资金吗?罗尔斯认为"根据援助责任,根本不需要征税,并且这看起来是正当的;然而按照漫无目标的全球性平等主义原则,只要一群体人民的财富比其他群体人民少,便要源源不断地征税"②。对罗尔斯来说,此时全球分配正义原则所进行的财富分配是令人难以接受的。第二个思想实验与第一个思想实验较为相似,只是罗尔斯此时假设 S1 和 S2 的人口增长率都非常高,S1 强调了为妇女提供平等正义的要素,致使该国的妇女在政治世界和经济世界中较为活跃,人口增长率逐

---

① [美]约翰·罗尔斯:《万民法》,陈肖生译,吉林出版集团 2013 年版,第 149 页。
② 同上书,第 159 页。

渐下降到零，国家的财富水平逐渐提高。S2 的妇女接受了该国主导性的宗教和社会价值，人口增长率不但没有下降，而是仍然维持在一个较高的水平上。几十年之后，S1 的财富数量是 S2 的财富数量的 2 倍。那么，援助义务要求对 S1 进行征税以补偿 S2 吗？依罗尔斯之见，"援助的责任并不要求对第一个国家即现在更富裕的国家征税，而那个漫无目标的全球性平等主义原则恰恰有这样的要求。再次，我们看到后者的立场是不可接受的"①。对罗尔斯来说，全球分配正义一定会对 S1 进行征税以为 S2 提供资金，这恰恰没有使 S2 为自身的决定和行为承担任何责任，既然 S2 决定采取不进行工业化或者不对人口进行控制这样的决策，致使自己的财富较少，那么 S2 就应该对自己的行为承担责任。

罗尔斯通过询问"全球分配正义是否具有目标和终止点"来比较援助义务与全球分配正义。罗尔斯认为，援助义务既有目标，也有终止点，全球分配正义恰恰缺乏目标和终止点，援助义务的目标在于通过帮助世界上的穷人，直到他们要么成为一个合乎情理的自由社会中的一员，要么成为一个正派的等级制社会中的一员，援助义务的终止点在于只要援助义务的目标达成了，就不需要进一步的援助了，可见，援助义务的目标和终止点是合二为一的。罗尔斯不但比较了援助义务与全球分配正义，而且还比较了援助义务与世界主义，认为"一种世界主义观点的终极关怀，是个体的福祉，而不是社会的正义"②。罗尔斯又设想了另一个思想实验来进一步对比援助义务与世界主义，譬如，有两个社会 A 和 B 都满足罗尔斯的国内正义理论，A 的处境最差者的处境要比 B 的处境最差者的处境更糟糕，假如 A 和 B 在继续满足罗尔斯的国内正义理论的情况下，可以通过某种全球再分配原则以改善 A 的处境最差者的地位。那么，这种全球再分配方案和原来的再分配方案，哪一个更好呢？罗尔斯回答道，"万民法在这两种分配方案中保持中立，而世界主义的观点并非如此。因为世界正义关注的是个体的福利，并因此关注全球范围内的处境最不利者的福祉是否得到了改善。对万民法而言，重要的是自由和正派社会的

---

① [美] 约翰·罗尔斯：《万民法》，陈肖生译，吉林出版集团2013年版，第159—160页。
② 同上书，第161页。

正义和基于正当理由的稳定性,以及它们作为一个由诸组织有序的人民所组成社会的成员而存在于世界中"①。可见,罗尔斯的援助义务与全球分配正义和世界主义相比,是较为保守的。

第二节　从国内正义到全球分配正义:
世界主义者的拓展

虽然罗尔斯在回应贝兹和博格等世界主义者的批判的过程中,将"援助义务"正式列入万民法的基本原则之列,但是罗尔斯认为并不存在全球分配正义原则。对贝兹和博格等世界主义者来说,罗尔斯对全球分配正义原则的拒斥是令人难以接受的,罗尔斯的援助义务并不足以解决全球非正义问题。贝兹和博格等世界主义者按照罗尔斯的契约主义方法,将罗尔斯的国内正义理论适用于全球层面,并认为基于下述考量全球分配正义原则是存在的:

第一,在全球层面上,全球合作体系和全球基本结构是存在的。众所周知,罗尔斯认为正义的主要问题是由政治结构和主要的经济与社会安排等所构成的社会基本结构,或者说是由社会主要制度分配基本权利和义务,决定由社会合作所带来的利益的划分方式。② 可见,对罗尔斯的正义原则来说,正是由于社会基本结构的分配效果,它才成为正义的主题,同时社会合作系统是非常重要的,社会基本结构决定了由社会合作所带来的利益与负担能否实现公平分配。贝兹为了证成其所谓的全球差别原则这一全球分配正义原则的存在,采取了类比论证的方式。贝兹认为国际投资和贸易增长的速度非常快,剩余资本会寻求能够带来大量利润的地区,比如大量美国公司已经将其很多资本投向劳动力成本较为低廉或者市场前景比较看好的地区。由于贸易的关税以及非关税壁垒的长期衰落、通信技术的飞速前进,世界市场显然已经形成且日益发达,全

---

① [美]约翰·罗尔斯:《万民法》,陈肖生译,吉林出版集团2013年版,第161页。
② 参见[美]约翰·罗尔斯《正义论》,何怀宏等译,中国社会科学出版社1988年版,第7页。

球相互依赖模式的存在,产生了大量的聚集性利益,同时,全球相互依赖模式也造成了穷国和富国之间的差距日益增大,易言之,全球合作体系是存在的。如果全球经济和政治上的相互依赖表明存在一个全球合作系统,那么我们既不能像罗尔斯那样仅仅将社会正义原则局限在国内社会中,也不能认为国家边界具有根本的道德重要性,"国家对复杂的国际经济、政治和文化关系的参与表明存在一个全球社会合作系统。正如康德指出的那样,国际经济合作为国际道德创造了新的基础。如果社会合作是分配正义的基础,那么人们可能认为国际经济的相互依赖为全球分配正义原则提供了支持,这与适用于国内社会的支持相类似"①。对贝兹来说,鉴于全球合作体系与罗尔斯所说的社会合作系统之间的相似性,依照罗尔斯的推理方式,在罗尔斯所设定的国际原初状态中,国际原初状态中的代表在无知之幕的遮蔽下,没有理由不选择全球分配正义原则。如果差别原则在国内原初状态中被选择,那么在国际原初状态中,代表们也没有理由拒斥差别原则,即国际原初状态——贝兹认为在全球原初状态——中的代表会选择全球差别原则,会关注全球处境最差者所面临的不利状况。

在布坎南看来,如果全球基本结构——那些对世界上的人民之间和个人之间的利益和负担的分配带来深刻和持续影响的经济制度和政治制度——存在的话,那么它定会成为正义的一个非常重要的主题。如果全球基本结构存在的话,那么正义原则一定是为人们所需要的,正如国内的基本结构的存在需要一种正义原则一样。布坎南认为全球基本结构是存在的,全球基本结构的构成要素是多种多样的,比如有地区性的和国际性的经济协议、国际金融体制、全球私有财产保护体系(比如知识产权保护制度)以及国际性的和地区性的法律制度等。② 对布坎南来说,鉴于全球基本结构是存在的,业已有很多文献描述了全球基本结构的分配效果,与国内的基本结构一样,全球基本结构不仅在某种程度上决定了

---

① [美]查尔斯·贝兹:《政治理论与国际关系》,丛占修译,上海译文出版社2012年版,第131页。

② 参见 Allen Buchanan, "Rawls's Law of Peoples: Rules for a Vanished Westphalian World", *Ethics*, Vol. 110, No. 4, 2000, pp. 705–706。

个人的生活前景，而且也在某种程度上决定了罗尔斯意义上的人民的生活前景，罗尔斯对全球基本结构的漠视就是难以获得证成的，罗尔斯对全球分配正义原则的拒斥就是难以获得辩护的。

第二，自然资源的分布状况会影响国家的发展程度，拥有不同国籍的人往往会拥有不同的社会地位和福利状况，然而，自然资源的分配状况以及一个人所属的国籍都是道德上的任意因素，在罗尔斯所设定的国际原初状态中，自由人民和正派人民的代表应该关注其所代表的人民拥有的资源水平。罗尔斯的差别原则试图缓和自然偶然因素和社会偶然因素对分配的影响，譬如，罗尔斯认为我们要

> 把自然才能的分配看作一种集体资产，并共同分享无论它带来的利益是什么。那些先天处于有利地位的人，无论他们是谁，只有在改善那些处境不利者状况的条件下，他们才能从他们的好运气中获得利益。先天处于有利地位的人不能仅仅因为他们的天赋较高而获利，而只能通过抵消训练和教育费用和用他们的禀赋帮助较不利者而获利。没有人应得其较高的自然能力，也没有人应得社会中较为有利的起点。①

贝兹认为根据罗尔斯的上述推理逻辑，国际原初状态中的各方也会认为自然资源的分布是道德上的任意因素，他们大概知道地球上的资源分布是不均匀的，有些地区的自然资源（比如森林、煤炭、石油和天然气等）非常丰富，处于这些地区之中的国家就可以利用这些丰富的自然资源走向繁荣，然而，有些地区的自然资源非常稀缺，处于这些地区之中的国家就有可能处于并长期处于贫困的境地。那些因为好运气而处于丰富资源之上的国家，并未能够说明为什么它就"应得"这些资源，为什么它可以排除其他国家从中获得好处，因此应该实行资源的再分配原则。虽然这种观点会面临一些针对罗尔斯的自然才能的分布是道德上的任意因

---

① John Rawls, *A Theory of Justice*, Cambridge, Massachusetts: The Belknap Press of Harvard University Press, 1971, pp. 101 – 102.

素这一观点的类似的反驳意见,但是这些反驳意见并不能为资源的再分配原则带来困难,而且"资源的自然分布所具有的'从一种道德的观点来看的任意性',比起才能的分布来说,是更为纯粹的。一个人不但不能够说他应得其脚下的资源,而且他可能对其天资所持有的那种初始性主张的其他理由,对于资源的分布情况来说,也是不适用的"①。既然国际原初状态中的各方知道自然资源的分布是不均衡的,足够的自然资源是国家发展的重要先决条件,那么

> 在无人对碰巧位于其足下的资源拥有一种天然的显见要求权的意义上,各方会认为资源的自然分配是任意的。在面对其他人的竞争性要求权和后代人的需要时,一些人对稀缺资源的占有需要一个正当理由。在不知道他们各自社会的天赋资源的情况下,各方会对这样一条资源再分配原则达成一致协议,这就是该原则会给每一个社会提供发展公正政治制度的公平机会和能够满足其成员基本需求的经济体系。②

在贝兹那里,资源的再分配原则可以解决资源的分布不均匀问题,如果资源贫乏的国家缺乏一些保障,那么这些国家可能通过诉诸战争来获得建立国内正义制度所必需的资源,这样的战争也很难说是不公正的。

正如罗尔斯的国际正义理论没有处理自然资源的分布不均匀这一自然偶然因素一样,罗尔斯的国际正义理论也没有处理国籍等社会偶然因素的影响,博格认为国籍因素也不应该影响人们命运的优劣,但是一个不容忽视的事实情况是,那些拥有不同国籍的人的命运之间的差异是巨大的。博格认为一个人出生在美国的哪个州无关紧要,然而,"出生于墨西哥,还是出生于美国却非常重要。我们确实有必要向墨西哥人去说明,为什么我们仅仅因为出生于国界的这一边就有资格享有优越于他们的生

---

① Charles R. Beitz, "Justice and International Relations", *Philosophy and Public Affairs*, Vol. 4, No. 4, 1975, p. 369.

② [美]查尔斯·贝兹:《政治理论与国际关系》,丛占修译,上海译文出版社2012年版,第128—129页。

活前景。实际上,出生于国界哪一边所导致的差别,与性别、肤色或父母的财富差别一样,都具有道德上的任意性"①。在博格那里,国界并不像罗尔斯所认为的那样具有根本的道德地位,罗尔斯的国际正义理论缺乏平等主义的含义。博格试图为某种平等主义的国际正义理论进行辩护,他并没有采取贝兹的类比论证方式,而是直接将罗尔斯的契约主义方法运用于全球层面。博格设想了三种将罗尔斯的契约主义方法运用于全球层面的方式,前两种论证方式都首先假设将罗尔斯的契约主义方法运用于国内原初状态,然后将契约主义的方法运用于国际原初状态。第一种方式假设国际原初状态中的各方被视为"个人"的代表,全球范围内的最不利者就是基本权利和自由最得不到保障的那些人,第二种方式将国际原初状态中的各方视为"国家"的代表,全球范围内的最不利的社会就是其基本权利和自由最得不到保障的社会。博格认为这两种方式都是有缺陷的,并提出了他自己青睐的第三种方式,这种方式"反对各方在国家层面上召开一次会议后再在国际层面上召开另一次会议,而设想的是一个单一的全球的原初状态。这种修正诉求的也是厚的无知之幕,没有影响罗尔斯为两个正义原则进行的论证。区别只是:这种修正使这种论证指向的是作为'封闭体系'的全球社会"②。可见,博格并不像罗尔斯那样两次运用原初状态这一设置,而是认为存在一种全球原初状态,全球社会像罗尔斯设想的国内社会一样,是一个封闭的体系,也存在一种主导全球社会的分配正义原则。

第三,世界上存在大量的不平等和贫困也需要采用全球分配正义原则加以解决。博格在论述其全球分配正义理论的过程中,曾反复提到一个事实,即一方面,当今世界的不平等和贫困日益加剧;另一方面,富裕国家在消除全球不平等和贫困方面的贡献是非常之少的。在博格看来,按照1985年联合国所确定的人均日购买力低于1美元的贫困线标准,世界上大约有15亿人生活在贫困线以下,7.9亿人营养不良,10亿人没有

---

① Thomas W. Pogge, "An Egalitarian Law of Peoples", *Philosophy and Public Affairs*, Vol. 23, No. 3, 1994, p. 198.

② [美]涛慕思·博格:《康德、罗尔斯与全球正义》,刘莘、徐向东等译,上海译文出版社2010年版,第164页。

安全的饮用水，24亿人缺乏基本的医疗设施，大约10亿人居住在没有达到基本标准的住所里，20亿人用不上电，这些极端贫困既严重阻碍了人权的实现，也是其他人类不幸的最大原因。富裕国家的人民至少在三个方面与全球贫困者存在道德意义上的联系：

> 首先，他们的社会起点与我们的社会起点的差别，源于由一系列巨大错误构成的历史过程。历史上的不正义，包括种族灭绝、殖民主义和奴隶制，既造就了他们的贫困，也造就了我们的富裕。其次，他们与我们都依赖于同样的自然资源，而他们本应从中享有的利益，在很大程度上被没有补偿地剥夺了。……第三，他们与我们共同生活在一个单一的全球经济秩序中，而这个经济秩序正在不断延续甚至恶化全球的经济不平等。①

虽然全球贫困的事实触目惊心，富裕国家的人民有义务消除全球贫困，但是富裕国家在消除全球贫困方面的努力是远远不够的。博格建议通过"全球资源红利"（global resources tax）这一方案去调节全球不平等和贫困，该方案认为"虽然一国人民拥有和完全控制其领土上的所有资源，但该国人民必须对它选择开采的任何资源支付红利"②。比如，虽然沙特阿拉伯的人民不会允许其他国家的人民去开采其石油资源，但是沙特阿拉伯的人民在开采石油资源的过程中，无论是自己使用，还是出售给他国，都必须缴纳一定比例的红利，比如缴纳销售额的1%。除了石油以外，煤炭、天然气和农场用地等，都可以用类似的思路加以征收红利，征收的红利可以用于解决全球不平等和贫困问题。

针对我们在本章第一节曾提及的、罗尔斯在拒斥全球正义原则时所提到的两个思想实验，博格进行了回应。在博格那里，人民之间应该某种程度上分担彼此的困难，不能让那些比较贫穷、处于劣势地位

---

① ［美］涛慕思·博格：《康德、罗尔斯与全球正义》，刘莘、徐向东等译，上海译文出版社2010年版，第430页。

② Thomas W. Pogge, "An Egalitarian Law of Peoples", *Philosophy and Public Affairs*, Vol. 23, No. 3, 1994, p. 200.

的人民承担不幸决定的所有后果,只能让其承担大部分的后果,即使在罗尔斯所设定的由组织有序的人民所组成的理想世界中,人民之间彼此分担后果的理由仍然是存在的。同时,一些人民在做出决定以后,会有可能因为运气较差而致使自身的决定带来恶劣的后果,此时人民之间也应该彼此分担后果,"罗尔斯的国内正义理论通常支持这种缓解贫困家庭的负担——这些负担是由贫困家庭的不幸决定所造成的——的制度,并且根据有关道德风险的实际影响的经验知识,提供了怎样设计缓解制度的指导原则。然而,为什么与缓解制度相类似的东西在国际正义方面同人民的自治不相容,或者在其他方面无法令人接受呢?"① 对博格来说,人们应该通过全球分配正义原则去缓和或解决贫困国家面临的不利状况。

第四,不公平的国际政治和经济等制度,往往造成一些国家的贫困,或者使一些贫困国家所面临的不利状况雪上加霜。针对上述罗尔斯所谓的"纯粹国内因素致贫论",博格回应道,罗尔斯的观点是令人难以接受的,因为国内因素在很大程度上受到国际因素的影响(有时是非常深刻的影响),全球贸易规则严重影响了国内人均生产总值的国际分配,同时罗尔斯忽视了"那些致力于提高人民生活水平的国家,不得不与那些过度保护国内市场的富裕国家进行竞争。这些保护(包括关税制度、配额制度、反倾销税、出口信贷、对国内生产者和所有加入世界贸易组织条约的公司的巨大补贴)是如此的虚伪和不公平,以至于它们受到了大量的批判,并开始削弱民族主义者的解释"②。贝兹和博格还指出了当今世界的一些不公正的国际制度,比如"国际资源特权"和"国际借贷特权"。贝兹认为特定的政治和法律制度也会影响收入和财富的全球分配,"对建立在一块地域之上的社会而言,国际财产权赋予其得到承认的政府对此领土及其自然资源排他性的所有权和控制权,或者赋予国际共同体

---

① Thomas W. Pogge, "Do Rawls's Two Theories of Justice Fit Together?", in Rex Martin and David A. Reidy (ed.), *Rawls's Law of Peoples: A Realistic Utopia?*, Blackwell Publishing Ltd., 2006, p. 215.

② Ibid., p. 219.

对其共同领域（海洋和太空）保留部分或全部控制权"①。博格更加详细地论述了国际资源特权和国际借贷特权，他认为国际资源特权意味着如果一个公司从沙特阿拉伯人或苏哈托等人的手中购买资源，那么这个公司在世界各地有资格被认为是那些资源的合法拥有者。国际资源特权对那些贫困但拥有丰富资源的国家会带来灾难性的影响，在这样的国家中不管一个人通过什么样的手段掌权，那么他通过出售自然资源获得的收入，就可以维持自己的统治。就国际借贷特权而言，博格认为国际借贷特权包括了把国际上有效的法律责任施加给整个国家的权力。比如，某个国家的政府非常腐化、残暴、不民主，欠下了很多债务。当该政府被推翻，其继任的政府不得不偿还上任政府所欠下的债务，否则它在国际金融市场上就会受到严重的惩罚，比如丧失借贷特权。② 可见，对贝兹和博格等世界主义者来说，为了解决当今世界的全球背景不正义问题，也需要全球分配正义原则。

第三节　捍卫罗尔斯对全球分配正义的拒斥：弗里曼等人的辩护

一如上述分析所指出的那样，在贝兹和博格等世界主义者看来，由于上述原因，全球分配正义原则既有可能存在，当今世界所存在的很多非正义现象，也需要全球分配正义原则去加以解决。然而，在以弗里曼和约瑟夫·希思等人为代表的罗尔斯的辩护者看来，全球分配正义原则并不存在，罗尔斯对全球分配正义原则的拒斥能够获得辩护。

其一，在世界国家并不存在的情况下，与社会基本结构一样的全球基本结构并不存在，贝兹和博格等人所谓的全球基本结构并不是真正的基本结构，只是一些次要的制度而已。弗里曼在为罗尔斯对全球分配正义原则的拒斥进行辩护时，反复申述了一国之内的社会合作的重要性以

---

① ［美］查尔斯·贝兹：《政治理论与国际关系》，丛占修译，上海译文出版社2012年版，第136页。

② 参见［美］涛慕思·博格《康德、罗尔斯与全球正义》，刘莘、徐向东等译，上海译文出版社2010年版，第468—471页。

及社会合作与现有的全球合作之间的巨大差异。弗里曼认为,在罗尔斯那里,社会合作总是包含着政治合作,基本的社会合作和制度的强制实施对社会是必不可少的,人民不得不参与社会合作,并遵守社会基本结构的要求,然而,不同的社会之间的经济和文化联系是自愿的,是以条约为基础的。社会合作对我们作为人的发展、道德力量、社会能力以及善观念来说都是必不可少的,是我们发展独特的人类能力的前提条件,一个人也许可以在同他人不进行合作的情况下生存下来,然而,这个人过的是一种原始的生活。相反,全球合作并不是我们能够生存下来或者取得繁荣的先决条件,也不是发展我们的理性的、社会的和道德的力量的前提条件。倘若我们不同其他社会进行合作,我们就会失去商业利益和文化利益,倘若我们不同其他人进行合作,我们就会失去文明和所有的根本利益。所有其他形式的合作都依赖社会合作,然而,社会能够在很多方面不同其他社会合作的情况下生存下来并繁荣发展。虽然社会合作是非常重要的且不同于全球合作,但是一些世界主义者拒绝考虑社会合作的重要性,并尽量最小化社会合作对正义的重要性,虽然有的世界主义者认为社会合作是重要的,但是这些人也认为全球合作是社会合作的一种形式。在罗尔斯那里,社会合作是以一种包括社会制度在内的共享的基本结构为前提条件的,它在全球层面上并不存在。贝兹和博格等世界主义者所提到的经济和政治关系只是一些次要的制度,不是基本制度,只是各个国家之间进行不断协商和约定的结果。弗里曼不但认为全球基本结构是不存在的,而且认为在缺乏世界国家和全球法律制度的前提下,将罗尔斯的差别原则应用于全球层面是没有任何意义的。差别原则是一个政治原则,它的实施需要立法机关、行政机关和司法机关,同时需要一些机构对差别原则的运用、解释和实施进行判断。然而,在全球层面上,可以运用全球差别原则的全球政治权威、全球法律体系或全球财产体系并不存在。全球差别原则毫无疑问是虚弱的,缺乏主体和客体:既没有可以运用全球差别原则的主体,又没有它可以适用的法律体系。[①] 弗里曼还回应了布坎南的观点,布坎南的罗尔斯忽视了地区性的和

[①] 参见 Samuel Freeman, *Rawls*, Routledge, 2007, pp. 421–423, 444。

国际性的经济协议、国际金融体制、全球私有财产保护体系等所谓的全球基本结构这一观点是错误的,对罗尔斯来说,这些制度是万民社会的内在组成部分,但是罗尔斯拒绝承认这些制度就是可以为分配正义原则辩护的全球基本结构。虽然布坎南强调这些国际制度像国内基本结构一样影响着人们的生活前景,但是在社会基本结构和全球基本结构之间真的没有可比性,它们之间的差别并不仅仅是社会基本结构对人民的生活影响更大的问题,这些国际制度是那些万民社会的成员运用政治管辖权的结果,人们为了维持自己社会的基本结构,同意运用政治自主。① 对弗里曼来说,既然世界国家是不存在的,全球基本结构是不存在的,既然在全球层面上并不存在社会合作和全球基本结构,全球分配正义原则也就不存在。

希思也通过否认全球基本结构的存在,从而为罗尔斯对全球分配正义原则的摒弃进行辩护。希思认为罗尔斯的《万民法》提出的一个核心问题是:是否一个拒绝世界政府并认同传统的主权国家的人,仍然能够认同一种主导国际关系的规范的分配正义原则?罗尔斯认为这两个方面是不相容的,全球分配正义的倡导者通过漠视思考自身立场的制度方面的含义已经部分避免了政治困境。当我们建议在全球层面上适用分配正义原则时,这意味着需要转移大量的财富,在全球层面上并不存在分配正义的义务,这不仅仅是因为"霍布斯式的原因"(即国家不能期待别人尊重它),也是因为"政策方面的原因"(即主权国家不能合理地向其他国家提出这样的要求)。鉴于社会合作和互惠性在罗尔斯的万民法中所扮演的关键角色,全球层面上的法治的缺乏会带来各种各样的难题。很多理论家将罗尔斯的差别原则适用于全球层面,忽视了在全球层面上并不存在基本结构的情况。② 斯蒂芬·马赛多(Stephen Macedo)也不认同自由主义的世界主义者对罗尔斯的国内正义理论在全球层面上的扩展,马赛多之所以如此,其原因在于国内社会与国际社会的情况是非常不同的,

---

① 参见 Samuel Freeman, *Justice and the Social Contract: Essays on Rawlsian Political Philosophy*, Oxford University Press, 2007, pp. 287–288。

② 参见 Joseph Heath, "Rawls On Global Distributive Justice: A Defence", *Canadian Journal of Philosophy*, Supp. Vol. 31, 2005, pp. 199–202。

这种差异一方面是由文化和价值的多元性所引起的，另一方面是由尊重自主治理的人民——只要他们是独立的和负责任的——所引起的，同时，"世界主义的分配性正义在缺乏一个全世界性的国家或一个世界性政治共同体的情况下是没有意义的，几乎没有人真正赞同世界主义的分配性正义"①。可见，与弗里曼一样，希思和马赛多认为全球基本结构和世界国家在全球层面上的缺乏，导致世界主义者将罗尔斯的国内正义理论运用于全球层面是无能为力的。

其二，自然资源的分布和国籍等因素确实是任意的因素，然而，这并不意味着需要全球分配正义原则去化解这种任意性问题。在弗里曼那里，一个人民所处的领土确实是任意的，但是现存边界的历史任意性并不意味着人民居住的领土且控制的领土也是任意的。一般说来，一种位置的道德任意性并不意味着我们在道德上能够忽视它，譬如，失明的任意性并未使盲人有资格忽视他人的眼睛。任意的边界在道德上是重要的，因为居住在领土上且能够在政治上控制领土是人民存在的一个必不可少的条件。任意的边界并不意味着对社会成员的特殊义务也是任意的，正如除非家庭成员彼此之间负有义务同时不对他人负有义务，否则家庭并不能存在一样，人民也不能存在，除非人民之间彼此负有特殊的义务。对罗尔斯来说，自足的人民有一种支持那些处于不利境地的人民的义务，以使其变成自足的人民，但是自足的人民仍然有针对自己的人民的特殊义务，特别是对自己社会的处境不利者的特殊义务，这种特殊的义务并不是源自民族情感，而是源自拥有共同的基本结构的人民之间的合作关系。② 在弗里曼那里，人民对领土的控制和管辖权是一个人民可能存在的前提条件，同时，一个人民对领土的控制为其有关财产的发展制度和其他基本的社会制度提供了必不可少的框架，除非有人民之间的合作或者获得其他人民的承认，人民才能够控制领土，对其他人民的领土的尊重，这是万民法的内容之一，但是全球基本制度并没有存在，因为全球政权

---

① ［美］斯蒂芬·马赛多：《自主治理的人民相互负有什么义务：普世主义、多样性还是〈万民法〉》，王勇兵译，《马克思主义与现实》2006年第1期，第21页。

② 参见 Samuel Freeman, "Introduction", in Samuel Freeman (ed.,) *The Cambridge Companion to Rawls*, Cambridge University Press, 2003, pp. 48–50.

是不存在的。① 弗里曼还认为在以互惠和相互尊重为基础的社会合作关系的背景下，罗尔斯认为有关出生的偶然的社会事实和自然事实不应该决定分配的份额，然而这并不意味着在一个民主社会里，偶然的成员身份不应该决定分配的份额。事实上，在决定分配份额时，成员身份是高度相关的，比如一个人生而并不拥有较好的才能和相貌，与其在家庭中获得的关心和照顾是不相关的，然而另一个孩子没有生在那个特定的家庭中这一偶然事实，同其在那个家庭中的地位和应得的权利是高度相关的。② 可见，对弗里曼来说，自然资源的分布状况和国籍等因素虽然是一种任意因素，但是这并没有使得人们不对自己的同胞不负有特殊的义务。

其三，针对博格等世界主义者通过诉诸大量的不平等和全球贫困的事实从而主张一种全球分配正义原则，弗里曼反复强调，罗尔斯的援助义务就能够解决这些问题，并不需要采用全球差别原则或者全球资源红利等方案。对弗里曼来说，全球贫困当然是一个正义问题，因为它在很大程度上归功于目前很多人民的政府和世界经济关系中的大量非正义，依照罗尔斯的理路，这些非正义现象可以通过罗尔斯的援助义务、通过阻止对人民的不公正的剥削、要求腐败的政府尊重人权和满足人民的基本需要等来提升人民的生活水平。对解决严重的全球贫困问题而言，全球分配正义原则既不是必需的，又不是合适的，因为分配正义在适用于人民之间的过程中，并不问人民到底贫困与否，如果某一天世界上的所有人民拥有充足的收入和财富，都能追求自己所选择的生活方式，全球分配正义原则仍然是适用的。我们由此也可以看出，贝兹和博格等世界主义者支持全球分配正义原则的依据除了严重的全球不平等和贫困以外，还有其他依据，比如贝兹和博格等世界主义者所信奉的"运气均等主义"（luck egalitarianism），运气均等主义试图中立化运气所带来的结果，认为只要运气所带来的结果已经被平等化或中立化（比如人民的不幸已经被

---

① 参见 Samuel Freeman, *Justice and the Social Contract: Essays on Rawlsian Political Philosophy*, Oxford University Press, 2007, p.308。

② 参见 Samuel Freeman, *Rawls*, Routledge, 2007, p.443。

补偿了),那么资源、福利、可行能力(capabilities)方面的不平等就是正当的,只要这些不平等源自人民的自由选择。运气均等主义促使很多世界主义者呼吁建立一种全球分配原则,但是罗尔斯并不认同运气均等主义,正义并不要求我们平等化或中立化原生运气(brute luck)所带来的结果,相反,社会正义要求社会应该运用这些不可避免的不平等的运气,去有利于所有人的利益,最大化社会上处境最差者的利益。① 针对博格试图以全球资源红利方案来解决全球贫困和不平等的问题,弗里曼认为博格的全球资源红利方案具有吸引力的原因主要在于很多人遭受的严重贫困和很多发达国家已经并将继续加诸人民身上的诸多非正义,罗尔斯的万民法以援助义务回应了这些问题。一个较好的测试博格的全球资源红利方案的方法在于,询问在理想的状况和组织有序的万民社会中,在其中所有的补偿已经被给予,所有的人民在国内实施差别原则,同时至少处于中等程度的繁荣状态,此时全球资源红利方案是否合适呢?譬如,一个资源贫乏但是富裕的国家(比如日本)或者中等程度富裕的国家应该获得补偿吗?弗里曼认为不应该进行补偿,如果人们的回应在于日本并不是贫困的,依照全球资源红利方案,日本不应该获得补偿,那么全球资源红利方案的吸引力在于过去的非正义或者人民的严重贫困,人民有缓解贫困的人道主义义务,该方案的吸引力并不依赖于补偿自然资源贫乏的国家,而是依赖于上述所说的运气均等主义。② 同时,在希思那里,罗尔斯的援助义务并不像其批评者认为的那样是一种仁慈的义务,而是一种由正义理论所强加的义务,当国家之间的不平等是由富

---

① 参见 Samuel Freeman, *Rawls*, Routledge, 2007, pp. 450 – 452。"运气均等主义"一词由伊丽莎白·安德森(Elizabeth S. Anderson)首创,具体研究参见 Elizabeth S. Anderson, "What is the Point of Equality?", *Ethics*, Vol. 109, No. 2, 1999, pp. 287 – 337。德沃金曾将运气分为"选项运气"(option luck)和"原生运气":"选项运气是一个自觉的和经过计算的赌博如何产生的问题——人们的得失是不是因为他接受自己预见到并本来可以拒绝的这种孤立风险。原生运气是一个风险如何发生的问题,从这个意义上说它不同于自觉的赌博。"参见 Ronald Dworkin, *Sovereign Virtue*: *The Theory and Practice of Equality*, Cambridge, Massachusetts: Harvard University Press, 2000, p. 73。

② 参见 Samuel Freeman, *Justice and the Social Contract*: *Essays on Rawlsian Political Philosophy*, Oxford University Press, 2007, p. 315。

裕国家所带来的伤害时，显而易见的情况是，富裕国家有停止伤害的义务。①

其四，针对一些世界主义者所提出的全球背景不正义问题，弗里曼认为如下观点是错误的：在罗尔斯的万民法中，并没有什么能够阻止富裕的和强有力的社会将伤害贫困社会的经济增长、削弱其讨价还价的能力的不公正的全球经济秩序强加给贫困的社会。既然在国际原初状态中，那些处于无知之幕背后的代表不知道其所代表的社会的财富、资源、力量或者其他事实，那么代表所选择的原则将不会对拥有更少财富和更少力量的人民有偏见。罗尔斯明确承认现存国际经济关系中的非正义，虽然他没有直接这么说，但是他大概将承认转移原则可以被用于矫正当下的和过去的非正义。然而，重要的地方在于，这样的全球原则将是补救性的，而不是永久性的，因为正如罗尔斯所言，一种永久性的全球分配原则存在的问题是在一个组织有序的万民社会中，该原则是没有终止点的，将资源由处境较好者的手中转向处境较差者的手中，即使当处境最差者是组织有序的社会时，也依然如此。② 希思曾为罗尔斯的"纯粹国内因素致贫论"进行了辩护，他认为罗尔斯拒绝贝兹和博格等人的全球再分配计划的做法是正确的，因为全球再分配计划是完全没有优点的，全球再分配计划不仅建立在对国家财富的本质和原因的错误理解的基础上，而且带来的后果也将是倒退的，比如惩罚不发达的国家，并使富裕国家从中获益。③ 对希思来说，罗尔斯的一国贫困的原因主要在于该国的政治制度和政治文化较为落后这一观点是可以接受的。在马赛多看来，罗尔斯之所以没有关注因殖民剥削关系、不公正的国际经济和政治规则等因素所带来的非正义现象，其中的原因在于罗尔斯论及的是"理想的理论"，即自由人民和非自由人民之间的关系与过去或者现在的特定剥削没有关系，针对罗尔斯的"纯粹国内因素致贫论"，马赛多认为，

---

① 参见 Joseph Heath，"Rawls On Global Distributive Justice: A Defence"，*Canadian Journal of Philosophy*，Supp. Vol. 31，2005，p. 198。

② 参见 Samuel Freeman，*Rawls*，Routledge，2007，p. 452。

③ 参见 Joseph Heath，"Rawls On Global Distributive Justice: A Defence"，*Canadian Journal of Philosophy*，Supp. Vol. 31，2005，p. 214。

世界上大多数贫困地区的持久贫困也许并不是因为腐败或制度失效（如罗尔斯所主张的），也不是因为殖民剥削（如其他学者所主张的），更多的是因为地理因素。根据杰弗里·赛奇的解释，在非洲撒哈拉地区和南美洲安第斯地区这两个全球最大的"贫困地带"，可怕的持久的贫困主要是由于地理因素导致的，包括人口远离可航行的水路（抑制了市场的发展），发病率特别高的疾病的肆虐流行（抑制了人力资本的增长）。①

另外，韦纳在为罗尔斯对全球分配正义的拒斥进行辩护时，采取了一条独特的分析进路，即通过论述纯粹的世界主义是不可能的而展开的，韦纳的论述逻辑如下：（1）拥有一种对强制权力的稳定垄断的世界国家既不是可能的，也不是可欲的；（2）在世界国家并不存在的情况下，拥有强制力量的国家也许能够保护边界，这将成为全球秩序的永久特征；（3）如果国家允许使用武装力量去保护边界，那么个人的基本权利和自由并不能被完全得到说明，除非求助于那些人所属的国家；（4）纯粹的世界主义是不可能的。②在韦纳那里，既然纯粹的世界主义是不可能的，全球国家是不存在的，全球分配正义原则也就是不存在的。

第四节　罗尔斯对全球分配正义原则的摒弃能够获得辩护吗？

以上我们分析了罗尔斯对全球分配正义原则的拒斥以及罗尔斯的批评者与辩护者围绕罗尔斯的观点所产生的激烈纷争，那么罗尔斯对全球分配正义原则的拒斥能够获得辩护吗？本章认为罗尔斯对全球分配正义原则的摒弃难以获得证成，原因主要在于以下几个方面：

---

① 参见〔美〕斯蒂芬·马赛多《自主治理的人民相互负有什么义务：普世主义、多样性还是〈万民法〉》，王勇兵译，《马克思主义与现实》2006年第1期，第19页。
② 参见 Leif Wenar, "Why Rawls is Not a Cosmopolitan Egalitarian", in Rex Martin and David A. Reidy (ed.), *Rawls's Law of Peoples: A Realistic Utopia?*, Blackwell Publishing Ltd., 2006, p. 108。

首先，全球基本结构是否存在，是非常富有争议性的，即使全球基本结构并不存在，全球分配正义原则仍然可以建立在其他基础之上，世界政府暂时在实践上的不可能性并没有为确立全球分配正义原则带来难以克服的困难。就罗尔斯对全球分配正义原则的拒斥是否合理而言，罗尔斯的批评者与辩护者激烈纷争的一个核心问题，是在全球层面上是否存在着与罗尔斯的社会基本结构相类似的全球基本结构。事实上，即使在当今世界，并不存在全球基本结构或世界政府，这也不意味着全球基本结构或世界政府在将来并不存在。即使世界国家现在不存在，只是指出了目前全球分配正义原则会面临着很多实践方面的困难，并未指出全球分配正义原则在理论上不可能存在。即使目前全球分配正义原则难以实现，并不会损害到全球分配正义原则这种理念本身，正如贝兹所言，"如果缺少有效的全球政治机构，或者世界共同体感，使得全球原则的实现成为不可能，那么各方就不会同意这些原则"这样的反对意见"是没有说服力的，因为它们误解了理想理论与现实世界之间的关系。理想理论规定了一些标准，如果假定一个公正的社会能最终达到，那么这些标准在非理想的世界中就成为政治变革的目标。仅仅指出目前这个理想还不能达到并不能损害这个理想"。[①] 博格也曾言，"即使说一个正义的世界政府是不可行的，这也不会妨碍我们将罗尔斯的社会正义之公共标准有效地应用到整个世界：这个标准并没有规定一个特定的制度秩序，而是作为一项根据，据以评估几个同样可行的制度秩序之间应该如何排序"[②]。对博格来说，要践行全球分配正义原则，可以不依靠世界政府，转而依赖其他的制度安排或某种世界联邦。

全球基本结构或者世界国家的存在并不是全球分配正义原则的必要条件，即使全球基本结构或者世界国家在全球层面上并不存在，全球分配正义原则也可以以其他理念为基础，世界主义或道德平等都可以成为全球分配正义原则的基础。比如，贝兹在为其全球差别原则进行辩护时

[①] ［美］查尔斯·贝兹：《政治理论与国际关系》，丛占修译，上海译文出版社2012年版，第141—142页。

[②] ［美］涛慕思·博格：《康德、罗尔斯与全球正义》，刘莘、徐向东等译，上海译文出版社2010年版，第234页。

就诉诸道德世界主义（moral cosmopolitanism），这种世界主义并不必然认为国家应该服从于一个世界政府或者全球政治权威。① 易言之，道德世界主义并不需要以世界政府的存在为前提条件。全球分配正义原则除了诉诸道德世界主义之外，还可以诉诸道德平等，即虽然人与人之间在事实上存在诸多差异（比如人们拥有不同的国籍、财富与社会地位等），但是从道德意义上而言，人们是平等的，都共享着人类的本性，都拥有平等的内在价值与道德地位。

其次，自然资源的分布和国籍等道德上的任意因素，确实在全球非正义现象的生发过程中扮演了较为重要的角色，需要一种全球分配正义原则去关注由其所带来的问题。针对边界的任意性这一问题，罗尔斯认为"无论从历史的观点看，一个社会的边界的划定有多么的任意，但一个人民的政府的一个重要角色，就是作为人民具有代表性的和有效的代理人，对自己的领土、人口规模、环境完整性及其供养人民能力负起责任"。"从边界的划定在历史上是任意的这一事实并不能推出：边界在万民法中的作用是得不到辩护的。比如，美国某些州的边界划定在历史上是任意的，却不能以此为理由去要求以此种或彼种方式去解散我们的联邦制。关注这种任意性是搞错了对象。"② 可见，罗尔斯在看待国家的边界问题时，与其看待人的自然资产的分布（比如才能）问题一样，认为在划定国家与国家的边界的过程中，充满着很多偶然因素。然而，罗尔斯在探讨国家与国家之间的边界时偷换了概念，将国家与国家之间的边界问题，偷偷转换成美国的州与州之间的边界问题。事实上，国家与国家之间的边界问题，与一个国家内部的各个组成部分之间的边界问题并不是一回事。一个生在加利福尼亚州的美国人与另一个生在阿拉斯加州的美国人之间的福利状况的差距不会太大，然而，一个美国人与一个埃塞俄比亚人之间的福利状况的差距会非常大——因为美国是当今世界非常富裕的国家之一，埃塞俄比亚是当今世界最为贫困的国家之

---

① ［美］查尔斯·贝兹：《政治理论与国际关系》，丛占修译，上海译文出版社2012年版，第179页。

② ［美］约翰·罗尔斯：《万民法》，陈肖生译，吉林出版集团2013年版，第18—19页。

一。可见，一个人出生在美国的加利福尼亚州还是出生在美国的阿拉斯加州，对这个人的福利状况的影响远远不及一个人出生在美国还是出生在埃塞俄比亚对这个人的福利状况的影响程度大，罗尔斯不能将国家与国家之间的边界问题混同于一个国家内部的各个组成部分之间的边界问题。

上文我们曾经提到，弗里曼在为罗尔斯的观点进行辩护时认为，人民对领土的控制和管辖权是一个人民可能存在的前提条件，即使我们姑且承认弗里曼的这一观点，但是这并不能证明国家与国家之间的边界能够使得占有丰裕自然资源的国家永远得益于或者应得由该自然资源所带来的收益，因为有可能存在另一种可能性，即在承认国家对自然资源的控制和管辖的前提下，这并不妨碍该国从通过占有资源而获得的收益中，拿出一部分资助那些自然资源贫乏的国家，博格的全球资源红利方案就是其中的一种选择方案。罗尔斯在其国内正义理论中肯定反对罗伯特·诺齐克所言说的"自我所有权"，然而，为什么在国际正义理论中，罗尔斯认同国家可以垄断本国的资源及其收益呢？认同国家对其疆界内的所有自然资源都拥有无限的所有权呢？实际上，在罗尔斯的国际原初状态中，既然国际原初状态中的代表并不知道自己所代表的人民的自然资源的丰裕程度、经济的发展水平等信息，那么按照罗尔斯的"最大的最小值原则"，国际原初状态中的代表就有可能选择全球分配正义原则，以免自己所代表的人民的自然资源较为贫乏。

再次，援助义务并不像罗尔斯的辩护者认为的那样能够解决当今世界的不正义问题，并不足以代替全球分配正义原则。在贝兹和博格等世界主义者看来，罗尔斯的国际分配正义理论较为保守，其保守性主要体现在罗尔斯试图以援助义务来解决当今世界的一些非正义的现象，试图以援助义务替代全球分配正义，罗尔斯的辩护者也试图为罗尔斯在这方面的努力进行辩护。罗尔斯的援助义务仅仅设置了一些要达到的最低限度的标准，满足人民的基本需要，罗尔斯并没有关注全球层面上的不平等问题（比如缩小穷国与富国之间的贫富差距），而是关注如何使因不利状况而负担沉重的社会变成组织有序的社会的一员，只要完成了该目标，援助义务就此终止，即使因不利状况而负担沉重的社会依然贫困亦是如此。事实上，目标仅限于将因不利状况而负担沉重的社会变成组织有序的社会、满足人民的基本需要的援助义务，只能部分解决当今世界上的一些非正义现象，针对当今世界的大部分不正义的现象（比如上文曾提到的博格所描述的一些全球贫困和不平等的现象），往往是无能为力的，这样的援助义务也不能替代贝兹和博格等人所谓的全球分配正义原则。为了更好地解决当今世界的一些非正义现象，除了罗尔斯的援助义务所提到的有限目标之外，还需要建立一个更加公正的国际秩序，防止穷国再受制于曾使得它们陷于贫困的不公正的国际秩序。

最后，罗尔斯的"纯粹国内因素致贫论"是值得商榷的，同时罗尔斯试图通过改造贫困国家的政治文化从而使贫困国家变成组织有序的社会的一员，也会有损其政治自主。罗尔斯之所以将援助义务的目标设定得较为保守，与罗尔斯的"纯粹国内因素致贫论"密切相关。罗尔斯的这一观点是令人难以接受的，正如上文曾提到的那样，即使在罗尔斯的辩护者马赛多看来，罗尔斯的"纯粹国内因素致贫论"也是不可行的，地理因素往往会极大地影响一些国家的富裕程度，世界上最贫穷的地方往往处于地理环境恶劣的地方。虽然罗尔斯也曾提到了有些地方的资源是如此稀少，以至于其无法成为组织有序的社会中的一员，比如"北极的爱斯基摩人就足够罕见，这种例子不需影响我们的一般性的处理思路。我相信他们的问题可以以一种特殊的方式加以解决"[①]。依照马赛多的思路，除了罗尔斯提到的北极的爱斯基摩人（因纽特人），非洲撒哈拉地区和南美洲安第斯地区的人民也应被包括在上述足够罕见的例子中。虽然自然资源的丰裕状况对国家的贫富状况的影响程度确实没有工业革命以前的影响那么大，但是丰富的自然资源往往会在一国的经济发展中扮演着重要的角色，罗尔斯曾提及的资源丰富但较为贫困的国家阿根廷只是一个罕见的例子。像煤炭、石油、天然气这样的不可再生的自然资源的日益减少，在难以找到替代性资源的情况下，那些拥有丰富的煤炭、石油和天然气的国家（比如当今的俄罗斯）在国际社会中往往拥有更多的发言权和发展后劲。罗尔斯的"纯粹国内因素致贫论"忽视了一个非常

---

① ［美］约翰·罗尔斯：《万民法》，陈肖生译，吉林出版集团2013年版，第150页。

重要的情况，即正如我们在下一章将要强调的那样，一个国家的政治文化、社会制度的基本结构等国内因素是一个国家富裕的根本原因的前提条件是，上述国内因素并没有受到国际因素的深刻影响。然而，事实并非如此。不公正的国际政治和经济秩序以前以及当下正在深刻地影响着一些贫困国家的国内因素，不公正的国际政治和经济秩序、历史上的殖民统治等因素正是一些国家之所以贫困的主要根源，这些不公正的秩序及其遗祸正在使一些贫困国家的处境雪上加霜。

正如上文曾言，罗尔斯反对全球分配正义原则的一个重要原因在于全球分配正义原则会有损人民的自主权，并主张可以通过改造影响一国发展的重要因素——政治文化——的方式，使因不利状况而负担沉重的社会能够自主治理，从而变成组织有序的社会。实际上，罗尔斯并没有意识到，与全球分配正义对一个国家的自主权——即使我们承认在践行全球分配正义原则的过程中会有损某些国家的自主权——带来的影响相比，改造一个国家的政治文化对其自主权带来的影响是更大的。不但如此，罗尔斯对全球分配正义原则的反对，也有可能指向其自身的国内正义理论。例如，对罗尔斯来说，全球分配正义原则（比如贝兹的全球差别原则）没有明确的目标和终止点，言下之意，全球分配正义原则就像福利平等那样，会进行漫无目的的转移，这也可能意味着罗尔斯的差别原则本身是没有明确的目标和终止点的。

总而言之，我们在本章分析了罗尔斯对全球分配正义原则的拒斥，并试图以援助义务替代全球分配正义原则这一做法是否可行，以贝兹和博格等人为代表的世界主义者和以弗里曼和希思等人为代表的罗尔斯的辩护者围绕着罗尔斯对全球分配正义原则的摒弃产生了激烈的纷争。罗尔斯对全球分配正义原则的拒斥是难以获得辩护的，其援助义务并不足以替代全球分配正义原则。

第七章

罗尔斯的国际正义理论：批判与辩护

至此我们分析了罗尔斯的国际正义理论的基本理念（罗尔斯的国际正义理论的主要内容及其人民观、人权观）以及自由的人民分别对待正派的人民、法外国家和因不利状况而负担沉重的社会等非自由人民的三种方式（分别为宽容、战争和援助）是否可行。鉴于罗尔斯的国际正义理论的重要性，在当代西方政治哲学关于国际正义和全球正义理论的讨论中，罗尔斯的国际正义理论处于争议的中心，罗尔斯的国际正义理论的批判者和捍卫者围绕着一些核心议题，展开了激烈的交锋与对话。本章将首先探讨以贝兹、博格和卡尼等人为代表的世界主义者对罗尔斯的国际正义理论进行的批判，然后探讨以弗里曼和希思等人为代表的罗尔斯国际正义理论的辩护者如何回应贝兹等世界主义者对罗尔斯的国际正义理论的批判，最后分析罗尔斯国际正义理论的捍卫者能否成功地回应世界主义者的批判。

第一节 世界主义者对罗尔斯的国际正义理论的批判

罗尔斯的万民法是自由主义的政治道德向外交政策领域的扩展，是一种自由主义的外交政策理论，并可以引导自由人民的外交政策。现在我们来探讨世界主义者对罗尔斯的国际正义理论的批判，世界主义者对罗尔斯的国际正义理论的批判是多方面的，较具代表性的主要有以下几个方面：

第一，罗尔斯忽视了全球背景不正义的问题，并没有考虑历史上的不正义、殖民和征服等问题。一方面,世界主义者批判了罗尔斯的如下观点:一国贫困的原因主要在于该国的政治制度和政治文化较为落后。①博格曾反复申述诸如政治制度、政治文化以及官员的廉洁程度等国内因素对该国的发展固然重要,但是也不能忽视国际因素和历史因素对一国发展所产生的重要影响。在博格看来,罗尔斯的上述观点存在一个逻辑上的错误:

> 假如在课堂上,学生的表现是多种多样的。这当然表明了局部因素(每个学生本身的因素)在解释学生课堂表现的差异的过程中扮演了重要的角色,但是,它并没有表明,"全局性"的因素对学生课堂表现的影响是不重要的。……各个国家的发展轨迹也体现了类似的可能性。同时,一个重要的地方在于:那些致力于提高人民生活水平的国家,不得不与那些过度保护国内市场的富裕国家进行竞争。②

在卡尼看来,罗尔斯的国内因素而不是国际因素是社会发展的首要原因这一主张只有在国内因素不受国际因素影响的情况下才是正确的,但是一个社会的政治结构和文化恰恰受到国际因素的重大影响。虽然罗尔斯的"自然资源不重要"这一经验性主张也许是正确的,但是它需要获得更多的证据支持。罗尔斯曾引述大卫·兰德斯(David Landes)的文化对增长来说是至关重要的说法,来支持自己的观点,但是兰德斯也明确反对仅仅从某一个原因出发来解释增长。③

另一方面,世界主义者批判了罗尔斯漠视了不公正的全球秩序。有些国家之所以贫困,其原因主要在于该国在历史上曾经是殖民地,或者

---

① 参见[美]约翰·罗尔斯《万民法》,陈肖生译,吉林出版集团2013年版,第150页。
② Thomas W. Pogge, "Do Rawls's Two Theories of Justice Fit Together?", in Rex Martin and David A. Reidy (ed.), *Rawls's Law of Peoples: A Realistic Utopia?* Blackwell Publishing Ltd., 2006, pp. 218–219.
③ 参见 Simon Caney, "International Distributive Justice", *Political Studies*, Vol. 49, 2001, p. 986。

资源长期被他国控制和剥夺。发达国家在进行国际谈判时有着较强的谈判能力，现存的国际经济秩序与政治秩序往往是由这些发达国家制定的，缺乏公正性，这些秩序当然非常有利于发达国家，而不利于贫困国家。不公正的全球经济与政治秩序通常是贫困和不平等的重要根源，一些发达国家把这些不公平的国际秩序强加给了贫困国家。譬如，博格认为在全球化时代，各个国家并不像罗尔斯假定的那样是孤立存在的，而是相互影响的，国家之间具有高度的依赖性：罗尔斯所说的穷国的政府和机构往往是腐败的，这是实情之一，但是他并没有道出全部的真相，"大量的较富国家的私营和官方组织也在持续不断地、严重地腐蚀着穷国的政府和机构"[1]。现存的国际秩序存在着重大缺陷，例如，某个人或者某个团体只要掌握了国家的统治权，在国际上就会获得承认，无论其通过什么手段获得了权力以及如何利用自身的权力，这并不是国际社会所关注的问题。现行的国际法赋予任何国家的政府以"国际资源特权"——无论该政府是专制的还是民主的，这就有可能使得某专制政府为维持本国的专制统治，肆无忌惮地出售本国资源（比如尼日利亚政府）。博格认为，

> 国际资源特权在贫困但富有资源的国家具有灾难性的影响，因为在这些国家，资源构成了国民经济的主要命脉。在这样一个国家，不管一个人用什么手段当权，只要把大权握在手中，那么，通过用出口自然资源所得的收入和以出售未来资源为抵押借来的资金购买他所需要的武装和士兵，他就可以维护他的统治，甚至在受到老百姓的广泛反对的情况下还能维护他的统治。[2]

现行的国际法还赋予任何国家的政府以"国际借贷特权"，政府可以大肆向他国借债，负担最终将落在国人身上。即使这些腐败的政府因为某种

---

[1] Thomas W. Pogge, "An Egalitarian Law of Peoples", *Philosophy and Public Affairs*, Vol. 23, No. 3, 1994, p. 214.

[2] ［美］涛慕思·博格：《康德、罗尔斯与全球正义》，刘莘、徐向东等译，上海译文出版社2010年版，第469页。

原因倒台了，其继任者必须偿还债务，否则，那些拒绝偿还债务的继任者将会被排除出国际市场，在国际市场上毫无立足之地。因此，在博格看来，罗尔斯应该关注全球背景不正义的问题，应当关注如何建立一个平等主义的全球秩序问题，而不能仅仅假设国家是一个封闭的体系。

　　第二，罗尔斯的国际正义理论应该以"个人"为道德关怀的终极对象，不应该以"人民"为道德关怀的终极对象，同时罗尔斯的"人民"概念是模糊不清的。罗尔斯的国际原初状态中的代表，既不像在其国内正义理论中那样是个人的代表，也不像在其对"万国法"的表述中那样是国家的代表，而是人民的代表，世界主义者认为这是令人难以接受的，毕竟罗尔斯认同康德式的"个人被视为自由的和平等的道德个体"这一理念，罗尔斯的立场也与其对个人的平等尊重的承诺不一致。易言之，罗尔斯的国际正义理论以人民为道德关怀的终极对象，错误地给予了人民或者国家的利益以优先性，有违罗尔斯的自由主义的根本理念。比如依博格之见，罗尔斯的国内正义理论赞成规范性的个人主义，但是其国际正义理论并不赞成规范性的个人主义，这与罗尔斯的自由主义理论是相冲突的。罗尔斯观点中所隐含的个人主义基础也支持着对国际原初状态做出如下解释：各方代表着全球范围内的个人，应当把全球范围内的处境最差者的生活前景当作评价社会制度的首要标准。① 对博格来说，"个人"才是道德关怀的终极对象，人们可以直接在全球范围内适用罗尔斯的两个正义原则，于是他就以基于个人主义之上的世界主义理念为基础，构建了全球正义理论。

　　世界主义者还认为罗尔斯的人民的概念是模糊不清的。比如博格认为在罗尔斯的国际正义理论中，罗尔斯仅仅关心人民的利益，"人民"的概念是非常混乱的：一方面，人们并不清楚在罗尔斯的"人民"概念中，什么样的人群算是一个人民？另一方面，人们并不清楚罗尔斯依照何种标准来区分不同的人民，是根据护照、文化、血缘、种族抑或根据这些因素的某种组合来进行区分吗？一个人可以属于不同的人民吗？罗尔斯

---

① 参见［美］涛慕思·博格《康德、罗尔斯与全球正义》，刘莘、徐向东等译，上海译文出版社2010年版，第167—168页。

并没有留意这些问题。① 对博格来说,"人民"的概念在人类社会中并不是足够清晰的,也不是那么重要的,以至于可以承担起罗尔斯赋予它的概念角色和道德重要性。在贝兹看来,罗尔斯的国际正义理论赋予人民的理念以中心地位,这在两个方面是正确的:一方面,国际社会被想象为一个万民社会,人民被视为政治和法律组织的单位,可以合理地控制自己的经济生活;另一方面,人民在伦理上也有基本的地位:人民而不是个人,在国际原初状态中有代表,人民的利益被视为一个实体。虽说如此,罗尔斯对人民的理解仍然存在一些问题:

> 一个人民的鲜明的构成要素是什么?例如,人民怎样同仅仅占有大量领土的个人的联合体区分开来?为什么依靠人民这种理念,而不是依靠人们更加熟悉的国家、社会或民族理念去描述世界社会的组成部分?最后,为了证明有关国际行为的原则的正当性,为什么将世界社会想象为一个集体性的实体?也就是说,为什么将世界社会想象为人民的社会,而不是个人的社会?②

对贝兹来说,这些都是罗尔斯的国际正义理论悬而未决的问题。可见,在博格和贝兹等世界主义者看来,罗尔斯的"人民"概念远没有罗尔斯所认为的那么重要和清晰。

第三,罗尔斯给定的人权清单过于单薄,忽略了《世界人权宣言》中所规定的很多重要权利。正如上文曾言,罗尔斯认为自由的人民和非自由但正派的等级制人民尊重自由权、生命权、财产权和形式平等权利等基本人权,在世界主义者看来,这种人权清单是罗尔斯给定的,罗尔斯并没有进行详细和缜密的论证,有可能出现的情况是,"也许有不少社会在维系自己的等级的、非自由的秩序时会尊重这些权利;但是,这并不能表明,它们愿意受到这些权利的制约。人权对等级社会并不是至关

---

① 参见 Thomas W. Pogge, "Do Rawls's Two Theories of Justice Fit Together?", in Rex Martin and David A. Reidy (ed.), *Rawls's Law of Peoples: A Realistic Utopia*? Blackwell Publishing Ltd., 2006, p. 211。

② Charles R. Beitz, "Rawls's Law of Peoples", *Ethics*, Vol. 110, 2000, p. 678.

重要的，虽然它对自由社会是至关重要的"①。言下之意，非自由的等级制人民并不会与自由人民选择同样的人权清单。

有的世界主义者认为罗尔斯的人权清单并没有包括很多重要的权利，比如《世界人权宣言》所规定的很多权利：迁徙自由、和平集会与结社的自由、选择代表参与治理国家的权利（即投票权）等。罗尔斯的人权清单不仅忽视了经济权利和社会权利，而且也忽视了政治参与、集会自由等政治方面的权利。对组织民主政府之权利的忽视，令一些世界主义者尤为感到不满，譬如，库伯就曾强调，"自由民主的社会的情况已经表明：如果没有民主的权利，一些最低限度的人权就不可能获得保障。人权和民主权利是密切联系在一起的"②。同时，罗尔斯也没有令人信服地表明，"为什么一些权利受到了保护（比如免于奴役的权利），而其他权利不受到保护？划分基本权利和非基本权利的标准是什么？"③。在世界主义者看来，应该用一种更加自由的和民主的人权清单来取代罗尔斯的极简主义的人权清单，罗尔斯的人权清单过于简单，不但非自由的等级制人民有可能不会接受该人权清单，自由的人民也可能不接受该人权清单。

第四，罗尔斯对非自由的人民过于"宽容"。我们在第一章和第四章曾经提及，在罗尔斯的国际正义理论中，罗尔斯主张自由的人民应该宽容非自由的但正派的等级制人民，不应该宽容法外国家。不宽容法外国家这一主张并没有引起多大异议，自由的人民对非自由的但正派的等级制人民的宽容，招致了很多世界主义者的反对。在科克-肖·谭看来，罗尔斯的这种宽容观是罗尔斯将其在《政治自由主义》中所倡导的"自由主义的宽容观"应用于国际关系领域的体现，既然在国内正义理论中，自由主义社会的公民应该尊重其他人所持有的整全性的道德、哲学和宗

---

① Thomas W. Pogge, "An Egalitarian Law of Peoples", *Philosophy and Public Affairs*, Vol. 23, No. 3, 1994, p. 215.

② Andrew Kuper, "Rawlsian Global Justice: Beyond the Law of Peoples to a Cosmopolitan Law of Persons", *Political Theory*, Vol. 28, No. 5, 2000, p. 664.

③ Simon Caney, *Justice Beyond Borders: A Global Political Theory*, Oxford University Press, 2005, p. 81.

教学说,那么在国际关系领域,自由的人民也应该尊重非自由的且正派的等级制人民,从而也应该宽容非自由的且正派的等级制人民。科克-肖·谭认为罗尔斯的这种类比论证是不能成立的,在国内正义理论中,那种被宽容的理念是整全性的道德、哲学和宗教学说,而不是政治学说。虽然自由主义国家强迫推行一种依照整全性的道德、哲学或者宗教学说所构建的善观念,是非常不合理的,但是自由主义国家依然可以毫不犹豫地批判那些支持非自由主义政治学说的整全性观点。自由主义国家之所以不能宽恕非自由主义观点,其中的原因在于:一种政治哲学不可能在不削弱自己的情况下容纳另一种竞争性的政治哲学。[①] 对科克-肖·谭来说,自由主义国家不能宽容非自由主义政治制度,这是自由主义宽容的基本底线,罗尔斯的对非自由的且正派的等级制人民的宽容,恰恰违背了这一底线原则,这也使得罗尔斯的万民法仅仅是一种"权宜之计"。保罗·格雷厄姆(Paul Graham)认为既然一个非自由的人民不能将其公民视为自由的与平等的,那么在人民的共同体中,它也不能被视为平等的。正派的社会并不一定视个人为道德上自由与平等的,

> 罗尔斯并不能同时将非自由的社会描述为"正派的"和"组织有序的",并避免通过诉诸它们在保护个人自主的过程中所扮演的角色来证成人权。一个正派的(非自由的)社会是以协商等级制和显而易见的法律和政治制度为特征的。同时,一个组织有序的社会依赖于能维护上述制度。如果上述制度的维持仅仅依靠统治者(或统治阶级)的仁慈,那么自由社会并不能信赖正派社会的稳定性。[②]

正因为如此,格雷厄姆认为罗尔斯的宽容观是存在问题的。

第五,罗尔斯对全球分配正义原则的拒斥,是令人难以接受的。一些世界主义者认为在罗尔斯所设定的国际原初状态中,国际原初状态中

[①] 参见 Kok-Chor Tan, "Liberal Toleration in Rawls's Law of Peoples", *Ethics*, Vol. 108, No. 2, 1998, pp. 282–283。

[②] Paul Graham, *Rawls*, Oneworld Publications, 2007, p. 166.

的各方将不会像罗尔斯所认为的那样抛弃全球分配正义原则,例如,巴里认为,在罗尔斯所设定的国际原初状态中,虽然无知之幕已经使得代表不知道他们代表的社会是处于一个较早的经济发展阶段,还是处于一个较晚的经济发展阶段,但是代表并不会选择罗尔斯所给定的万民法的八个原则。虽然代表不知道他们的社会是贫困的还是富裕的,但是他们大概知道:如果他们生活在20世纪,那么只有少数人生活在富裕的社会中,大部分人是贫穷的。即使有些人生活并不困苦,也只能满足基本的衣食住行而已。因此,国际原初状态中的代表会坚持实现处境最差者的财富的最大化。人们所拥有的最低限度的财富不应该依赖人们生活在一个富裕国家的好运气或者生活在一个贫困国家的坏运气。[①] 总之,对巴里来说,国际原初状态中的各方将不会满足于罗尔斯对全球分配正义原则的拒斥,富裕国家也应该拿出一部分资源来帮助贫困的国家。

还有的世界主义者秉承罗尔斯的国内正义理论中的核心理念,主张将罗尔斯的国内正义理论直接应用于国际关系领域,比如贝兹就主张将罗尔斯的差别原则应用于国际关系领域,他认为自然资源的分布状况与人的自然禀赋的分配状况一样,也是道德上的任意因素,资源丰富的国家不能说应得其脚下的丰富资源,每个人都应得其中的一份,因此,人们应该在全球范围内实行资源再分配的原则。[②] 由上可见,贝兹的全球正义理论比罗尔斯的国际正义理论具有更多的平等主义色彩。

第二节　少数学者为罗尔斯的国际
正义理论进行的辩护

我们在上一节分析了世界主义者对罗尔斯的国际正义理论的批判,然而,也有些学者——虽然人数较少——并没有像某些世界主义者那样批判罗尔斯的国际正义理论,而是采取一种同情的态度来理解罗尔斯的

[①] 参见 Brain Barry, *The Liberal Theory of Justice: A Critical Examination of the Principal Doctrines in A Theory of Justice by John Rawls*, Oxford University Press, 1973, pp. 128–129。

[②] 参见 Charles R. Beitz, "Justice and International Relations", *Philosophy and Public Affairs*, Vol. 4, No. 4, 1975, pp. 369–370。

国际正义理论，为之进行不懈的辩护，并认为一些世界主义者恰恰误解了罗尔斯的国际正义理论，正如里迪所言，"罗尔斯的《万民法》一直没有得到很好的检视。……罗尔斯的观点一旦得到了完全和准确的呈现，它能够很好地回应其通常面临的批判"①。罗尔斯的国际正义理论的辩护者往往认为批评者夸大了罗尔斯所要解决的问题，罗尔斯的国际正义理论所涉及的问题并没有像其批评者所认为的那么宏大，比如弗里曼在为罗尔斯的国际正义理论进行辩护时，一再强调罗尔斯的万民法只是试图回答自由人民应该采取什么样的外交政策、应该怎么对待那些非自由的人民这一问题："万民法并不是一种致力于解决当代世界的所有问题的全球正义理论。它作为政治自由主义的一部分，探讨组织有序的自由社会应该采取什么样的外交政策。"② 里德认为罗尔斯在《万民法》中，像其在早期著作《正义论》中一样，想当然地设想自由民主之人民的存在，这或多或少地使得他关注自由民主的人民采取什么样的外交政策、自由民主的人民应该怎样相处这些问题。③ 很多罗尔斯国际正义理论的辩护者在明晰罗尔斯的国际正义理论的根本目的之后，开始为罗尔斯的国际正义理论进行辩护。

首先，针对罗尔斯忽视了全球背景不正义、允许政府将一些不公正的状况（比如剥削、奴役、种族隔离和种族清洗）强加在人民身上这一批评意见，弗里曼回应道，这些批评意见的问题在于它并没有意识到万民法是适用于理想状况的，是适用于组织有序的社会的成员的，自由的社会和正派的社会等组织有序的社会是那些接受正义原则和合作原则的社会，同时这些合作的条款与公共的善观念相一致，此公共的善观念既有益于社会的所有成员，也会获得社会成员的认同，这些条件使得种族

---

① David A. Reidy, "Rawls On International Justice: A Defense", *Political Theory*, Vol. 32, No. 3, 2004, p. 291.

② Samuel Freeman, *Justice and the Social Contract: Essays on Rawlsian Political Philosophy*, Oxford University Press, 2007, p. 262. 类似的观点亦可参见 Samuel Freeman, *Rawls*, Routledge, 2007, p. 426。

③ 参见 David A. Reidy, "Rawls On International Justice: A Defense", *Political Theory*, Vol. 32, No. 3, 2004, p. 294。

隔离、种族清洗和其他形式的歧视在组织有序的正派社会中不可能被践行。① 对弗里曼来说，罗尔斯的万民法首先被适用于组织有序的关心人民的福祉、尊重自由和平等的社会，罗尔斯忽视了全球背景不正义这一批评意见是无的放矢。希思也在这方面为罗尔斯的观点进行了辩护，他的辩护较有特色的地方在于他承认罗尔斯没有重视国际关系中的不平等，但是他并不认为这会给罗尔斯的理论带来困难，并区分了全球贫困和全球不平等。希思认为从罗尔斯对援助义务的论述可以看出，罗尔斯没有认为国际关系中的不平等是有问题的，并没有认为国家有义务去削弱它。国家需要承担的唯一义务是满足所有人的基本的最低需要，一旦完成该义务后，并不需要进一步的义务。组织有序的人民有干预法外国家的义务，以使其尊重人权。如果我们考虑上述罗尔斯对援助义务和干预义务的论述，那么我们可以明确看出，罗尔斯认为所有国家有消除全球贫困的义务，但是并没有消除或者减缓全球不平等的义务。②

希思还为罗尔斯的一国贫困的原因主要在于该国的政治制度和政治文化较为落后这一观点进行辩护。希思认为洛克在写《政府论》时欧洲的经济还完全是农业经济，当时最紧迫的问题是怎样证明自然资源的不平等分配是正当的，贝兹和博格就采取了类似的分析方法，他们认为全球不平等是建立在世界上的自然资源的不平等分配的基础之上的。这种分析方法的问题在于，今天的经济结构已经远远不同于 17 世纪的经济结构，洛克毕竟是在工业革命以前进行写作，自亚当·斯密以来，很多经济学家认为在过去的 20 年中，国家的财富主要是由资本带来的结果，不是资源带来的结果。熟悉英国、荷兰、日本、中国台湾、冰岛和中国香港的经济发展史的人都明白这一点。也有很多人认为，英国之所以首先出现工业革命，正是因为它缺乏发展工业的资源。博格等人所提议的对全球资源进行征税这一方案，将给贫困国家带来相反的效果，因为贫困国家的发展主要依靠自然资源，并对其进行粗加工，对资源征税后，势

---

① 参见 Samuel Freeman, *Justice and the Social Contract: Essays on Rawlsian Political Philosophy*, Oxford University Press, 2007, pp. 261 – 262。

② 参见 Joseph Heath, "Rawls On Global Distributive Justice: A Defence", *Canadian Journal of Philosophy*, Supp. Vol. 31, 2005, pp. 194 – 195。

必提高产品的价格而难以出售。富裕国家之产品的附加值几乎完全免税，是因为它们的产品主要依赖资本。对全球资源进行征税这一做法将减少对依赖自然资源的产品的需要，增加对依靠资本或者技术的物品的需要，这种转变有利于富裕国家，而不利于贫困国家。[①]

其次，针对罗尔斯的国际正义理论错误地给予人民的利益以优先性这一批评意见，里德认为与个人一样，人民也是道德主体，然而，与个人不同，人民是自足的或者独立的，或者至少是潜在地自足的或独立的，个人绝对不能这样。个人与人民之间的这种差异对理解罗尔斯的国际正义理论来说是非常关键的。个人仅仅在社会合作的框架内，并仅仅通过社会合作，才能被视为道德主体。他们并不是生而就是道德主体，而是由后天因素带来的结果，他们仅仅通过合作性的社会制度而成为道德主体，比如某种形式的家庭、不同的联合和团体、经济结构和政治团体。没有这些形式的社会合作，那些拥有道德能力的个人将不复存在。人民在很多方面不同于个人，撇开人民之间的任何合作而言，人民能够成为合作性的道德主体，并能持续存在。确实，人民除非通过同其他人民的合作，否则达成目标几乎是不可能的。人民的道德地位并不依赖同其他人民的合作。也许有人会提出今天有一种全球基本结构，在其中，所有人民都是相互依赖的。里德回应道，全球基本结构也许确实存在，然而，在过去人民之间的合作（尤其是经济合作）并不存在的情况下，人民就已经存在了。针对罗尔斯并没关注个人的利益并过于关注人民的利益，里德认为为回应世界主义者的这一批评，"在没有确切回答国际正义的原则是什么这一问题的前提下，不可能知道罗尔斯的国际正义理论是否太单薄或错误，以至于不能把握个人的利益与人民的利益之间的平衡。……罗尔斯并没有展开这种回应，我认为一旦展开罗尔斯的观点，就能明确现实，除非批评者能够回应罗尔斯的问题，否则并不能证明自己的立场"[②]。韦纳认为一旦理解了罗尔斯的合法性观念之后，人们就能够理解为什么

[①] 参见 Joseph Heath, "Rawls On Global Distributive Justice: A Defence", *Canadian Journal of Philosophy*, Supp. Vol. 31, 2005, pp. 214–216。

[②] David A. Reidy, "Rawls On International Justice: A Defense", *Political Theory*, Vol. 32, No. 3, 2004, p. 306.

罗尔斯的万民法主要侧重于人民，而不是像世界主义者那样侧重于个人。罗尔斯的合法性观念界定了可被接受的强制性政治权力的最低标准，合法性是一个比正义更宽泛的标准，制度也许是合法的，但是从整体上而言，它并不是正义的，毫无疑问世界上很多制度都是这样的。罗尔斯的合法性观念解释了在罗尔斯的国际原初状态中，人民有自己的代表，而不是个人有代表，

> 罗尔斯的国际正义理论主要关注人民，并没有直接关注个人，这明显体现在罗尔斯对人权和人道主义干预的解释之中。当一个罗尔斯式的人民干涉其他人民的事务，以阻止侵害人权或者提供食物的援助时，干涉的目的并不是为了其他社会的受压迫者和饥饿之人的福祉，而是为了使"法外国家"或"负担沉重的人民"达到合法性的水平，以至于能在万民社会中扮演自己的角色。①

再次，针对罗尔斯的人权清单过于单薄这一批评意见，弗里曼认为虽然罗尔斯的人权清单并没有包括平等的政治参与权、言论自由、表达自由、集会自由等自由的和民主的权利——所有这些自由均是罗尔斯《正义论》中的第一个正义原则所要保护的自由，同时罗尔斯在表面上并没有提供一种建立在人权基础之上的个人观，但是这并不意味着罗尔斯的人权清单是单薄的。罗尔斯自己也曾承认其人权清单并不是明显自由的，所有自由的人民和正派的等级制人民都认为该人权清单是建立在他们的自由的和正派的整全性观念的基础之上的，同时该人权清单并不依赖特定的宗教学说或者哲学学说，甚至不依赖自由主义。罗尔斯的批评者很少讨论罗尔斯为其人权清单所提供的坚实基础（即社会合作），社会合作在本质上是自愿的，在其中并不存在奴役状况。罗尔斯将其人权观奠定在这种合作观的基础之上，他所提到的生命权、自由权、财产权和

---

① Leif Wenar, "Why Rawls is Not a Cosmopolitan Egalitarian", in Rex Martin and David A. Reidy (ed.), *Rawls's Law of Peoples: A Realistic Utopia?*, Blackwell Publishing Ltd., 2006, p. 104.

其他人权对社会合作来说是必不可少的，是最低限度的合作条款。然而，

> 投票权和竞选公职的权利对民主社会来说是关键的，对社会合作来说并不是必不可少的；其他的决策方法与社会合作是相容的。从历史上而言，大部分社会中的大部分人并不拥有民主的权利，即使在能够拥有民主权利的社会中，这些权利也经常没有被运用。……将政治参与的民主权利视为同生命权、自由权、财产权以及罗尔斯所提到的其他人权一样重要，是不可行的和不合理的。同时，有些批评者所认为的言论自由和集会自由对社会合作同样是根本的，这也仍然是不能令人信服的。某种程度的言论自由和结社自由确实是一种人权，应该属于罗尔斯所说的"自由权"。①

可见，对弗里曼来说，有些权利之所以没有被列入罗尔斯的人权清单，因为这些权利对社会合作来说并不具有根本的重要性，换言之，罗尔斯的人权清单并不像通常认为的那样单薄。威尔弗雷德·海恩施（Wilfried Hinsch）和马库斯·斯梯潘尼斯（Markus Stepanians）对罗尔斯的人权清单的辩护比较有特色，他们首先引述罗尔斯的国际正义理论的主要批评者贝兹的观点，即罗尔斯的人权清单之所以较为简单，其中的原因在于罗尔斯对人权在国际政治中的作用的理解较为狭窄。传统的观点给予人权一种较为宽泛的政治角色，比如人权不仅是政府和国际制度的行为标准，而且也是正在出现的全球公民社会中的各种非政府组织的标准。对罗尔斯来说，人权调控着国际干预的合法性：满足最低限度的人权标准的国家可以免受外部的干预，没有满足该标准的国家要受到外部的惩罚，甚至受到军事干预。正是因为人权在万民法中的这种功能，罗尔斯的最低限度的人权清单是合理的。② 在里德看来，虽然大部分读者认为罗尔斯

---

① Samuel Freeman, *Justice and the Social Contract: Essays on Rawlsian Political Philosophy*, Oxford University Press, 2007, p. 267.
② 参见 Wilfried Hinsch and Markus Stepanians, "Human Rights as Moral Claim Rights", in Rex Martin and David A. Reidy (ed.), *Rawls's Law of Peoples: A Realistic Utopia?*, Blackwell Publishing Ltd., 2006, pp. 126-127。

的基本人权清单是最低限度的,但是罗尔斯在列举基本人权清单时,以"这些人权包括……"为开头,同时他对基本人权的列举并不打算详尽无遗。因此,罗尔斯的基本人权清单并不像其批评者认为的那样简略。即使如此,里德仍然认为罗尔斯并未将一些重要的自由民主权利列入基本人权清单,比如普选权、自由民主社会中的充分的集会自由和言论自由、免受歧视、自由和普遍的公共教育、社会安全和其他福利等,这确实是一种重要的疏漏。①

又次,针对罗尔斯对非自由但正派的人民过于"宽容"这一批评意见,希思回应道,依罗尔斯之见,正如人们有可能在良善生活的本质上存在合理的分歧,仍然有可能分享同样的正义原则一样,人民有可能在自由民主的政治制度的可欲性上存在合理的分歧,仍有可能生活在由正义原则主导的国际框架内,这样才有可能达成重叠共识。很多批评者认为在代议制民主的优点方面,不应该存在合理的分歧,比如巴里认为所有的非自由国家都应该被视为法外国家。罗尔斯并不认为应该对所有的非自由国家进行自由主义式的干涉。虽然这种类型的干涉在提升传统的消极自由方面会有帮助,但是在施加一种维护民主的政治秩序所必需的政治文化方面并不是成功的。然而,宽容这种分歧,意味着在国际层面,我们既不能假定所有人将认同自由主义的所有构成要素,又不能假定所有人会接受政治自由主义的所有构成要素。② 作为罗尔斯的主要辩护者,弗里曼认为也许没有社会满足罗尔斯对正派的等级制社会的描述,罗尔斯在《万民法》中的主要目标是探讨自由人民宽容非自由人民的限度是什么,正派的等级制人民只是为完成此目标而进行的理论建构。虽然罗尔斯主张自由人民应该宽容非自由但正派的人民,但是自由人民仍然有权利批评正派的人民,"罗尔斯的立场并不意味着政治自由主义认为正派的等级制人民是公正的,并免于批评。自由人民和联合体有权利公开批

---

① 参见 David A. Reidy, "Political Authority and Human Rights", in Rex Martin and David A. Reidy (ed.), *Rawls's Law of Peoples: A Realistic Utopia?*, Blackwell Publishing Ltd., 2006, pp. 170 – 172。

② 参见 Joseph Heath, "Rawls On Global Distributive Justice: A Defence", *Canadian Journal of Philosophy*, Supp. Vol. 31, 2005, pp. 207 – 209。

评非自由的或非民主的社会。但是,自由的公民所进行的批评不同于他们的政府的充满敌意的批评、谴责或其他形式的强制性干涉。根据万民法,由其政府所代表的自由人民有义务同正派的非自由社会合作,并且不试图伤害正派的非自由社会"①。对弗里曼来说,一些尊重人权的社会虽然是正派的,但是并不是理想的社会或者公正的社会,仍然应该受到自由人民的批判。莱宁也认为人们对正派社会也可以提出批评,这种"批评可以建立在政治自由主义的基础上,不过,批评也可以建立在宗教的或非宗教的、自由主义的或非自由主义整全性理论的基础上。提出反对意见本身就是自由人民的权利。但是,通过政府所表现的自由人民必须在人民国际社会中与非自由正派人民合作。正派非自由人民的领土完整、政治独立以及自主必须得到尊重"②。凯瑟琳·奥达尔(Catherine Audard)认为万民法并不仅仅是以和平与稳定的名义,同非自由人民的一种政治妥协,"罗尔斯拒绝了文化相对主义和世界主义,尽力从和平与稳定的角度出发,而不是从创造一个公正的世界秩序的角度出发,来界定国际正义观"③。对奥达尔来说,罗尔斯主要致力于确立一种和平与稳定的世界秩序,但是这种世界秩序并不一定是正义的世界秩序,自由人民没有必要采取敌视的态度对待正派的人民,宽容正派的人民也就成为一种非常正常的选择。

最后,正如我们在上一章曾言,弗里曼和希思回应了罗尔斯因拒斥全球分配正义原则而遭受的责难。弗里曼和希思在这方面为罗尔斯进行的辩护,基本上都是从两个方面出发的:一方面,一些罗尔斯的批评者认为,在国际上存在一种全球基本结构,弗里曼和希思都认为在全球层面上并不存在罗尔斯所谓的社会基本机构。在弗里曼看来,诸如布坎南这样的批评者非常自信地认为存在一种全球基本结构,并强调正是由于

---

① Samuel Freeman, "Introduction", in Samuel Freeman (ed.,) *The Cambridge Companion to Rawls*, Cambridge University Press, 2003, pp. 46–47.

② [荷兰]佩西·莱宁:《罗尔斯政治哲学导论》,孟伟译,人民出版社2012年版,第206页。

③ Catherine Audard, "Cultural Imperialism and 'Democratic Peace'", in Rex Martin and David A. Reidy (ed.), *Rawls's Law of Peoples: A Realistic Utopia?*, Blackwell Publishing Ltd., 2006, p. 72.

这种原因，一定存在全球分配正义原则。然而，这回避了问题的实质，罗尔斯并不需要否认在某种意义上存在一种全球基本结构，但是显而易见的是，罗尔斯将认为这种结构不同于社会基本结构，罗尔斯并没有谈到全球基本结构，而是谈到万民社会的基本结构。万民社会并不是一个政治社会，它并不拥有有效的、基本的政治权力和司法权力。对弗里曼来说，在世界国家不存在的情况下，全球基本结构是不可能存在的，如果我们关注罗尔斯的原初状态的设计，那么在罗尔斯的原初状态中，资源再分配的问题并不会出现。在国际原初状态中，人民的代表是在确立自由人民的外交政策，其目的并不是为了得到一种补偿原则或者世界主义的正义观。罗尔斯的批评者也必须考虑资源的再分配对国家之独立性的干涉程度，谁对提取资源承担责任？即使资源的再分配原则不会碰到大麻烦，穷人能够获得补偿，那么那些用于补偿的金钱源自何处？人们应当对资源丰富的国家进行征税吗？正如罗尔斯的国内原初状态中的代表不会同意资源再分配的原则一样，国际原初状态中的代表也不会同意补偿那些资源贫乏的国家所遭受的损失，相反，他们会同意一种使得处境最差者的利益最大化的分配正义原则，这种选择也将是更加理性的。同时，罗尔斯的主张适用于组织有序的社会，其中并不存在政治腐败和剥削，人民的福祉水平在很大程度上依赖其政治文化，其控制的自然资源对其福祉来说并不是一个关键的因素。[①] 佩西·莱宁认为在全球范围内并不存在全球政治权威以及"可能在全球范围内强力实施法律制度的世界——国家"[②]。罗尔斯的批评者经常依赖大量的不平等和世界贫困的事实，从而主张一种全球分配原则，弗里曼认为世界上有大量的穷人，这当然是一个正义问题，因为它在很大程度上可以归因于目前很多政府和经济关系中的大量非正义，然而，依照罗尔斯的观点，它是一种通过援助义务就能够加以解决的非正义，比如通过阻止对人民的不公正的剥削，通过要求腐败的政府尊重人权和满足其成员的基本需要等，就可以

---

① 参见 Samuel Freeman,"*Justice and the Social Contract*: *Essays on Rawlsian Political Philosophy*", Oxford University Press, 2007, pp. 268–282。

② ［荷兰］佩西·莱宁：《罗尔斯政治哲学导论》，孟伟译，人民出版社2012年版，第210页。

化解这种非正义。① 希思认为很多主张将差别原则在全球层面上适用的学者，忽视了在全球层面上并不存在罗尔斯所说的基本结构，有的批评者（比如贝兹）认为罗尔斯夸大了全球层面上的制度与国家层面上的制度之间的区别，认为所有基本结构的构成要素已经在国际层面上存在了。当然，贝兹非常恰当地注意到了全球层面上存在的一些重要合作，但是问题在于在不存在强制的情况下，这种合作是不是一种制度性的结构。②

另一方面，持全球分配正义观点的很多学者往往是运气均等主义者，罗尔斯恰恰不是运气均等主义者。弗里曼认为对罗尔斯并没有提出一种资源再分配原则和分配正义原则进行的批评，意味着世界主义立场在某种程度上依赖运气均等主义理论或者正义应该矫正和平等化自然因素、社会机会和偶然性的影响这一观点。那些倡导罗尔斯式的世界主义立场的运气均等主义者经常诉诸罗尔斯的没有人应得较好的自然禀赋这一主张，认为根据同样的逻辑，在人民中间分配资源的过程中，机会应该被平等化或者至少应该被中立化。在弗里曼看来，罗尔斯在说上述话时，是在探讨人们在从事社会合作时，适用于社会基本结构的分配正义原则应该是怎样的。罗尔斯并不是说一个社会应该平等化运气所带来的后果或者中立化机会的影响，而是说一个人生而具有的自然禀赋或者社会禀赋不应该被允许不正当地影响一个人在收入和财富的分配中所拥有的位置。差别原则应该决定自然偶然性和社会偶然性对分配的合适影响程度，但是差别原则并不是一种运气均等主义原则或者矫正原则，它既不打算平等化由出生、社会地位和其他偶然性对分配所产生的影响，又不打算补偿其他不利状况所带来的影响。相反，它是一种分配源自自然差异和社会差异所带来的利益和负担的原则。差别原则以社会基本结构的存在为前提要件，并被运用于社会基本结构之中。罗尔斯并不是认为运气或者自然因素不应该决定或影响任何收入和财富的分配，相反，在社会合

---

① 参见 Samuel Freeman, *Rawls*, Routledge, 2007, p. 450。
② 参见 Joseph Heath, "Rawls On Global Distributive Justice: A Defence", *Canadian Journal of Philosophy*, Supp. Vol. 31, 2005, pp. 201–203。

作的框架内，自然资产的分配应该被允许决定收入和财富的分配，直到能够最大化社会上处境最差者的利益的程度为止。然而，这并不意味着人们能够在全球层面上适用差别原则。① 在希思看来，罗尔斯并不是一个运气均等主义者，假如一些人是不幸的，双目失明，其他人也是不幸的，生在一个贫困的国家，没有机会获得教育或者健康。运气均等主义者可能会问，如果分配正义原则要求我们矫正前一种不平等，为什么分配正义原则不要求我们也矫正后一种不平等呢？希思认为，虽然罗尔斯主张社会制度应该免受自然不平等的影响，但是他并不认为有一种义务去补偿那些拥有较低的自然禀赋的人。依照罗尔斯的观点，生而双目失明或者生长于一个贫困的国家仅仅是一种坏运气。一种整全性学说也许会强加一种矫正上述坏运气之影响的义务，但是这并不意味着正义会强加这样的义务。如果正义强加这样的义务，那么它会面临两种困难：一是对很多人来说，矫正上述不平等的义务，将会消除源自社会合作所带来的互利；二是它过于依赖一种整全性的学说，难以获得一种重叠共识。运气均等主义者在区分选择和环境对生活的影响上，几乎是不可能的。② 希思认为罗尔斯在《万民法》中致力于发展一种引导自由主义国家之外交政策的原则，他在《正义论》中主要想击溃功利主义，在《万民法》中主要反对国家应该追求理性的利益并完全不受规范原则的限制这一现实主义思想。罗尔斯正确地拒绝了贝兹和博格等人的全球再分配计划，因为全球再分配计划是没有优点的，该计划不仅建立在对国家财富的本质和原因错误理解的基础上，而且带来的后果也将是倒退的，比如它将惩罚那些不发达的国家，并使富裕国家从中受益。③

---

① 参见 Samuel Freeman, *Justice and the Social Contract: Essays on Rawlsian Political Philosophy*, Oxford University Press, 2007, pp. 283–285。

② 参见 Joseph Heath, "Rawls On Global Distributive Justice: A Defence", *Canadian Journal of Philosophy*, Supp. Vol. 31, 2005, pp. 205–207。

③ 参见 Joseph Heath, "Rawls On Global Distributive Justice: A Defence", *Canadian Journal of Philosophy*, Supp. Vol. 31, 2005, pp. 212–213。

第三节 罗尔斯的捍卫者能成功回应世界主义者的批判吗?

以上我们讨论了罗尔斯的国际正义理论的捍卫者对世界主义者的批评的回应,一个紧接着的问题是,罗尔斯的国际正义理论的捍卫者能够成功回应世界主义的批评吗?在回答这一问题之前,有一个非常关键的问题是,罗尔斯的国际正义理论的目的是什么?罗尔斯曾说,

> 万民法是从政治自由主义内部发展出来的,并且它是将一种适合域内政制的自由主义的正义观扩展到万民社会得到的结果。我要强调,在从一种自由主义的正义观内部发展出万民法之时,我们制定的是一种从合情理意义上讲是正义的自由人民的外交政策的理想和原则。我们关注的是一个自由人民的外交政策,这一点贯穿全文的始终。……万民法坚持认为正派但非自由的观点是存在的,并且非自由人民应该得到多大程度的宽容,这是自由人民的外交政策必须面对的一个至关重要的问题。①

可见,正如弗里曼等人所言,罗尔斯的国际正义理论试图回答自由人民应当采取什么样的外交政策、应当怎样对待那些非自由的人民这一问题。如果我们采取一种同情的心态来看待罗尔斯的国际正义理论,那么可以发现罗尔斯的国际正义理论的理论抱负远没有其批评者设想的那么大。《万民法》是罗尔斯在将近80岁高龄、身体出现中风的情况下发表的最后一部系统的著作,在那么短小的篇幅内不可能将当今世界的国际正义问题一网打尽。世界主义者对罗尔斯的国际正义理论的某些批判,确实有吹毛求疵之嫌,然而,这并不意味着罗尔斯的国际正义理论的捍卫者对世界主义者的批判进行的回应,是免予批判的。

弗里曼在为针对罗尔斯的国际正义理论的第一点批评意见进行辩护

---

① [美]约翰·罗尔斯:《万民法》,陈肖生译,吉林出版集团2013年版,第52页。

时，可能忽视了罗尔斯曾说的，有两个理念推动要制定万民法，一是由政治不正义及其冷酷无情、麻木不仁所带来的人类历史上的巨大罪恶，二是一旦遵循正义的或者正派的社会政策，并建立正义的或者正派的基本制度，就可以清除最严重的政治不正义。① 对罗尔斯来说，正是由于人类社会存在着这么多的巨大罪恶，促使了要建立一种万民法，从而解决一些政治不正义问题。可见，弗里曼的第一种批评意见并没有意识到万民法是适用于理想状况的、是适用于组织有序的社会的成员的这一观点是值得商榷的。希思在为罗尔斯的一国贫困的原因主要在于该国的政治制度和政治文化较为落后这一观点进行辩护时，也误解了博格等人的观点，博格的全球资源红利方案主张全球资源红利的负担并不单独由资源所有者来承受，资源的消费者也要承担一部分的红利，例如，人们可以采取对消费收费的方式来加以征收。② 希思的贫困国家的发展主要依靠自然资源因而博格等人所提议的对全球资源进行征税这一方案将给贫困国家带来相反的效果这一观点，忽视了博格的全球资源红利方案对资源的售卖方和购买方都征税，考虑到一些发达国家是资源的主要消费方（比如美国消费世界资源的25%左右），对全球资源进行征税所带来的资源负担，并不纯粹落在资源的出售者身上。博格也可以进一步修改自己的方案，主张对美国等发达国家所消费的资源征收较高的税，从而获得的税收也可以用于缓解全球贫困问题。

弗里曼在为罗尔斯的屠弱的人权清单进行辩护时，认为社会合作是人权的重要基础。这实际上误解了罗尔斯的人权观。在罗尔斯的另一位辩护者里德看来，在罗尔斯那里，基本人权是普遍的权利，它对所有的国家都有约束功能，这些约束也无须获得国家的认同。同时，基本人权最好根据其在国际秩序中的实践功能来加以理解，虽然基本人权不是永恒的，但是它是普遍的，其道德理论遍及各处——基本权利并不像传统

---

① 参见［美］约翰·罗尔斯《万民法》，陈肖生译，吉林出版集团2013年版，第49页。
② 参见 Thomas W. Pogge, "An Egalitarian Law of Peoples", *Philosophy and Public Affairs*, Vol. 23, No. 3, 1994, pp. 200–201。

的自然权利那样普遍。① 依照里德的观点，即使没有社会合作，人民也同样拥有人权。我们在上一节提到，弗里曼在为罗尔斯进行辩护时曾说，"投票权和竞选公职的权利对民主社会来说是关键的，对社会合作来说并不是必不可少的；其他的决策方法与社会合作是相容的。从历史上而言，大部分社会中的大部分人并不拥有民主的权利，即使在能够拥有民主权利的社会中，这些权利也经常没有被运用。……将政治参与的民主权利视为同生命权、自由权、财产权以及罗尔斯所提到的其他人权一样重要，是不可行的和不合理的"。弗里曼的这一观点同样是令人费解的，虽然生命权、自由权和财产权是人们所拥有的其他权利（比如政治参与权）的基础，但是政治参与的权利是人们所拥有的生命权、自由权和财产权的保障，人们只有在一定程度上拥有政治参与的权利，关注公共权力的运作，个人的生命权、自由权和财产权才能得到保障。大概正是基于此种想法，法国思想家贡斯当才强调，在现代社会，我们不仅要追求"现代人的自由"（即个人自由），同样也要追求"古代人的自由"（即政治自由），因为政治自由是公民享有个人自由的重要前提。贡斯当在其著名演讲《古代人的自由与现代人的自由之比较》的结尾也曾呼吁通过制度建设把"古代人的自由"与"现代人的自由"这两种自由结合起来，"制度必须实现公民的道德教育。一方面，制度必须尊重公民的个人权利，保障他们的独立，避免干扰他们的工作；另一方面，制度又必须尊重公民影响公共事务的神圣权利，号召公民以投票的方式参与行使权力，赋予他们表达意见的权利，并由此实现控制和监督"。② 从历史发展进程来看，正是因为大部分社会成员并不拥有民主的权利，大部分社会成员的生命权、自由权和财产权是不稳固的。一些世界主义者在批评罗尔斯的人权清单过于简略时，也没有将政治参与的权利置于与生命权、自由权和财产权同样的地位，而是认为罗尔斯的人权清单并没有包括政治参与的权利，这是罗尔斯的人权清单的一个重要的疏漏，即使罗尔斯的辩护

---

① David A. Reidy, "Political Authority and Human Rights", in Rex Martin and David A. Reidy (ed.), *Rawls's Law of Peoples: A Realistic Utopia?*, Blackwell Publishing Ltd., 2006, p. 174.

② ［法］邦雅曼·贡斯当：《古代人的自由与现代人的自由》，阎克文、刘满贵译，上海人民出版社 2003 年版，第 68 页。

者里德也承认这一点。

人权在罗尔斯的国际正义理论中到底扮演何种角色,对理解罗尔斯的人权清单是至关重要的。罗尔斯的辩护者之所以认为罗尔斯的较为简略的人权清单是可以接受的,原因在于人权在罗尔斯的国际正义理论中所扮演的角色远没有一些世界主义者所认为的那么多。正如上文曾经提及的,海恩施和斯梯潘尼斯认为人权调控着国际干预的合法性,弗里曼认为在罗尔斯的万民法中,人权有两个基本的角色,一是为政府的国际上的自主设定限度,比如没有政府可以主张主权成为其背离人权的理由,侵犯人权的政府被视为法外国家,不再免受其他国家的干预;二是限制战争及战争行为的原因,战争仅仅用于自卫的情况下反对其他政府,或者在其他人民的人权受到侵犯时用于保护人权。战争不能被用于维护军事力量的优越性或者权力的平衡,不能被用于获得经济资源或者领土。① 如果人权在罗尔斯的国际正义理论中所扮演的角色像弗里曼等人所认为的那样少,那么罗尔斯的较为简略的人权清单也就是可以理解的。然而,正如我们在第三章曾提到的那样,尼克尔列举了人权在联合国、非洲联盟等国际机构中所扮演的14种角色,比如良好政府的标准、对国家制定包含合适内容的权利法案起引导作用、引导国内的改革和批判、当对政府的反对是恰当时起引导作用、为公民对政府的批评起引导作用等。② 可见,依尼克尔之见,人权在国际正义理论中应该扮演更加广泛的角色,为了回应世界主义者对罗尔斯的批评,弗里曼等罗尔斯的辩护者必须要回应为什么人权在罗尔斯的国际正义理论中所扮演的角色那么少,必须回应尼克尔等人的观点是否能够成立,否则他们对罗尔斯的人权清单所进行的辩护就是缺乏说服力的。

针对世界主义者的罗尔斯对非自由但正派的人民过于"宽容"这一批评意见,奥达尔所进行的回应同样是值得商榷的。即使像奥达尔所认为的那样,罗尔斯主要致力于确立一种和平与稳定的世界秩序,但是这

---

① Samuel Freeman, *Rawls*, Routledge, 2007, pp. 436–437.

② 参见 James W. Nickel, "Are Human Rights Mainly Implemented by Intervention?", in Rex Martin and David A. Reidy (ed.), *Rawls's Law of Peoples: A Realistic Utopia?*, Blackwell Publishing Ltd., 2006, p. 270。

种世界秩序并不是一种正义的世界秩序。如果一种稳定的世界秩序没有正义作为基石的话,那么该世界秩序就是不稳定的。可以说,罗尔斯的万民法就是一种权宜之计,试图以正义为代价来换取和平。罗尔斯主张自由人民应该宽容非自由的且正派的等级制人民的主要原因并不像罗尔斯所认为的那样尊重非自由的且正派的等级制人们,而在于将自由人民所接受的万民法扩展到等级社会中去。我们可以将万民法视为各国人民之间所达成的一种全球性重叠共识,万民法只是一种权宜之计和政治妥协,缺乏应有的稳定性。该万民法的内容之所以得到暂时的认同,只是因为它在现实中是有用的,当现实力量对比发生明显的变化时,万民法也许会随之被抛弃。

一些世界主义者基于世界上所存在的大量不平等和贫困从而主张一种全球分配正义原则,弗里曼对此回应道,并不需要全球分配正义原则,罗尔斯的援助原则就能够解决这些非正义现象。罗尔斯的援助原则能够解决这些非正义问题吗?就援助义务而言,罗尔斯曾说:

> (相对地)组织有序社会的长期目标,是要把负担沉重的社会带入那个由组织有序人民所组成的社会,……但调整财富和福祉的水平的差异却并不是援助责任的目标。援助责任的存在只是因为负担沉重的社会需要帮助。而且,正像并非所有组织有序社会都是富裕的一样,并非所有的负担沉重社会都是贫穷的。……大量的财富并不是建立起一种正义(或正派)的制度的必要条件。①

虽然并非所有的因不利状况而负担沉重社会都是贫穷的,但是大部分因不利状况而负担沉重的社会往往是贫穷的。并不像罗尔斯所认为的那样,大量的财富并不是建立一种正义(或正派)的制度的必要条件,恰恰相反,大量的财富对建立一种正义的制度来说往往是必不可少的,正如布洛克曾言,"人民对自己的物质繁荣漠不关心,这一点是令人费解的,特别是人民意识到物质上的巨大不平等能够转化为权力的不平等,并导致

---

① [美]约翰·罗尔斯:《万民法》,陈肖生译,吉林出版集团2013年版,第148—149页。

一些主要苦难的出现。……如果人民意识到物质的不平等能够影响他们的政治自主和他们作为自由和平等的公民的地位,那么人民对物质繁荣的漠不关心,也同样是令人费解的"①。罗尔斯的援助义务从本质上而言,并不是一种分配正义原则,并不关注人民所拥有的物质财富的多寡。然而,这种援助义务并不像弗里曼所认为的那样能够解决非正义问题,实际上,援助义务对当今世界上的大量不平等和贫困往往是无益的。

由上可见,罗尔斯的国际正义理论是当今西方政治哲学界的一种重要的理论,当今西方政治哲学界围绕该理论产生了激烈的争论。无论是罗尔斯的国际正义理论本身,还是罗尔斯的辩护者对罗尔斯的国际正义理论进行的辩护,都存在很多值得商榷的地方。

---

① Gillian Brock, *Global Justice: A Cosmopolitan Account*, Oxford University Press, 2009, p. 38.

第八章

全球差别原则：拓展罗尔斯的
国内正义理论的尝试

在当今西方政治哲学界，除了以贝兹和博格等世界主义者为代表的罗尔斯的国际正义理论的批判者和以弗里曼等人为代表的罗尔斯的国际正义理论的拥趸围绕罗尔斯的国际正义理论产生了激烈的对话，还有一些学者试图拓展罗尔斯的国际正义理论，开始将罗尔斯的契约主义分析方法用于分析国际社会上的一些制度和实践，将其差别原则在全球层面上适用，拓展为"全球差别原则"，其中贝兹做了重要的尝试。贝兹在1979年出版的《政治理论与国际关系》一书中，思考了富裕国家的公民是否有建立在正义基础之上的义务，去帮助穷人并与穷人分享他们的财富这一问题，为此贝兹大胆地将罗尔斯《正义论》中的契约主义分析工具用于分析全球问题，坚持罗尔斯的正义理论可以在全球层面上适用，提出了全球差别原则和资源分配原则，正如罗伯特·保罗·丘吉尔（Robert Paul Churchill）曾言，贝兹在其经典著作《政治理论与国际关系》中，"大概比任何其他文本，证明了伦理和政治理论对21世纪的国际关系和国际法的重要性。在这本书中，贝兹也提出了被广泛誉为第一个令人信服的全球正义理论。……贝兹实现了罗尔斯的理论的世界主义转变"①。罗尔斯在《万民法》中回应了贝兹的批评，简言之，他既不

---

① Robert Paul Churchill, "Charles R. Beitz", in Deen K. Chatterjee (ed.), *Encyclopedia of Global Justice*, Springer, 2011, p. 61. 虽然贝兹并不是第一个将罗尔斯的契约主义分析工具应用于全球问题的学者——巴里和斯坎伦等人比贝兹更早进行了这种尝试，但是贝兹的尝试更为细

认同贝兹的全球差别原则，又不认同其他学者提出的其他全球分配正义原则。[①]贝兹在2000年发表的《论罗尔斯的万民法》一文中，也再次回应了罗尔斯的观点。鉴于罗尔斯和贝兹两人的理论对国际正义理论所产生的重要影响，罗尔斯和贝兹之间的国际正义之争就是一个值得关注的问题，本章将以罗尔斯的差别原则能否在全球层面上被适用这一问题为核心来加以展开。本章将首先探讨贝兹在全球层面上对罗尔斯的国内正义理论的拓展，然后阐述罗尔斯对贝兹的回应以及贝兹的再回应，接下来分析罗尔斯的立场能否容纳贝兹的批判，笔者认为罗尔斯的立场难以容纳贝兹的批判，然而，这并不意味着贝兹的全球差别原则就是免予批判的。

第一节　贝兹在全球层面上对罗尔斯的国内正义理论的拓展

贝兹在《政治理论与国际关系》一书中试图建立一种规范的国际政治理论，或者建立一种国际政治哲学，这种规范的国际政治理论或者国际政治哲学的核心就是"全球分配正义"。贝兹在全球层面上拓展罗尔斯的国内正义理论、建立一种全球分配正义原则之前，首先批判了国际政治理论中流行的国际道德怀疑主义，并指出了人们为替代国际道德怀疑主义而提出的国家的道德观点所存在的缺陷。贝兹认为国际道德怀疑主

（接上注）致，所产生的争议和影响也较大，贝兹应当是全球正义理论的契约主义分析路径的最主要的代表人物。巴里和斯坎伦的观点分别参见 Brain Barry, *The Liberal Theory of Justice: A Critical Examination of the Principal Doctrines in A Theory of Justice by John Rawls*, Oxford University Press, 1973, pp. 128 – 133. Thomas Scanlon, "Rawls' Theory of Justice", *University of Pennsylvania Law Review*, Vol. 121, No. 5, 1973, pp. 1020 – 1069。

①罗尔斯在其他地方也曾明确强调其国内正义理论并不能直接适用于全球层面，"作为公平的正义主张一种政治的正义观念，而非一种一般的正义观念：它首先应用于基本结构，并且认为局部正义的问题和全球正义的问题（我称为'万民法'的东西）需要按照它们各自的特性分别加以考虑"。参见［美］约翰·罗尔斯《作为公平的正义：正义新论》，姚大志译，上海三联书店2003年版，第19页。

义是一种霍布斯式的理论,在其中道德判断是不适用的。贝兹认为国际道德怀疑主义的最精致的论证源自对国际关系所做的霍布斯式的自然状态的描述,

> 当国际自然状态被看作是一种分析性设计的时候,它导致如下经验上错误的结论:在缺少一个支撑性的世界权威的情况下,可能不存在对合作制度和政策相互服从的可靠预期。这样的分析容易模糊如下事实,即构成国际关系的互动采取了多种非暴力的形式,许多形式需要协力维护共同规则。即使道德建立在自我利益之上的说法是正确的(也就是,即使霍布斯在道德理论上是正确的),国际道德怀疑主义由于经验理由仍会是错误的,因为国家有兴趣遵守这些规则,并且存在一些环境,其中对国家而言期待相互遵守规则是合理的。①

贝兹证明了国际道德怀疑主义不仅在经验上是错误的,而且在理论上也是不稳定的,它没有抓住国际关系所具有的日益复杂的社会互动模式的特征。贝兹还批判了国际道德怀疑主义的替代方案,即国家的道德。依贝兹之见,国家的道德观点的核心要素是国家的自主原则,即国家像个人一样,有一种作为自主实体被尊重的权利,在道德上免受外部干涉。贝兹认为国家的自主像自由的概念被分为消极自由和积极自由一样,也有消极的层面和积极的层面。消极层面的国家自主意为不干涉,积极层面的国家自主意为自决。贝兹采用分析哲学的方法,详细剖析了不干涉和自决,认为不干涉和自决在理论上存在诸多疑难之处。相应地,国家自主的观念也是不可接受的,"正是因为所有个人应该被尊重为目的之源,我们才不应允许所有国家要求一种自主的权利"②。干涉、殖民主义和帝国主义等在道德上是应该被反对的,其中的原因并不在于这些东西

---

① [美]查尔斯·贝兹:《政治理论与国际关系》,丛占修译,上海译文出版社2012年版,第58—59页。

② 同上书,第74页。

侵犯了国家的自主权利，而是因为它们本身就是不公正的。

贝兹在全球层面上拓展的罗尔斯的国内正义理论时，主要采取的是罗尔斯所惯用的契约主义方法，大胆地将罗尔斯的契约主义方法应用于分析全球问题。然而，贝兹对契约主义方法的理解与罗尔斯的理解有着很大的不同，罗尔斯主要将契约主义方法的适用范围限于一个封闭的政治共同体（即民族国家）之中，而贝兹认为"基于契约主义的根据，能够给出有力的证据证明不同公民身份的人们彼此之间有分配的义务，这类似于那些同一个国家的公民。国际分配的义务建立在正义的基础之上，而不仅仅是根据互助"①。贝兹主要基于如下两种考虑认为可以在全球层面上拓展罗尔斯的国内正义理论：第一种考虑是罗尔斯在《正义论》中对国际正义理论的简要论述是以民族国家是自足的这一假定为基础的，即使这个假定是正确的，罗尔斯仍然忽视了自然资源的分布的任意性问题。在国内正义理论中，罗尔斯将社会设想为一个互利的合作冒险事业，正义作为社会制度的首要美德，决定了由社会合作所带来的利益和负担的公平分配。罗尔斯在《正义论》中已经将契约论框架延伸到国际关系领域，并阐述了他所谓的"万国法"，但是罗尔斯的观点是以民族国家是自足的这一假设为前提的。贝兹首先假设罗尔斯的民族国家是自足的这一假定是可以为人们接受的，那么在罗尔斯所设想的国际原初状态中，各方的代表大概知道自然资源的分布是不均匀的，有些地区的自然资源较为丰富，处于这些区域中的国家就可以利用丰富的自然资源走向繁荣，而有些地区的自然资源非常匮乏，处于这些区域中的国家就很难提高其民众的生活水准。既然罗尔斯认为在国内原初状态中，人的自然才能的分布是不均匀的，属于道德上的任意因素，那么国际原初状态中的代表会选择一种资源再分配的原则，以解决自然资源的分布不均匀的问题吗？贝兹认为依照相似的推理方式和论说逻辑，国际原初状态中的各方也有理由认为自然资源的分布与人的自然才能的分布一样，也是道德上的任意因素。那些因为运气较好而处于自然资源丰富的区域的国家，并没有

---

① ［美］查尔斯·贝兹：《政治理论与国际关系》，丛占修译，上海译文出版社2012年版，第116页。

理由认为其有权利排除其他人或国家从中获得好处,因此,国际原初状态中的各方会选择一种资源再分配的原则,以免自己所代表的国家拥有匮乏的自然资源从而处于不利的境地。① 贝兹还设想了两种对罗尔斯的人的自然才能的分布是任意的这一观点的反驳意见。一种反驳意见是人的才能的分布从道德上看是任意的这一说法到底意味着什么,人们并不清楚。尽管从一个人不应得与生俱来的自然才能的意义上而言,人的自然才能的分布是任意的,但是这并不能明显地得出他对这种能力的占有是也需要任何正当理由的这一观点;另一种反驳意见是自然才能是人的自我的一部分。贝兹认为对人的自然才能的这两种反驳意见,并不能削弱自然资源的分布是道德上任意的这一观点的正当性。自然资源与人的自然才能的相似之处在于它们都不是"应得"的,但是它们的不同之处在于资源并不是天然地附着在人的身上的,而是被"发现"的,是被第一个占有者所利用的。资源在被利用之前首先被"占有",然而,人们对才能的"占有"是一种自然事实。因此,贝兹认为

> 资源的自然分配与才能的分配相比,是一种"从道德的观点看任意的"东西的更纯粹情形。不仅一个人不能宣称应得其足下的资源;而且一个人可以据以断言一种对才能最初要求权的其他根源,在资源的情形中也是不存在的。国内社会被假定为自足的,这一事实并没有使自然资源的分配变得不再那么任意。发现自己位于金矿之上的一国公民们,并不能仅仅因为他们的国家是自足的,就对可能来自这个金矿的财富获得一种权利。②

对贝兹来说,国际原初状态中的各方既知道自然资源的分布是不均匀的,是道德上任意的,又知道足够的自然资源对国家的发展是至关重要的,因此,一些比较保守的国家的代表既会对全球资源的再分配达成

---

① 参见 [美] 查尔斯·贝兹《政治理论与国际关系》,丛占修译,上海译文出版社 2012 年版,第 124—126 页。

② 同上书,第 127—128 页。

一致意见，又会要求通过实施某种类型的全球财富税，以实现资源的平等分配："每一个人对总体可利用资源的一份都有一种平等的显见要求权；但是对这个最初标准的偏离也可以被证明为是正当的（类似于差别原则的运作），如果随之而来的不平等是为了由不平等导致的那些最不利人们的最大利益。无论怎样，就如差别原则在国内社会中所发挥的作用一样，资源再分配原则将会在国际社会中发挥作用。"① 国际原初状态中的国家的代表之所以会选择资源的再分配原则，是为了防止一旦自己代表的国家的资源较为贫乏，也不会严重影响本国的发展。如果资源的再分配原则能够被践行，那么那些资源较为贫乏的国家的人们就能够获得支撑公正的社会制度和保护人权的经济条件所需的保障。

贝兹之所以主张在全球层面上拓展罗尔斯的国内正义理论的另一种考虑是，民族国家并不是自足的以及国际相互依赖会产生一些聚集性的利益。贝兹在探究自然资源的分布的任意性之后，开始转向探讨民族国家是不是自足的这一问题。贝兹认为，"当然，现在世界并不是由自足国家组成的。国家对复杂的国际经济、政治和文化关系的参与表明存在一个全球社会合作系统"②。在贝兹看来，伴随着国际投资和贸易的持续增长，国际相互依赖方面的经济制度会影响收入和财富的全球分配，例如，国际相互依赖非但没有缩小富裕国家和贫困国家之间的收入差距，反而继续扩大了富裕国家和贫困国家之间的收入差距，即使国际相互依赖从总体上能够提高人们的生活水平，但其中的原因在于国家拥有不同的自然资源和不同的技术，跨国公司基本上垄断了技术和大量的资本，同时并不存在国际上的财富转移机制。尤其对那些出口大量集中于少数几个产品，并且出口市场又严重集中在少数几个国家的国家而言，国际相互依赖方面的经济制度更会带来一些不利的影响。贝兹还注意到了国际上特定的政治制度、法律制度与经济制度一样，也会影响到收入和财富的分配，比如国际法赋予政府对领土及其自然资源一种排他性的所有权和

---

① [美]查尔斯·贝兹：《政治理论与国际关系》，丛占修译，上海译文出版社2012年版，第129页。

② 同上书，第131页。

控制权，或者赋予国际共同体对诸如海洋和太空的部分或者全部控制权。鉴于国际相互依赖程度及其对收入和财富的全球分配的影响，贝兹认为国际相互依赖是一个不可否认的事实，在这样一个相互依赖的世界中，像罗尔斯那样仅仅将社会正义原则局限在国内社会，所产生的效果是对贫困国家进行征税。国际政治、经济和文化的相互依赖为制定一种全球分配正义原则提供了有力的支撑，同时，为了调节国际相互依赖所带来的收入和财富的全球分配的差异，贝兹主张应该制定一种全球原则，那么应当怎样制定全球原则呢？贝兹采纳了巴里等人的建议，认为对罗尔斯的国内正义理论进行适当的重新解释，就能够在全球范围内适用：

> 如果全球经济和政治相互依赖的证据表明存在一个全球社会合作系统，我们就不应认为国家边界具有根本的道德重要性。既然边界与社会合作的范围并不是同延的，它们就没有为社会义务标出界限。因此不能假定原初状态中的各方知道他们是特定国家社会的成员，从而主要是为那个社会选择正义原则。无知之幕必须延伸到国家公民身份的所有问题，并且所选择的原则将会在全球适用。①

对贝兹来说，鉴于国际社会的制度与国内制度之间的相似性，如果人们承认罗尔斯为其国内正义理论所做的论证，在国内原初状态中选择罗尔斯所说的差别原则，那么在国际原初状态中，人们并没有理由拒绝罗尔斯的差别原则。正如需要有一种国内差别原则确保社会基本结构能够公平地运作一样，人们同样也需要一种全球差别原则确保全球基本结构的公平运作。

全球差别原则的适用对象是谁呢？也就是说，人们应当提升全球处境最差的个人的地位，还是应当提升全球最差的国家的地位呢？贝兹认为，"就正是全球最不利代表人（或单个群体）的地位要最大化的意义而言，国际差别原则似乎很明显适用于个人"。既然应当提升全球处境最差

---

① ［美］查尔斯·贝兹：《政治理论与国际关系》，丛占修译，上海译文出版社2012年版，第137页。

的个人的地位，全球差别原则并不一定要求将富裕国家的财富转移给贫困国家，仅仅通过国家之间的转让并不能充分满足全球差别原则的要求。同时，如果最小化国内的不平等对提升全球处境最差的个人的地位是必需的，那么也应该实现国内的不平等的最小化。贝兹还认为国家应当是国际分配责任的基本主体："在实现贯彻全球原则所必需的无论什么政策上，也许是国家，作为国际政治的主要参与者，比单个的人处在更加适当的位置。在缺少实现全球差别原则的一个更好策略的情况下，也许国家间的再分配应该被看作是一个次优的方案。"① 同时，贝兹的全球差别原则还"可能要求在世界经济秩序的结构方面，以及在自然资源、收入和财富的分配方面进行根本的变革。此外，由于全球分配原则最终适用于个人而不是国家，它们可能要求，国家之间的转让和国际制度的改革应该旨在达到特定的国内分配后果"②。

  贝兹接下来还考虑了全球差别原则可能面临的两种反对意见，第一种反对意见是：人们即使接受国际社会与国内社会之间存在相似性这一假设，仍然有可能认为对于正义原则的全球适用而言，国际社会的相互依赖性仅仅是一个必要的但不充分的条件，同时使得正义原则能在全球层面适用的其他必要条件，在国际社会上并不存在。国际社会与国内社会的差别是多种多样的，比如在国际社会上缺少一种像国内社会那样的行之有效的能够做出决策以及执行决策的机构，同时也缺乏一种全球正义感。贝兹对这种可能的反驳回应道，这样的反对意见是没有说服力的，因为它们误解了理想理论与现实世界之间的关系。理想理论规定了一些标准，如果假定一个公正的社会能最终达到，那么这些标准在非理想的世界中就成为政治变革的目标。仅仅指出目前这个理想还不能达到并不能损害这个理想③。对贝兹来说，虽然国际社会与国内社会之间存在这么多的差异是一个不可忽视的事实，但是这并没有损害在全球层面上适用

---

  ① ［美］查尔斯·贝兹：《政治理论与国际关系》，丛占修译，上海译文出版社2012年版，第139页。
  ② 同上书，第162页。
  ③ 参见［美］查尔斯·贝兹《政治理论与国际关系》，丛占修译，上海译文出版社2012年版，第141—142页。

差别原则。贝兹所设想的第二种反对意见是，人们即使接受国际社会与国内社会之间存在相似性这一假设，仍然可能认为国内社会中的社会合作的某些特定方面会超过全球差别原则的要求，以至于全球差别原则并不能成为一种终极的标准。第二种反对意见可以采取多种反对形式，比如一个富裕国家的成员因为自己国家拥有先进的技术、经济组织以及较高的效率，会要求自己应得比全球差别原则提供的份额要大，也就是说由于国家对全球福利的贡献率是不一样的，那些拥有较高的贡献率的社会当然应该获得较高的回报，反之，应该获得较低的回报。贝兹对此回应道，这种批判意见看似合理，但是在此情形中可能不再是一种反对意见，全球"差别原则自身承认这样一种可能性，那就是作为对贡献的刺激，有区别的回报比率也许是需要的；它仅仅要求，在这样一个制度中出现的分配不平等应有利于世界上最不利群体的最大利益"[1]。上述反对意见所提出的有区别的回报率实际上提高了最不利者的经济预期，同时它也没有以其他方式来损害这些最不利者的生活前景，因此，上述反对意见与全球差别原则并不存在不一致之处。第二种反对意见的第二种形式是富裕国家有资格获得其自身的财富，这是一种诺齐克式的反对意见。贝兹为回应这种形式的反对意见，援引了罗尔斯对"自然的自由体系"的反对意见。"自然的自由体系"允许工作职位向有才能者开放，收入和财富将以一种有效率的方式分配，该分配方式是由收入、财产、自然资产和能力的最初分配决定的，"比如说，现存的收入和财富分配就是自然资产（natural assets）——也就是自然的才能（natural talents）和能力——的先前分配共同影响的结果，因为这些自然资产已经得到发展或不能实现，同时它们的运用受到社会环境以及不幸和好运等偶然因素的有利或不利的影响"。罗尔斯认为自然的自由体系是不正义的，"从直觉上来看，自然的自由体系的最明显的不正义之处在于它允许分配的份额受到这些从道德观点上看非常任意的因素的不恰当的影响"[2]。贝兹认为，

---

[1] 参见［美］查尔斯·贝兹《政治理论与国际关系》，丛占修译，上海译文出版社2012年版，第147页。

[2] John Rawls, *A Theory of Justice*, Cambridge, Massachusetts: The Belknap Press of Harvard University Press, 1971, p. 72.

第八章 全球差别原则：拓展罗尔斯的国内正义理论的尝试

"如果罗尔斯的反论算做是对国内社会中自然—自由观点的反驳，那么它同样也挫败了对一种全球化差别原则的当前反对。一个社会的公民不能将他们对大于由差别原则准许的分配份额的要求，建立在道德上任意的因素之上"①。可见，在贝兹那里，对全球差别原则的诺齐克式的反对意见既不能挫败全球差别原则，又不能削弱全球差别原则的力量。

贝兹的全球差别原则除了是在全球层面上对罗尔斯的国内正义理论拓展的结果之外，还有一个重要的理论基础，即世界主义——更准确地说，应该是道德世界主义。贝兹 1999 年在《政治理论与国际关系》的修订版"后记"中认为他所提出的全球分配正义的世界主义理论包括一个弱命题和强命题，其中弱命题认为鉴于国际关系的基本结构与国内社会的相似性，它应该服从分配正义的要求；强命题认为应该采用罗尔斯在《正义论》中提出的分配正义的原则的一种全球化形式，认同制度世界主义。贝兹更加倾向于弱命题，这种命题既不要求有一种最佳的国际政治制度，又不要求国家应该服从一个全球政治权威或者世界政府，而是认同道德世界主义。他引用博格的话认为道德世界主义要求每个人都拥有一种作为道德关切基本单位的全球地位，同时认为这种观念是启蒙运动的道德平等主义的自然产物，要求"有关我们应该偏爱什么政策，或者我们应该确立什么制度的选择，应该建立在一种对每一个将会受到影响的人的要求之不偏不倚的考虑之上"②。以上我们论述了贝兹通过对罗尔斯的国内正义理论的拓展而得出的全球差别原则的基本理念、适用对象和实施主体，可以看出，贝兹的一个关键论证是在国内社会和国际社会之间进行的类比论证。换言之，如果我们接受了罗尔斯的国内差别原则，同时由于全球合作系统的存在，国际社会和国内社会具有高度的相似性——甚至国际社会比人们通常所认为的更像国内社会，那么我们就有理由在全球层面上通过运用罗尔斯的推理模式，从而推导出全球差别原则。

---

① [美] 查尔斯·贝兹：《政治理论与国际关系》，丛占修译，上海译文出版社 2012 年版，第 148 页。
② 同上书，第 180 页。

第二节　罗尔斯与贝兹的国际正义之争

针对贝兹在全球层面上对罗尔斯的国内正义理论的拓展，罗尔斯基本上不认同贝兹所谓的资源再分配原则和全球差别原则，他在1993年发表的《万民法》一文中曾简要回应了贝兹的观点。罗尔斯认为：

> 万民法赞同贝兹的大部分观点。……万民法接受贝兹关于正义制度、确保人权和满足基本需要的目标。但……人们糟糕的命运，更多的是因为出生于一个扭曲、腐败的政治文化中，而不是出生于资源贫乏的国家中。驱除这一不幸的唯一原则，就是使所有人民的政治传统和文化都变成合乎情理的，且有能力维持一种可以保障人权的政治和社会制度。也正是由这一原则产生了援助的义务和责任。我们不需要一个自由主义的分配正义原则来达到此目的。①

对罗尔斯来说，差别原则适用于处理国内正义问题，然而，它并不能被用于处理因不利状况而负担沉重的国家所存在的问题，在万民社会里，有着各种各样的社会，并不能期待所有社会都接受自由主义的分配正义原则。后来，罗尔斯在1999年出版的《万民法》一书中再次回应了贝兹的主张。针对罗尔斯的反驳，贝兹也进行了回应。罗尔斯认为博格的平等主义原则与贝兹的再分配正义的第2条原则（即全球差别原则）"在许多方面是相似的。对于这些富有启发性的和获得大量讨论的原则，我要说明我为什么不需要它们。但是，当然，我的确接受博格和贝兹所阐述的达致自由或正派的制度、保障人权和满足基本需要这些目标。我相信在上一节（即《万民法》的第15节——引者注）讨论过的援助责任中已经涵盖了这些东西"②。从罗尔斯对博格和贝兹的观点的简短评论，我们可以发现：第一，罗尔斯认为建立一种自由或者正派的制度、保障人权

---

① ［美］约翰·罗尔斯：《万民法》，陈肖生译，吉林出版集团2013年版，第38页。
② 同上书，第157页。

和满足人民的基本需要这些目标也是博格和贝兹的方案的目标或者目标之一;第二,罗尔斯认为他的援助义务——万民法的第八条原则——能够涵盖建立一种自由或正派的制度、保障人权和满足人民的基本需要,同时援助义务已经将全球分配正义的义务包括在内,援助义务优先于全球分配正义的义务;第三,罗尔斯认为他的万民法与博格、贝兹的观点在目标上是一致的,分歧在于采取什么手段可以达成这些目标。

为了回应贝兹的观点,罗尔斯首先回顾了贝兹的资源再分配原则和全球差别原则。罗尔斯认为贝兹的资源再分配原则是在假定所有国家都是自给自足的情况下得出的。虽然国家是自给自足的,但是自然资源的分布并不是均匀的,那些资源丰富的国家可以利用自身丰富的资源过上一种衣食无忧的生活,而那些运气较差、资源匮乏的国家虽然已经做出了努力,但是仍然只能勉强维持温饱。贝兹通过资源的再分配原则,为每个社会提供公平的机会,以使它们能够建立正义的社会制度以及能够满足社会成员基本需要的经济。贝兹并没有探讨如何践行资源的再分配原则,即没有明晰资源丰富的国家如何将自己的资源分配给那些资源贫乏的国家。罗尔斯认为,"决定一个国家经历、进展如何的关键因素是其政治文化——其成员的政治德性和公民德性——而不是其资源丰裕水平,自然资源分配的任意性并没有带来任何问题。我因此觉得我们不需要讨论贝兹的资源再分配原则"①。可见,罗尔斯既不认同贝兹所提出的资源再分配原则,又认为贝兹所谓的自然资源的任意性不会带来任何问题。

就贝兹的全球差别原则而言,罗尔斯认为贝兹的这一原则的前提条件是国家不再是自给自足的,而是会进行贸易和交流,在国家不再是自给自足的情况下,就存在一种全球差别原则。同时,鉴于富裕国家之所以富裕的原因在于富裕国家拥有更多的资源可以利用,全球差别原则就会要求将更多的资源所带来的收益再分配给那些资源贫乏的国家。针对贝兹的全球差别原则,罗尔斯回应道,如果贝兹的全球差别原则是针对世界中的一些极端不正义、后果极其严重的贫困和不平等的话,那么该

---

① [美]约翰·罗尔斯:《万民法》,陈肖生译,吉林出版集团2013年版,第158页。

原则就是可以为人们理解的。然而，贝兹的全球差别原则的适用对象和目标并不止于此。于是，为了进一步批评贝兹的全球差别原则，罗尔斯设置了两个思想实验，设想存在两个具有相同财富水平和相同规模人口的自由的或者正派的国家 S1 和 S2，由于我们在第六章第一节曾经提到过这两个思想实验，我们在此就不再赘述。罗尔斯主要试图通过这两个思想实验，以驳倒贝兹的全球差别原则。另外，针对贝兹等人所谓的国家边界并不具有根本的道德重要性这一观点，罗尔斯回应道，无论从历史的观点看，一个社会的边界的划定是多么任意的，但是一个人民的政府应该作为人民的有效代理人，对自己的领土、人口规模以及土地等的完整性负起责任，"从边界的划定在历史上是任意的这一事实并不能推出：边界在万民法中的作用是得不到辩护的。相反，只关注它们的任意性，其实是聚焦于错误的地方。在缺乏一个世界国家的情况下，必定会存在某种类型的疆界；如果孤立地看，这些疆界看起来的确是任意的，并且取决于各种历史境况"①。虽然罗尔斯承认边界的划定确实具有任意性，但是他并不承认贝兹等世界主义者的边界不具有根本的道德重要性这一观点。

罗尔斯多次提到了援助义务，为了方便下文的讨论，在此有必要再简要回顾一下罗尔斯所说的援助义务。援助义务即罗尔斯所罗列的万民法的第 8 条原则："各人民对那些生活在不利状况下、因此无法拥有一个正义或正派的政治和社会制度的其他人民负有一种援助的责任。"② 援助义务的适用对象是因不利状况而负担沉重的社会，虽然这些社会并不对外进行侵略和扩张，但是由于它缺乏一个组织有序的社会所必需的政治和文化传统、人力资本、专门技能和必备的物质和技术资源，因此，自由的人民和正派的等级制人民等组织有序的人民有义务去帮助那些因不利状况而负担沉重的社会。那么，如何实施援助义务呢？罗尔斯认为实施援助义务并不必然要求采取分配正义的原则，调整财富和福祉的水平的差异并不是援助义务的目标，"援助的目的是帮助负担沉重的社会，使

---

① [美] 约翰·罗尔斯：《万民法》，陈肖生译，吉林出版集团 2013 年版，第 81 页。
② 同上书，第 79 页。

得它们有能力合乎情理地和理性地处理其自身事务,并且最终变成组织有序人民所组成的那个社会中的一员。这就界定了援助的'目标'。在这一目标达成之后,就不再要求进一步的援助,即使这个现在变得组织有序了的社会依然贫困"①。罗尔斯之所以如此设定援助义务的目的,其中的主要原因在于罗尔斯认为"大量的财富并不是建立一种正义(或正派)的制度的必要条件",以及"一个人民的富裕的原因及其采取的形式,深深植根于其政治文化、支持他们的政治和社会制度的基本结构的宗教、哲学和道德传统,还有该社会成员的勤勉及合作,所有这些都由他们的政治德行支撑着"。②在明晰了援助义务的目标之后,罗尔斯的援助义务与贝兹等人的全球性平等主义原则的区别何在?依照罗尔斯的观点,援助义务拥有目的和终止点,援助义务致力于帮助世界的穷人,使其要么成为一个合乎情理的自由社会的自由和平等的公民,要么成为一个正派的等级制社会的成员,一旦完成该目标,援助义务就结束了,而贝兹等人的全球性平等主义则没有终止点。③

罗尔斯还比较了万民法与博格、贝兹等人的世界主义立场。罗尔斯认为,万民法的目的只是在于使社会成为充分正义并拥有基于正当理由的稳定的社会,一旦该目标达成了,"任何社会要求得到比维持这些制度所必需的更多的东西,或要求进一步缩减社会间的物质不平等,都是得不到有辩护的理由支持的"。同时,"一种世界主义观点的终极关怀,是个体的福祉,而不是社会的正义"。④ 世界主义立场因为关注的是个体的福祉,因此还会关注全球范围内的处境最差者的福祉是否得到了改进,而万民法则不会有这样的目标。可见,博格和贝兹等人的世界主义立场比罗尔斯的万民法要求更多的分配,也更为激进。

通过上述分析我们可以发现,虽然罗尔斯认为他的万民法与贝兹的全球差别原则分享着共同的目标,但是在实现这种共同目标的手段上分歧较大。同时,罗尔斯不但拒绝贝兹的全球差别原则,而且也不承认任

---

① [美]约翰·罗尔斯:《万民法》,陈肖生译,吉林出版集团2013年版,第153页。
② 同上书,第149—150页。
③ 参见[美]约翰·罗尔斯《万民法》,陈肖生译,吉林出版集团2013年版,第160页。
④ 同上书,第161页。

何全球分配正义原则,实际上,这是很难获得捍卫的。在罗尔斯那里,他的万民法有目的和终止点,而其他分配正义原则恰恰缺乏这种目的和终止点,往往要求万民法所不能容忍的、更为激进的分配正义措施。针对罗尔斯的反驳,贝兹进行了回应,并进一步捍卫了自身的立场。为了回应罗尔斯的反驳,贝兹主要挑战了罗尔斯的援助义务,主要考虑了为什么我们应该接受罗尔斯的援助义务、罗尔斯的援助义务是否已经足以包括全球差别原则这一问题。贝兹认为,罗尔斯并没有提出与援助义务相类似的国内社会的分配原则,例如罗尔斯没有说自然资源的国际分布是不公平的或者一个人生在一个穷国或富国是道德上任意的,然而,在国内社会中罗尔斯认为人的自然才能的分布以及一个人出生在一个贫困的家庭还是富裕的家庭是道德上任意的因素。对贝兹来说,罗尔斯的援助义务的力量源自于自由社会将社会上的所有社会纳入万民社会,

> 例如,在反对宽容法外国家时,有人也许认为当世界上所有社会都摆脱了不利状况时,世界上的和平机会将更大。然而,如果推论是负担沉重的社会对自由社会的安全是一个威胁,那么上述观点就是不可行的;无论法外国家有什么威胁,负担沉重的社会的威胁远远少于法外国家的威胁。我们可以设想一种更加可行的援助义务,但是这将诉诸罗尔斯希望避免的分配正义观。①

言下之意,对贝兹来说,罗尔斯的援助义务是不可行的,一种更加可行的援助义务与罗尔斯的根本理念是相冲突的。

针对罗尔斯的援助义务是否已经足够这一问题,贝兹通过考虑罗尔斯的援助义务优先于全球分配正义义务的三个方面的原因,进行了回答。第一,罗尔斯认为一个社会的经济状况和为其成员提供一种体面生活的能力的最重要的因素是其政治文化、宗教、道德传统和人民的性格。如果这是正确的,如果国际行动的恰当目标是帮助一个非组织有序的社会成为组织有序的社会,那么任何要求比援助义务进行更多分配的全球分

---

① Charles R. Beitz, "Rawls's Law of Peoples", *Ethics*, Vol. 110, No. 4, 2000, p. 689.

配正义原则将是多余的。然而，在贝兹看来，罗尔斯对人民富裕的原因的论述是值得商榷的，作为一个经验问题，经济落后的根源是很难被确定的，这些根源可以分为很多种，比如自然资源（包括地理位置的有利影响和不利影响）、技术、人力资本、政治文化和经济文化以及在国际政治经济中的地位。这些因素的重要性往往处于争议之中，在不同的社会和不同的时代中有着不同的重要性。贸易关系、对外国资本或者市场的依赖程度以及易受国际金融制度的影响等都会对国内的经济结构和政治结构产生影响，在这种情况下，很难区分上述因素对一个社会的经济状况的国内影响和国际影响。① 他认为自然资源的丰裕程度对国家的发展是未有定论的，

> 一方面，除了盛产石油的国家之外，今天的发展中社会作为一个群体，与当今处在同一发展阶段的工业化社会相比，似乎禀受了较差的自然资源。此外，与那些处在温带地区的社会相比，处于热带的社会（将位置看作一种资源）往往拥有明显较低的经济增长率以及较低的福利水平（比如，人均购买力或生命预期来衡量）。另一方面，相比于资源匮乏的社会，资源富裕的发展中社会往往具有较低的经济增长率，这也许是因为，可输出自然资源的易得性降低了对建立经济可改善所需要的工业结构和贸易关系的激励。②

贝兹还假定，即使罗尔斯的这种经验假设是正确的，这也不意味着不需要考虑全球分配正义在外交政策中所扮演的角色。

第二，罗尔斯认为世界主义的分配正义原则将不公平地使那些为其经济行为承担责任同时没有从中获益的社会承担了更多的负担。罗尔斯通过我们在第六章第一节曾提到的两个思想实验，认为任何世界主义原则将要求将富裕国家的财富转移给后来因自身原因而致贫的国家。罗尔

---

① 参见 Charles R. Beitz, "Rawls's Law of Peoples", *Ethics*, Vol. 110, No. 4, 2000, pp. 689–690。

② [美] 查尔斯·贝兹：《政治理论与国际关系》，丛占修译，上海译文出版社2012年版，第186页。

斯认为这是令人难以接受的，然而，他并没有论说其中的原因，贝兹猜测其中的原因大概在于公正的或者正派的社会能够对自身的决定所带来的结果承担责任。贝兹认为在罗尔斯的思想实验中，罗尔斯假定两个社会都能满足正义的或者正派的标准，结果我们必须进一步假定它们的制度的公正或者正派所带来的结果是，两个社会的成员被假定好像他们或他们的代表理解他们的政府的经济政策的后果。同时，两个社会还被进一步假定——虽然没有阐明——在政治上是自主的，它们的有关经济政策的决定并不会受到国际资本市场等因素的影响。贝兹认为，罗尔斯的这些条件要求过高了，以至于我们应该提防无论将任何制度应用于贫困社会的冲动，而罗尔斯也会同意这一点。为了更加充分地回应罗尔斯的反驳，贝兹对罗尔斯的观点采取了一种同情的态度。贝兹假定我们能够满足罗尔斯所设定的这些理想化的条件，那么罗尔斯的观点能够反驳全球分配正义原则吗？贝兹对此持否定的态度，认为罗尔斯的观点依赖于与个人道德进行的类比。我们通常认为社会没有义务使人们不受到自身的非强迫性的选择所带来的伤害，社会的责任在于维持公正的背景制度，在其中人们能够决定怎样过自己的生活，应该对自己的非强迫性的决定承担责任。贝兹认为罗尔斯所进行的这种类比是错误的。因为在上述针对个人的情况中，个人遭受的任何不利都源于个人的选择。然而，在有关社会的情况中，情况并非如此，将当代人的坏的选择的成本强加在下一代人的身上，这是不怎么公平的。当然，也许有其他原因要求社会去承担上一代人的选择所带来的结果，比如有动机去鼓励社会进行投资或储蓄。然而，这是一种工具性的判断，而不是一种正义的判断。[①]

第三，罗尔斯提到的缓解国内社会的分配不平等的原因有三个：缓解绝对贫困以至于人民能够过上体面的生活、缓解与财富差异相关的自卑感以及为民主的政策寻求公平的条件。同时，罗尔斯认为通过确保每个社会能够成为公正的或者正派的，就能够缓解贫困。在贝兹看来，罗尔斯的这种观点依赖罗尔斯在建构国际原初状态时的一些自相矛盾的细

---

① 参见 Charles R. Beitz, "Rawls's Law of Peoples", *Ethics*, Vol. 110, No. 4, 2000, pp. 691–692。

节。例如,假如我们问为什么国际原初状态中的各方将设定一种能够确保最低标准的原则,对最低标准以上的分配并没有设定限额,而在国内原初状态中,为了使处境最差者能超越最低标准,设定了某种程度的分配限制?贝兹认为即使我们接受罗尔斯对国际原初状态的建构,国际原初状态与国内原初状态之间的差异也许不像他所认为的那么大。①

可见,从总体上而言,贝兹认为罗尔斯所给出的原因是缺乏说服力的,"当然,这并不意味着世界主义的原则应该被人们接受。……含有援助义务的万民法在非理想的世界中给予了一种重要的国际分配要求——虽然这种分配要求弱于世界主义理论的分配要求,但是它仍然高于富裕国家现在或将来所从事的再分配。因此,该理论是非常先进的"②。总之,贝兹探讨了罗尔斯之所以认为援助义务优于全球分配正义原则(尤其是贝兹的全球差别原则)的三个方面的原因,并一一进行了反驳,认为罗尔斯的反驳并没有削弱其全球差别原则的说服力,然而,贝兹仍然认为当今世界并没有满足罗尔斯的援助义务,罗尔斯的援助义务是较为超前的,有着重要的意义。

第三节 罗尔斯的立场难以容纳贝兹的批判

至此我们回顾了罗尔斯与贝兹的国际正义之争,那么,罗尔斯的立场能够容纳贝兹的批判吗?本章认为罗尔斯的立场难以容纳贝兹的批判。

首先,贝兹的全球差别原则并不像罗尔斯所认为的那样没有终止点。罗尔斯对贝兹的全球差别原则的一个关键批评是贝兹的全球差别原则没有终止点,实际上,这误解了贝兹的观点。一方面,罗尔斯的大多数用来规制社会间出现的经济和社会不平等的分配正义原则都是没有终止点的这一论断③是存在问题的。事实上,基本上只有认同"福利平等"(equality of welfare)的分配正义原则才是没有终止点的,福利平等以人的

---

① 参见 Charles R. Beitz, "Rawls's Law of Peoples", *Ethics*, Vol. 110, No. 4, 2000, pp. 692–693。

② Charles R. Beitz, "Rawls's Law of Peoples", *Ethics*, Vol. 110, No. 4, 2000, p. 694。

③ [美]约翰·罗尔斯:《万民法》,陈肖生译,吉林出版集团2013年版,第148页。

"福利"（welfare）为主要关注对象，主张每个人在一生中所拥有的诸如福利、幸福与效用等物品的数量应该是一样的，正义要求人们的福利水平应该平等化，正如理查德·阿内逊（Richard Arneson）所言，"根据福利平等，直到物品的分配使每个人享有同等的福利，物品在人群中才是平等分配的"①。可见，福利平等确实是没有终止点的，只是尽力实现人们福利上的平等，然而，鉴于福利平等存在的诸多缺陷，当代很多政治哲学家基本上对福利平等持批判的态度，比如罗尔斯对福利平等就持批判态度，并建构了一种以"基本善"为主要关注对象的替代性的平等理论。除了少数认同福利平等的分配正义原则是没有终止点的，大部分分配正义原则恰恰是有终止点的，贝兹的全球差别原则就是如此；另一方面，贝兹的全球差别原则是依照罗尔斯的推理方式，通过在全球层面上适用罗尔斯的差别原则而达成的，既然罗尔斯的差别原则是有终止点的——罗尔斯自己明确承认这一点，那么全球差别原则就没有理由是没有终止点的。正如罗尔斯的差别原则是致力于实现国内处境最差者的利益的最大化一样，贝兹认为其全球差别原则致力于提升全球处境最差者的地位，并没有认为应该漫无目的地去提升全球处境最差者的地位。

其次，如果我们的上述分析是可行的，贝兹的全球差别原则是有终止点的，那么在我们在第六章第一节提及的、罗尔斯所设想的两个思想实验中，贝兹不会同意将资源由 S1 转让给 S2。罗尔斯认为贝兹等人的全球性平等主义一定会要求将富裕国家 S1 的资源部分转移给后来因自己的因素致贫的国家 S2，这种观点背后隐含的一个假设是贝兹等世界主义者只是关注穷国和富国之间的贫富差距，并不关心这种差距背后的根源是什么。实际上并非如此，贝兹等世界主义者只是认为当代一些国家之所以非常贫困，其原因在于自然资源的贫乏、历史上曾经遭受的不公平对待（比如殖民、自然资源被他国控制等）、政府的腐败和不公正的全球政治经济秩序等，如果一些国家因这些因素而致贫的话，那么理应获得帮助。然而，如果一些国家原来是自由的和正派的，并拥有一定水平的财

---

① Richard J. Arneson, "Equality and Equal Opportunity for Welfare", *Philosophical Studies*, Vol. 56, 1989, p. 82.

富，仅仅因为自己不思进取、喜欢安逸和放任人口的增长等因素而致贫的话，那么贝兹等世界主义者不可能对不平等的根源不进行区别对待，不可能像罗尔斯认为的那样补偿因自己的原因而致贫的国家。

再次，在罗尔斯的两个思想实验中，罗尔斯所设定的条件确实过于理想化了，与罗尔斯的国际正义理论的其他组成部分是不一致的。在罗尔斯的两个思想实验中，罗尔斯都反复强调两个国家是自由的或者正派的，同时人民是自由的，能够做出自己的决定并承担责任。实际上，罗尔斯的这一假定与罗尔斯的人权清单是不相吻合的。罗尔斯所开列的人权清单只包括生命权、自由权、财产权和形式平等的权利，忽视了很多权利，比如迁徙自由、集会自由、结社自由、民主的政治参与权等权利。迁徙自由、集会自由和结社自由等权利恰恰是《世界人权宣言》所规定的人应该享有的权利，而罗尔斯的人权清单恰恰忽视了这些权利。罗尔斯的人权清单忽视了一些重要的政治权利、经济权利和社会权利，使得贝兹和博格等一些世界主义者感到难以理解，比如库伯认为，"自由民主的社会的情况已经表明：如果没有民主的权利，一些最低限度的人权就不可能获得保障。人权和民主权利是密切联系在一起的"[①]。在罗尔斯的思想实验中，如果人民是自由的，能够做出自己的决定并承担责任，那么人民必须拥有民主的政治参与的权利，罗尔斯的立场在此出现了不一致：罗尔斯的人权清单并没有将民主的政治参与权利涵盖在内，然而，罗尔斯的两个思想实验背后的假定是人民拥有民主的政治参与权利。罗尔斯及其捍卫者必须要令人信服地解释为什么会出现这种不一致，否则罗尔斯对贝兹的全球差别原则的回应就是缺乏说服力的。

又次，如果我们将罗尔斯的两个思想实验中的"国家"转换为"个人"，那么我们可以发现罗尔斯的立场的背后隐含着一种诺齐克在批判罗尔斯的正义理论、为自由至上主义进行辩护时所采用的思路，这种思路肯定与罗尔斯的立场是相悖的。罗尔斯在两个思想实验中所使用的论证策略，很容易使人想起诺齐克在批判罗尔斯的正义理论和为自己的自由

[①] Andrew Kuper, "Rawlsian Global Justice: Beyond the Law of Peoples to a Cosmopolitan Law of Persons", *Political Theory*, Vol. 28, No. 5, 2000, p. 664.

至上主义理论进行辩护时所使用的论证策略。我们可以将罗尔斯的思想实验中的"国家"转换成"个人",从而得到如下的思想实验:假如张三和李四起初拥有平等的财富,同时他们是自由的,能够对自己的行为承担责任。张三努力工作,开办了一家公司,有一定的储蓄,而李四较为懒惰,整天去钓鱼,多年之后,张三的财富水平大大高于李四的财富水平,李四后来不得不到张三开办的公司去打工,从而谋生。依照诺齐克的逻辑,张三的持有是完全通过"合法"手段获取的,那么该持有就是正义的,就不应该将张三的财富转移给李四。① 按照罗尔斯的上述思想实验中的论证逻辑,也不应该将张三的部分财富转移给李四,即罗尔斯的思想实验中的论证逻辑是一种诺齐克式的论证逻辑,这显然是与罗尔斯所持有的根本理念相背离的。

诺齐克的论证逻辑可能忽视了张三和李四拥有不同的自然才能,比如拥有不同的智商,张三之所以愿意努力工作并创办了公司,是因为张三智商较高,而李四的智商还不足以使其努力工作。对自然才能的忽视,与诺齐克的根本理念是不相冲突的,因为诺齐克笃信"自我所有权原则",认为个人对自己的权利就构成了自我所有权,"无论从道德观点来看人们的天资是不是任意的,他们对它们都是有资格的,从而对来自它们的东西也是有资格的"②。罗尔斯认为人的自然才能的分布是道德上的任意因素,他并不像诺齐克那样认同自我所有权原则,自我所有权原则与罗尔斯的根本理念是相悖的。然而,罗尔斯的人的自然才能的分布是道德上的任意因素这一观点,是他在思考国内正义理论时持有的。事实上,正如有论者曾言,《万民法》的奇特之处在于,"为反对国家之间经济再分配的观念,罗尔斯准备采纳的论证很容易被用来(事实上已经被用来)反对在一个国家内部的个人或家庭之间进行经济再分配"③。在罗尔斯思考国际正义理论时的上述思想实验中,罗尔斯有可能忽视了自然

---

① [美] 罗伯特·诺齐克:《无政府、国家和乌托邦》,姚大志译,中国社会科学出版社 2008 年版,第 180—181 页。

② 同上书,第 271 页。

③ [美] 彼得·辛格:《一个世界——全球化伦理》,应奇、杨立峰译,东方出版社 2005 年版,第 179 页。

第八章 全球差别原则：拓展罗尔斯的国内正义理论的尝试

资源的分布的任意性问题。诺齐克忽视了自然才能的分布的任意性问题，并不会给诺齐克的理论带来难题，然而，罗尔斯的国际正义理论忽视了自然资源的分布的任意性问题，会给罗尔斯的国际正义理论带来很多有待克服的难题。

我们在本章的第一部分曾经提及罗尔斯对自然的自由体系的批判时曾说，"从直觉上来看，自然的自由体系的最明显的不正义之处在于它允许分配的份额受到这些从道德观点上看非常任意的因素的不恰当的影响"。实际上，人的自然才能的分布就属于这种道德上的任意因素，正如罗尔斯曾言，"没有一个人应得他在自然禀赋的分配中所占的位置，正如没有一个人应得他在社会中的最初有利出发点一样"①。贝兹对罗尔斯的国际正义理论的一个关键挑战是自然资源的分布也是道德上的任意因素："资源的自然分布所具有的'从一种道德的观点来看的任意性'，比起才能的分布来说，是更为纯粹的。一个人不但不能说他应得其脚下的资源，而且他可能对才能所持有的那种初始性主张的其他理由，对于资源的分布情况来说，也是不适用的。"② 然而，罗尔斯一方面承认边界的划分是具有任意性的，另一方面对贝兹的这一挑战进行了轻描淡写的回应，正像我们上文曾经提及的那样，罗尔斯认为"决定一个国家经历、进展如何的关键因素是其政治文化——其成员的政治德性和公民德性——而不是其资源丰裕水平，自然资源分配的任意性并没有带来任何问题。我因此觉得我们不需要讨论贝兹的资源再分配原则"。罗尔斯的这一简单回应并不能令人信服，为什么自然资源的分布的任意性并没有带来任何问题？出于理论上的一致性的考虑，罗尔斯必须给出理由，否则就是缺乏说服力的。罗尔斯曾说，"自然资产的分布既不是正义的，也不是不正义的；人降生于社会的某一特定地位也说不上不正义。这些仅仅是一些自然的

---

① John Rawls, *A Theory of Justice*, The Belknap Press of Harvard University Press, 1971, p. 104.

② Charles R. Beitz, "Justice and International Relations", *Philosophy and Public Affairs*, Vol. 4, No. 4, 1975, p. 369.

事实。正义或不正义的地方在于制度处理这些事实的方式"①。即使我们与罗尔斯一样认为自然资源的分布是一个自然的事实,但是国际制度对这种自然资源的分布的任意性的处理方式,就关涉到国际制度的正义与否。

最后,罗尔斯的援助义务对一国贫富状况的决定因素的考虑是值得商榷的,援助义务并不像罗尔斯所认为的那样能够涵盖贝兹的全球差别原则。一方面,援助义务和全球差别原则对一国贫困的根源的判断是不一样的。正如上文曾言,在罗尔斯那里,决定一国贫富状况的因素有其政治文化、支持他们的政治和社会制度的基本结构的宗教、哲学和道德传统以及人民的性格,其中关键的因素是其政治文化(比如其社会成员的政治德性和公民德性),其自然资源的丰裕水平并不是决定一国贫富状况的关键因素。实际上,罗尔斯的这一论断过于武断,决定一国贫富状况的因素是多种多样的,各种因素的重要性随着时代和国家的变化而变化,即各种因素在不同的时代、不同的国家具有不同的重要性。虽然在工业革命以前,自然资源的丰裕程度对一国贫富状况往往具有决定性的作用,工业革命之后自然资源对一国贫富状况的重要性往往亚于技术和资本对一国贫富状况的重要性,比如英国的自然资源肯定不如俄国的自然资源丰裕;然而,由于英国较早地进行了工业革命,18 世纪英国的经济发展程度大大领先于同期俄国的经济发展程度,另外日本、荷兰等国的经济发展历程就说明了这一点。虽然丰裕的自然资源对像日本这样的自然资源贫乏、经济发达的国家来说并不是必要的,但是对像沙特和阿拉伯联合酋长国这样的石油资源极其丰富的国家来说就是非常必要的。贝兹的全球差别原则对一国贫困的根源的判断不同于罗尔斯,他认为自然资源的丰裕程度对国家的发展是未有定论的,比如一些自然资源丰富的国家为其民众提供较好的生活,也有资源丰富的国家没有为其民众提供较好的生活,然而,那些自然资源贫乏的国家往往只能使民众勉强维持温饱。

---

① John Rawls, *A Theory of Justice*, Cambridge, Massachusetts: The Belknap Press of Harvard University Press, 1971, p. 87.

另一方面，援助义务和全球差别原则的目的并不是一样的。正如上文所言，罗尔斯的援助义务的目标是较为有限的，主要侧重于帮助因不利状况而负担沉重的社会，满足其所有社会成员的基本需要，使得他们有能力合乎情理地和理性地处理其自身事务，最终成为由组织有序人民所组成的那个社会中的一员。一旦该目标实现之后，援助义务就结束了，即使这个现在变得组织有序了的社会依然贫困，易言之，这个社会并不需要拥有充分的物质财富。虽然罗尔斯承认并接受博格和贝兹等人的全球分配正义原则所致力于实现的达致自由或正派的制度、保障人权和满足基本需要这些目标，但是贝兹等人的全球分配正义原则的目标并不止于此，比如贝兹还主张消除当今世界上的一些极端不正义的现象（比如世界贫困）以及实现世界上处境最差者的利益的最大化等——无论世界上的处境最差者属于哪个国家，援助义务并不能解决这些非正义的问题。易言之，贝兹的全球差别原则比罗尔斯的援助义务更为激进一些，即使在满足援助义务之后，仍然有可能要求进行收入和财富的再分配。

第四节 贝兹的全球差别原则的困境

虽然罗尔斯的立场难以容纳贝兹的批判，但是这并不意味着贝兹通过拓展罗尔斯的国内正义理论而建构的全球差别原则就是非常具有说服力的。我们在探讨贝兹的全球差别原则存在的问题之前，应该首先关注一种对贝兹等人的全球差别原则的根本挑战，即认为贝兹等人的全球差别原则是不存在的。

弗里曼从总体上认为在不存在全球政治权威的情况下，不能将罗尔斯的差别原则在全球层面上适用。在弗里曼看来，一些世界主义者之所以主张将罗尔斯的差别原则应用于国际关系领域，原因主要在于如下两个方面：一方面，不少人经常主张，出于理论上的一致性的需要，罗尔斯必须将其差别原则应用于全球层面上。罗尔斯在支持差别原则和反对效率原则时认为，在分配收入和财富的过程中，人们不应该受到生而拥有的自然的或社会的有利或不利状况的影响，也不应该对这些有利或不利状况承担责任。世界主义者认为根据同样的论说逻辑，人们也不应该因生在一个穷国或富国而处于不利的境地或有利的境地,因此,世界上的收入和财富应该再分配,以实现世界上处境最差者的利益的最大化,而不是实现每个特定社会的处境最差者的利益的最大化。弗里曼认为这种反对意见低估了社会合作对社会、政治和经济正义的重要性。罗尔斯是在以互惠性和相互尊重为基础的社会合作关系的背景下主张,社会偶然因素和自然偶然因素等运气因素不应该决定民主社会内部的分配份额。然而,这并不意味着一个特定的民主社会的成员身份与分配份额是不相关的,在决定分配的份额时,成员身份是非常重要的。罗尔斯的差别原则被设计用于特定的社会合作关系,不是被设计用于全球层面的,不是被用于世界上的公民之间的变化的和不发达的合作关系的。[1] 另一方面,一些世界主义者非常自信地诉诸于全球经济制度和全球基本结构,好像罗尔斯已经忽视了全球基本制度这样一个众人皆知的事实。弗里曼认为罗尔斯的批评者所提到的一些经济关系和政治关系只是次要的制度,不是基本制度。它们之所以是次要的,是因为它们是建立在人民的政治社会的财产、契约和商业规则的基础之上的,是国家之间的协议和决定的结果;它们之所以不属于全球基本结构的范畴,是因为它们不是全球基本制度。罗尔斯的批评者经常提到的一项全球基本制度是,各国承认国家拥有和控制其所占有的领土上的土地和自然资源。博格等人据此认为需要一项全球分配原则,并决定应该怎样分配全球资源。然而,罗尔斯的批评者认为这项制度是一种全球基本制度,这是错误的,其中的原因在于人民对领土的控制权和管辖权是一个人民可能存在的条件,也为其有关财产的法律制度和其他基本的社会制度提供了必不可少的框架。对其他人民的领土的尊重,这是万民法的一部分。全球基本制度是不存在的,因为全球政权是不存在的。同时,民主的社会的和政治的合作在全球层面上是不存在的,也可能永远不会存在。[2]

由上可见,在弗里曼看来,在全球政治权威并不存在的情况下,全

---

[1] 参见 Samuel Freeman, *Rawls*, Routledge, 2007, p. 443。

[2] 参见 Samuel Freeman, *Justice and the Social Contract: Essays on Rawlsian Political Philosophy*, Oxford University Press, 2007, pp. 307 – 308, 318。

球差别原则是不存在的。如果弗里曼的立场是可以为人们接受的，那么对贝兹等人的全球差别原则来说，就是一种重要的批判。弗里曼认为全球差别原则是微弱的乃至不存在的一个根本原因是全球基本制度是不存在的，他认为全球基本制度的存在应以全球政权（比如世界国家）的存在为前提条件，可以看出，弗里曼的观点是罗尔斯式的。众所周知，罗尔斯将其正义原则用于社会基本机构，该基本结构能够对人们的生活和社会的方方面面带来持续的和重要的影响，同时认为世界国家也是不存在的。实际上，全球基本结构现在是否存在？世界国家将来是否能够出现？确实是一个非常富有争议性的问题。全球基本结构可能有各种各样的形式和类型，即使不存在罗尔斯意义上的全球基本结构，也可能存在其他类型的基本结构。随着国际相互依赖性的逐渐增强，全球基本结构即使现在不存在，将来与世界国家一样，还是有可能存在的。

即使我们像弗里曼那样承认全球基本结构并不存在，弗里曼也没有从根本上证成全球差别原则是不存在的。因为贝兹在为其全球差别原则的过程中，可以不诉求国内社会与国际社会之间的类比论证，可以不以全球基本结构的存在为前提，直接诉诸自由主义的正义观。有的自由主义的正义观具有世界主义精神，认为自由主义的正义观能够在全球范围内适用，不需要局限于某个国家。贝兹后来也确实是这样做的，正像我们在本章第一部分曾提到的那样，在《政治理论与国际关系》（1999年）的修订版"后记"中，他认为他所提出的全球分配正义的世界主义理论并不要求有一种最佳的国际政治制度，并不要求国家应该服从一个全球政治权威或世界政府，而是认同道德世界主义，道德世界主义对全球的政治性正义的内容持不可知论，即它并没有承认自己赞成或反对应该存在一种全球政治权威这一主张。① 与罗尔斯一样，弗里曼从直觉上认为国家和家庭等共同体的边界具有根本的重要性，并没有证明为什么边界应该具有他和罗尔斯加诸其上的重要性。因此，弗里曼并没有从根本上颠覆全球差别原则，全球差别原则是存在的，世界国家目前的不切实际性，

---

① 参见 Charles R. Beitz, "Cosmopolitanism and Global Justice", *The Journal of the Ethics*, Vol. 9, 2005, p. 18。

并不意味着全球差别原则的不存在。

在探讨了全球差别原则是否存在这一问题之后，让我们回到贝兹的全球差别原则的困境这一问题上来，贝兹的全球差别原则的最大问题可能是全球差别原则的可行性问题，即如何落实全球差别原则以及由谁来实施全球差别原则。第一，在资源有限的情况下，全球差别原则与国内差别原则有可能是不相容的，全球差别原则的实施有可能产生的结果是，提升了世界上处境最差者的地位，却是以本国的处境最差者的地位的下降为代价的。比如马克·纳温（Mark C. Navin）曾总结道："既最大化世界上处境最差者的持有，又最大化每个社会内部的处境最差者的持有，这也许是不可能的。例如，一个社会也许能够仅仅通过将原来用于国内援助的资金用于国际援助，从而提升世界上处境最差者的持有。"① 纳温还提到一种化解这种冲突的方式，就是两种原则分别适用于不同的领域，比如国内差别原则应用于国内制度，全球差别原则应用于国际制度。然而，纳温又进一步指出，这种限制全球差别原则的适用范围的尝试又会带来另一种批评意见。有人担心全球差别原则不能像国内差别原则那样成为背景的程序正义的一部分，而是用于引导诸如社会这样的道德主体的日常决定。例如，全球差别原则也许要求单个的社会在进行贸易谈判时，优先考虑世界上处境最差者的利益。如果情况确实如此，那么全球差别原则将非常不同于国内差别原则，因为全球差别原则将不会侧重于背景制度，而是侧重于单个的道德主体的选择的前景。然而，如果全球差别原则的适用范围被限于国际制度，那么单个的社会在日常决策的过程中并不需要优先考虑世界上处境最差者的利益。这样的话，全球差别原则仍然是一种背景制度的正义原则。

第二，在全球公认的政治权威并不存在的情况下，如何落实贝兹的全球差别原则？全球差别原则有不同的实施方式，比如有的侧重于诸如国际贸易组织和世界银行这样的国际组织在制定国际政策时优先关注不发达国家的利益，有的主张对自然资源的出售和消费进行征税，有的主

---

① Mark C. Navin, "Global Difference Principle", in Deen K. Chatterjee (ed.), *Encyclopedia of Global Justice*, Springer, 2011, p. 403.

第八章　全球差别原则：拓展罗尔斯的国内正义理论的尝试 / 193

张扩大现有的国际援助的范围和力度，并提升世界上处境最差者的利益，贝兹采取的是最后一种方式，但是这种方式还是过于抽象。弗里曼曾设想了两种实施全球差别原则的方式并指出了其存在的问题，比如政府可以单独地将全球差别原则运用于本国的基本制度，并着力提升世界上处境最差者的处境，这种建议的实际问题是，一个拥有权力并塑造本国基本结构的人民并没有权力去改变其他人民的基本制度。当一个人民对其他人民的政策或世界上处境最差者的生活前景缺乏政治控制力的时候，怎么能有效地改变自己的基本制度，从而最大化世界上处境最差者的处境呢？弗里曼提出的另一种实施全球差别原则的方式是，全球差别原则不应用于国家的经济制度或者世界上的所有经济产品，而是只运用于全球制度和源自人民之间的合作的边际产品。弗里曼接着指出这种范围有限的全球差别原则是否以及能在多大程度上实际提升世界上处境最差者的处境。① 贝兹仅仅提议应该提升世界上处境最差者的处境，全球差别原则"可能要求在世界经济秩序的结构方面，以及在自然资源、收入和财富的分配方面进行根本的变革"②。"在缺少实现全球差别原则的一个更好策略的情况下，也许国家间的再分配应该被看作是一个次优的方案。"③ 然而，如何进行国家间的再分配，如何真正改善世界上处境最差者的生活，贝兹并没有进一步的阐述，其全球差别原则仍需进一步的建构。

第三，全球差别原则要求富国向穷国转移财富吗？乍一看，这似乎不是一个问题，因为贝兹明确说过，"全球差别原则并不必然要求从所谓富裕国家向所谓贫穷国家转移支付"④。但是，贝兹在其他地方又主张，"此外，由于全球分配原则最终适用于个人而不是国家，它们可能要求，国家之间的转让和国际制度的改革应该旨在达到特定的国内分配后果"⑤。为了落实全球差别原则，到底是否要求富国向穷国转移财富，就是令人

---

① 参见 Samuel Freeman，*Rawls*，Routledge，2007，p. 445。
② [美]查尔斯·贝兹：《政治理论与国际关系》，丛占修译，上海译文出版社 2012 年版，第 162 页。
③ 同上书，第 139 页。
④ 同上。
⑤ 同上书，第 162 页。

感到非常疑惑的。另外，即使我们承认为了全球差别原则的实施要求富裕国家向贫穷国家转移财富，我们也必须明晰财富是由谁生产，并怎样生产的，同时也需要确认一国贫困的关键根源是什么等问题。有些国际不平等确实是由国内因素造成的，比如政府的极端腐败，少数组织、某个人和家族长期把持国家的政权而不思进取等。如果富裕国家向这些贫困的、拥有腐败政府的国家进行国际援助，那么这些国家接受的国际援助，很可能被少数人和利益集团贪污，而并没有真正改善穷人的处境。

第四，由谁来实施贝兹的全球差别原则？即全球差别原则的实施主体是谁？目前并不存在一个至少在某些方面像现存国家那样拥有某些强制力的全球政治权威，虽然联合国在某些方面可能与上述全球政治权威相类似，但是如今联合国并没有成为能为国际社会主持正义的机构，相反，它有时成为少数强权国家达到自身目的的不良工具。像欧盟这样的地区性组织只是为了促进本区域的发展并与一些发达国家相抗衡而建立的区域性组织，也不可能成为一种实施全球差别原则的机构。因此，我们并不能寄希望于联合国和欧盟这样的国际组织来实施全球差别原则。如果全球差别原则的实施方式和实施主体难以界定的话，那么全球差别原则目前可能只是一种美好的"愿景"而已，还缺乏切实的可行性。

虽然贝兹的全球差别原则存在诸多困境，以至于贝兹后来已经从其原初立场退却了，但是贝兹的《政治理论与国家关系》一书仍然是当代有关全球正义辩论的核心著作，[①] 他的全球差别原则对解决全球贫困和其他的非正义问题提出了一种解决思路。同时，贝兹的全球差别原则在方法论上也有着非常重要的意义，贝兹将罗尔斯所复兴的契约主义方法应用于国际关系领域，真正拓展了契约主义方法的适用范围——虽然罗尔斯也试图将契约主义方法应用于国际关系领域，但是在罗尔斯所设定的国际原初状态中，国际原初状态中的各方并没有进行选择一些支配国际关系的原则，而是罗尔斯从现行的国际法传统中，总结出了万民法的八条原则。

---

① 参见 David Miller, "Defending Political Autonomy: A Discussion of Charles Beitz", *Review of International Studies*, Vol. 31, No. 2, 2005, p. 381。

到此为止，我们以罗尔斯的差别原则能否在全球层面上适用这一重要议题为核心，探讨了罗尔斯与贝兹有关国际正义理论的争论。以贝兹等人为代表的世界主义者按照罗尔斯的契约主义方法，将罗尔斯的差别原则适用于全球层面，从而得到了全球差别原则。罗尔斯并不认同贝兹对自己的差别原则进行的扩展，认为贝兹的全球差别原则是没有终止点的，贝兹对罗尔斯的观点进行了再回应，认为罗尔斯的反驳是无能为力的。事实上，罗尔斯的立场并不能容纳贝兹的批判，但是这并不意味着贝兹的全球差别原则就是非常具有说服力的。

余 论

从国际正义到全球正义：
罗尔斯的思想遗产

我们在探讨罗尔斯有关国际正义理论的基本理念以及自由人民如何对待非自由人民的相关论说是否恰当以后，一个接踵而至的问题是，既然罗尔斯的国际正义理论是其国内正义理论的延伸，那么罗尔斯的国际正义理论同其国内正义理论是一致的吗？实际上，这两种正义理论之间存在一种张力，缺乏连贯性。第一，罗尔斯的国际正义理论在很多方面违背了其所信奉的自由主义的根本理念。众所周知，作为当代自由主义最为著名的代表之一，罗尔斯无疑秉承了自由主义的某些根本理念，比如个人主义和平等主义等理念。这些理念在罗尔斯的国内正义理论那里无疑获得了较为详尽的体现，然而，罗尔斯的国际正义理论在很多方面恰恰背离了这些理念。一方面，罗尔斯的国际正义理论将"人民"视为道德关怀的终极对象，这与罗尔斯在《正义论》中对个人主义的承诺明显是不一致的："我们想用一种以个人主义为理论基础的正义观，来解释社会价值，解释制度的、共同体的和交往活动中的内在善。由于人们清楚的一些理由，我们不想依赖一个不确定的共同体的概念，或者假设社会是一种有机的整体。"① 罗尔斯的两种正义理论最主要区别之一在于他的国内正义理论以"个人"为道德关怀的终极对象，而其国际正义理论则将"人民"视为道德关怀的终极对象。罗尔斯的国际正义理论放弃了

---

① ［美］约翰·罗尔斯：《正义论》，何怀宏等译，中国社会科学出版社 1988 年版，第 264 页。

其个人主义立场,他经常强调"人民"概念的道德意义,"人民"也属于他所反对的一种不确定的共同体的概念。为什么在国内正义理论中"个人"是道德关怀的终极对象,而在国际正义理论中"人民"成了道德关怀的终极对象呢?罗尔斯对此并未明言,这凸显了罗尔斯的整个正义理论体系的不一致性。博格曾经猜测,罗尔斯之所以认为在原初状态的第二次应用中,要以人民的利益而非个人的利益为标准,同时这些利益并不能被还原成个人的利益,原因在于他认为后者所注入的个人主义因素无法获得正派的等级制人民的接受。① 然而,我们需要注意的是,如果罗尔斯要坚持自己的自由主义立场,那么他应该始终将个人视为道德关怀的终极对象。

另一方面,罗尔斯的国际正义理论对正派的等级制人民的"宽容"违背了自由主义的基本理念。罗尔斯在国际问题上持一种非常宽容的态度,反复申述只要国家不具有侵略性且尊重人权,就应该获得其他国家的宽容,无论其是否采用了民主政体,基于此,自由的人民必须宽容正派的等级制人民,这也是表达对正派的等级制人民的尊重的一种体现。然而,这与罗尔斯的国内正义理论是不一致的。在国内正义问题上,虽然罗尔斯认为人们可以持有不同的道德学说和宗教学说等整全性观念,但是他还主张人们应当在政治问题上达成"重叠共识",并不主张宽容非自由主义的政治实践。实际上,在国际问题上的过度宽容,致使罗尔斯又违背了其自由主义理念。其实,罗尔斯主张自由人民应该宽容正派的等级制人民的主要原因并不在于对正派的等级制人民表达尊重,而是在于将自由的人民所接受的万民法扩展到等级社会中去。

第二,在国际正义理论中,罗尔斯并没有排除国籍和自然资源等偶然因素的影响。在《正义论》中,罗尔斯认为从直觉上而言,自然的自由体系的最明显的不正义之处是它允许分配的份额受到道德上非常任意的因素的不恰当的影响。② 对罗尔斯来说,这些道德上任意的偶然因素包

---

① 参见 Thomas W. Pogge, "An Egalitarian Law of Peoples", *Philosophy and Public Affairs*, Vol. 23, No. 3, 1994, p. 211。

② 参见 John Rawls, *A Theory of Justice*, Cambridge, Massachusetts: The Belknap Press of Harvard University Press, 1971, p. 72。

括社会偶然因素（譬如，家庭出身、种族、性别和社会关系等因素）和自然偶然因素（譬如，人们的才能、智力和体力等因素），并主张应当抵消这些道德上的任意因素对分配份额所带来的影响。然而，在国际正义理论中，罗尔斯认为国界具有极高的道德重要性，国籍可以决定分配的份额。事实上，国籍与家庭背景、种族、民族、性别和肤色等因素一样，也属于偶然因素的范畴："国籍只是另一种偶然（就像种族、性别、遗传特征和所在的阶层），而通过社会制度，这样一种偶然也可能成为从出生之日起就无从逃避的不平等。从罗尔斯的正义观来看，没有理由把这种偶然与其他偶然区别对待：仅当能够证明不可能存在可行的选择方案去提升最不利群体的生活前景时，我们现行的全球制度秩序才能够得到辩护。"① 戴维·理查德（David Richards）认为一个人生来拥有一个国家的公民身份，而不拥有另一个国家的公民身份，从道德上说，这是偶然的。这种国籍的差异，不具有任何道德意义。② 既然我们没有理由让家庭、性别和种族等偶然因素决定人们的生活前景的优劣，那么我们同样也就没有理由区分各种偶然因素，更没有理由让国籍因素来决定人们的生活前景的优劣。

一个人生而拥有的国籍就属于罗尔斯所强调的社会偶然因素，不但如此，他也没有排除自然资源的差异这一自然偶然因素对分配所带来的影响。在《正义论》中，罗尔斯强调一个人的较高的自然禀赋必须为全社会谋福利，其获得较高的自然禀赋所带来的收益的前提条件在于有利于处境最差者的最大利益，并不认可诺齐克等人所提出的"自我所有权"。然而，他在国际问题上主张一国对自身的资源拥有绝对的所有权。事实上，正如我们在本书中曾反复强调的那样，自然资源的分布状况与人们的自然禀赋的分布状况一样，也属于道德上的任意因素，历史上很多国家往往通过种族灭绝、殖民主义、侵略和不正义的战争等手段获得

---

① [美] 涛慕思·博格：《康德、罗尔斯与全球正义》，刘莘、徐向东等译，上海译文出版社 2010 年版，第 164—165 页。

② David Richards, "International Distributive Justice", in J. Pennock and J. Chapman (eds.), *Ethics, Economics, and the Law: NOMOS XXIV*, New York: New York University Press, 1982, p. 290.

了自然资源。罗尔斯仅仅假设在国际原初状态中的各方代表不知道自己所代表国家的资源分布状况，这是远远不够的。可见，罗尔斯既没有关注国籍等社会偶然因素对分配的影响，又没有关注资源的分布状况等自然偶然因素对分配的影响。这些偶然因素与智力、家庭等偶然因素一样，也属于道德上的任意因素，本属于罗尔斯的国际正义理论应该加以关注的因素，恰恰被不正当地忽视了。

第三，在方法论上，罗尔斯对万民法的契约主义论证是不彻底的。在《正义论》中，罗尔斯主要采取契约主义来证成其国内正义理论。虽然从表面上来看，罗尔斯也采取契约主义的方法来证成其国际正义理论，但这仅仅是一种表象而已。一方面，在原初状态的第二次应用中，各国之间并未处于一种真正平等的地位，而是被分为三六九等，有"组织有序的"和"非组织有序的"之分，有"宽容"与"被宽容"的等级关系，有"扩展"与"被扩展"之别。① 仅仅只有自由的人民和正派的等级制人民等组织有序的人民在国际原初状态中才拥有自己的代表，而法外国家、因不利状况而负担沉重的社会和仁慈专制主义社会等非组织有序的社会在国际原初状态中并没有代表，并不能参与万民法的选择。这与罗尔斯采取契约主义方法所要达到的根本目的——建立一种作为公平的正义原则——相背离。这也凸显了罗尔斯的万民法并不具有普适性，只是仅仅适用于组织有序的社会，而不适用于所有的社会；另一方面，万民法的八条原则并不是国际原初状态中各方的代表进行平等交流以及理性协商的结果，而是罗尔斯根据在国际关系中为人们所熟知的一些历史习俗和原则直接设定的。正如有论者曾言，"自由主义社会和等级制社会之所以能够接受罗尔斯的八条原则，原因仅仅在于罗尔斯将它们定义为如此。换言之，这一论证是先于契约而做出的"②。这也有违罗尔斯契约主义的根本精神，为什么自由人民的代表会接受万民法的八条原则呢？

---

① 我们可以反观罗尔斯在《正义论》和《政治自由主义》中论述国内正义理论时对原初状态中各方的设定，各方并没有"好坏"或者"善恶"之别，而是处于一种自由且平等的地位（通过无知之幕来屏蔽掉可能影响各方作出不偏不倚的选择的因素），公民们都拥有"正义感"和"善观念"等道德与理性能力。

② Simon Caney, "International Distributive Justice", *Political Studies*, Vol. 49, 2001, p. 985.

这也许是最需要罗尔斯及其支持者进行着力论证的地方。对罗尔斯的国际正义理论而言，契约主义的论证方式并不是一种主要的论证方式，即使罗尔斯未采用契约主义的证成方式，也并不会妨碍到万民法的八个原则的推出。易言之，罗尔斯的万民法主要建立在经验论证的基础之上。同时，罗尔斯还认为自由的人民和正派的等级制人民会接受同样的万民法，为什么正派的等级制人民会如此呢？罗尔斯并未进行更多的言说，只是认为万民法会由自由的人民向正派的等级制人民"扩展"。实际上，正派的等级制人民完全有理由拒绝与自由社会中的人民采取同样的万民法。

以上我们探讨了罗尔斯的两种正义理论之间的张力，罗尔斯在其国际正义理论中并没有坚持其一贯坚持的自由主义理念，违背了自由主义对个人主义和平等主义的承诺。鉴于罗尔斯的两种正义理论之间的不一致性，很多学者进一步发展了罗尔斯的正义理论，尤其在以贝兹和博格等人为代表的一些世界主义者的不懈努力下，全球正义理论遂成为当代政治哲学和道德哲学中的一种重要理论。全球正义理论的兴起除了在很大程度上应当归因于在全球化的背景下全球贫困和全球不平等问题的日益加剧，还与罗尔斯的巨大影响是密不可分的，正如有论者曾言，"罗尔斯的工作在当前有关社会正义、政治正义和国际正义的讨论中仍然有着非常重要的影响，也对道德哲学产生了重大影响。这在当前有关全球正义的讨论中尤其如此"[①]。全球正义理论的兴起是国内政治理论与国际政治理论的融合——19 世纪以来国内政治理论与国际政治理论存在一种分立的态势——的一个重要体现，这也是罗尔斯的思想遗产之一。罗尔斯在《正义论》中主要将民族国家视为正义的适用范围，贝兹和博格等世界主义者恰恰持有截然不同的立场，他们强调人们在思考正义的适用范围时，必须超越民族国家的界限，并在坚守世界主义理念的基础上开始将罗尔斯式的契约主义方法用于分析和阐释全球问题，对罗尔斯亦有着同样的期待。罗尔斯在《万民法》中有意识地与世界主义的立场保持一段距离，并未满足世界主义者的某些期望，正是基于对罗尔斯国际正义

[①] Samuel Freeman, *Rawls*, Routledge, 2007, p. 458.

理论的不满，贝兹和博格等世界主义者进一步思考国际正义理论，通过批判和发展罗尔斯的国际正义理论，提出了各自的全球正义理论，这也促使了全球正义理论成为一种非常具有影响力的理论。

全球正义理论是一种复杂的理论，其中一种在当代政治哲学界负有影响力的全球正义理论采取了"世界主义"的研究视角，这也是引起很多民族主义者和爱国主义者不满的地方。博格认为虽然世界主义的种类众多，但是所有的世界主义立场都包含如下三个要素："第一，**个人主义**：关怀的终极单位是人或个人，而不是家庭，部落，种族的、文化的或宗教性的共同体、民族或国家。……第二，**普遍性**（*universality*）：作为终极关怀单位的**所有人**的地位都是**平等的**，并不仅仅是指诸如男人、贵族、雅利安人、白人或穆斯林等人是平等的。第三，**普适性**（*generality*）：终极关怀单位的所有人的地位都是平等的，这种观点在全球范围内都是适用的。"[①] 虽然贝兹、纳斯鲍姆和戴维·赫尔德（David Held）等人也对世界主义理念进行了探讨，但是博格对世界主义的阐述大致能够概括当代世界主义的基本理念，即个人主义、普遍性和普适性，也获得了普遍的认可。世界主义在本体论方面秉承个人主义，其立场与民族主义和爱国主义的立场形成了鲜明的对照。

全球正义理论除了以世界主义为研究视角以外，还有三种重要的分析路径，即以彼得·辛格（Peter Singer）等人为代表的全球正义理论的功利主义分析路径，以贝兹和莫伦道夫等人为代表的全球正义理论的契约主义分析进路与以舒伊和博格等人为代表的全球正义理论的人权分析路径。辛格建构了一种从不偏不倚的视角出发思考问题的功利主义伦理观，强调虽然追逐私利是人之本性，但是人们在进行伦理思考时必须将对自身利益的观照推广到他人的利益之上，即主张一种利益的平等考虑原则："在伦理慎思中，我们要对受我们行为影响的所有对象的类似利益予以同等程度的考虑。……被平等考虑的利益不因是谁的利益而有所不

[①] Thomas W. Pogge, "Cosmopolitanism and Sovereignty", *Ethics*, Vol. 103, No. 1, 1992, pp. 48 – 49. 黑体字为原文所有。

同。"① 辛格将功利主义伦理观用于分析全球正义问题,认为国家的边界并不像某些民族主义者和爱国主义者所申述的那样具有根本的道德重要性。辛格曾用了一个著名的有关"拯救落水儿童"的思想实验来反驳"偏爱同胞"的观点。辛格首先确立了两个基本原则,认为人们对如下两个基本原则是没有任何异议的:第一个基本原则是由于缺乏食物、住所和医疗保障等原因所遭受的苦难和死亡是坏的;第二个基本原则是,倘若预防某些坏的事情的发生是我们力所能及的,并不会因而牺牲掉任何具有类似的道德重要性的东西,那么从道德上而言,我们就应该那么做。② 假如 A 在经过一个非常浅的池塘旁时,发现一个小孩掉进去了,并意识到这个小孩有被淹死的危险,倘若 A 伸出援手去拉那个小孩,小孩不会被淹死,即使这会弄湿 A 的衣服;倘若 A 不去救那个小孩,小孩将会被淹死。辛格认为 A 应该去救那个小孩,并强调倘若预防一些非常坏的事情的发生是人们力所能及范围内的事情,且不会因而牺牲掉其他任何具有道德重要性的东西,从道德上而言,人们不应该避而远之。实际上,辛格的全球正义理论的关键论证正是从"拯救落水儿童"这一思想实验推导出"富裕国家对贫困国家所负有的援助义务",援助义务也是其全球正义伦理的核心组成部分。当然,这种类比论证方式也是辛格的全球正义理论极具争议性的地方,因为从道德直觉上而言,很多人会同意拯救落水儿童,然而,人们并不一定认可富裕国家对贫困国家负有一种援助义务。

契约主义是全球正义理论的另一种重要的分析路径,这在很大程度上应当归功于罗尔斯在《正义论》和《万民法》等著作中分别建构国内正义理论和国际正义理论的过程中采取了契约主义方法。然而,贝兹和莫伦道夫等世界主义者秉承罗尔斯式的契约主义方法的基本精神,得出了迥异于罗尔斯的国际正义理论的、罗尔斯曾明确加以拒斥的诸多全球分配正义原则。正如我们在第八章中曾强调的那样,虽然贝兹采取了罗

---

① [美] 彼得·辛格:《实践伦理学》,刘莘译,东方出版社 2005 年版,第 22 页。
② 参见 Peter Singer, "Famine, Affluence, and Morality", *Philosophy and Public Affairs*, Vol. 1, No. 3, 1972, pp. 231 – 233。

尔斯式的契约主义方法分析全球贫困问题,但是贝兹并不像罗尔斯那样将契约主义方法的适用范围限于民族国家之中,而是认为可以超越国家的界限,认为我们可以对罗尔斯的国内正义理论进行适当的重新解释,它能够在全球范围内适用,并建构了一种全球差别原则。① 与贝兹一样,莫伦道夫对原初状态的设想不同于罗尔斯在《万民法》中所设想的国际原初状态观念,莫伦道夫只是设想了存在一种全球原初状态——世界主义的原初状态,全球原初状态中的各方是世界上的"个人"的代表,而不是像罗尔斯所设想的那样是"人民"的代表。在全球原初状态中,在无知之幕的遮蔽之下,各方既不知道其所处国家的特征、领土、人口规模、自然特征和社会特征,又不知道其所代表之人的能力和才能,他们也想让较好的才能和能力有益于所有人,而不仅仅是有益于较好才能和能力的所有者。倘若全球原初状态中的代表不知道其所代表之人拥有较高才能和能力的概率,他们在进行利益计算时将会较为保守,并关注处境最差者的利益。因此,"他们将要求制度要确保源自才能和能力的不平等的禀赋的分配,必须有利于那些处境最差者的利益的最大化"②。这就是莫伦道夫所推崇的全球差别原则的主要含义。

虽然人权以及与其相关的权利观念源远流长,然而在全球层面上讨论人权问题,这是半个多世纪以前才开始出现的。在舒伊和博格等人的推动下,人权逐渐成为全球正义理论的重要分析理路之一。然而,全球正义理论的人权分析理路的内部也是纷争不断的,不同的学者分别强调了不同的权利。舒伊认为生存权和安全权属于基本权利的范畴,基本权利是所有人对其他人提出的最低限度的合乎情理的要求,为什么基本权利是非常重要的?舒伊强调原因在于:

> 权利在如下意义上是基本的:持有某种权利对享有所有其他权利来说是必不可少的。这也是基本权利的独特性所在。当一种权利

---

① 参见 [美] 查尔斯·贝兹《政治理论与国际关系》,丛占修译,上海译文出版社 2012 年版,第 137 页。

② Darrel Moellendorf, *Cosmopolitan Justice*, Westview Press, 2002, p. 80.

是基本权利时,通过牺牲基本权利而享受其他任何权利的尝试,将是自我挫败的,削弱了自身存在的根基。因此,如果某种权利是基本的,那么为了保护基本权利,非基本权利可以被牺牲——如果是必需的话。然而,为了享有非基本权利,不应该牺牲基本权利。①

在舒伊那里,基本权利具有优先性,在保护其他权利之前,应该优先保护基本权利。哪些权利属于舒伊所说的基本权利呢?舒伊认为安全权和生存权是基本权利,安全权包括人不受到谋杀、折磨、故意伤害、强奸和攻击等,最低限度的经济安全或生存权包括没有受到污染的空气和水、充足的食物、衣服、住房和最低限度的医疗保障等。博格在其全球正义理论中将人权分为"互动性的人权"(the interactional understanding of human rights)和"制度性的人权"(the institutional understanding of human rights),前者意味着假如某人拥有人权 X 等于断言一些人或所有人以及集体性的组织有一种不否认其的 X 或者剥夺其的 X 的义务,后者意味着在某种合乎情理的情况下,任何强制性的社会制度应当被设计得使那些受其影响的人都能够获得人权,人权是针对任何强制性的社会制度的道德主张,因而也是反对针对任何人的强迫的道德主张。② 也就是说,按照对人权的互动性理解而言,政府和个人有义务不侵犯人权,而按照对人权的制度性理解而言,政府和个人有义务建立一种能够确保所有社会成员都能够获得实现人权的手段的制度,博格主要认可制度性人权观。与全球正义理论的功利主义分析路径和契约主义分析路径相较而言,全球正义理论的人权分析路径有不少优越性,譬如,它强调维护每个人所拥有的基本权利,并没有像全球正义理论的功利主义分析路径那样对人们提出了一种过高的要求,同时,它有着更多实践方面的可行性,并没有像全球正义理论的契约主义分析路径那样侧重于理论层面的论证。然而,全球正义理论的人权分析路径的代表性理论主要强调了"生存权"的重

---

① Henry Shue, *Basic Rights*: *Subsistence*, *Affluence*, *and U. S. Foreign Policy* (Second Edition), Princeton University Press, 1996, p. 19.

② 参见 Thomas W. Pogge, *World Poverty and Human Rights*: *Cosmopolitan Responsibilities and Reforms*, Polity Press, 2002, pp. 46 – 53。

要性，较少强调"发展权"的重要性，这是它需要进一步完善的地方。

综上，为了实现永久和平，罗尔斯在其晚期重要著作《万民法》中试图建立一种用于约束现存国际法的规范性的政治原则和道德原则，而不是在国际法的层面上言说万民法。罗尔斯在其国际正义理论中对世界主义以及全球分配正义原则的拒斥，引起了不少世界主义者的不满，同时，罗尔斯的国际正义理论中也存在不少值得商榷的地方。虽然本书在不少地方批判了罗尔斯的国际正义理论，但是本书并不意在否认罗尔斯对国际正义理论研究所做出的富有洞察力的贡献。我们需要注意到，罗尔斯的国际正义理论在国际关系伦理学中像一个坐标一样，不少世界主义者将罗尔斯的国际正义理论作为灵感之源，通过阐释、批判、发展或者替代它，建构了形态各异的全球正义理论，推动了国际关系规范理论的复兴和发展，这也是罗尔斯的重要思想遗产。在全球正义理论成为一种日益具有影响力的理论的过程中，罗尔斯的国际正义理论亦值得引起人们的关注。

参考文献

一 中文文献

［法］雷蒙·阿隆：《和平与战争：国际关系理论》，朱孔彦译，中央编译出版社2013年版。

艾四林：《康德和平思想的当代意义——哈贝马斯、罗尔斯对康德和平思想的改造》，《复旦学报》（社会科学版）2004年第4期。

［英］以赛亚·伯林：《自由论》，胡传胜译，译林出版社2003年版。

［美］查尔斯·贝兹：《政治理论与国际关系》，丛占修译，上海译文出版社2012年版。

［美］查尔斯·贝兹：《人权的理念》，高景柱译，江苏人民出版社2018年版。

［新西兰］吉莉安·布洛克：《全球正义：世界主义的视角》，王珀、丁祎译，重庆出版社2014年版。

陈肖生：《自由主义的宽容：内与外》，载《外国哲学》（第二十一辑），商务印书馆2012年版。

陈宜中：《何为正义》，中央编译出版社2016年版。

［美］科斯塔斯·杜兹纳：《人权与帝国：世界主义的政治哲学》，辛亨复译，江苏人民出版社2010年版。

［美］萨缪尔·弗雷曼：《罗尔斯》，张国清译，华夏出版社2013年版。

［英］约翰·格雷：《自由主义的两张面孔》，顾爱彬等译，江苏人民出版社2002年版。

［美］詹姆斯·格里芬：《论人权》，徐向东、刘明译，译林出版社2015年版。

高景柱：《评民族主义与全球正义之争》，《民族研究》2016年第3期。

高景柱：《论全球正义理论的人权分析路径》，《哲学研究》2017年第1期。

韩水法：《权利的公共性与世界正义——世界公民主义与万民法的比较研究》，《中国社会科学》2005年第1期。

［加拿大］查尔斯·琼斯：《全球正义：捍卫世界主义》，李丽丽译，重庆出版社2014年版。

［德］康德：《法的形而上学原理——权利的科学》，沈叔平译，商务印书馆1991年版。

［德］伊曼努尔·康德：《永久和平论》，何兆武译，上海世纪出版集团2005年版。

［加拿大］威尔·金里卡：《当代政治哲学》，刘莘译，上海三联书店2004年版。

李小科：《"现实的乌托邦"释义》，《开放时代》2003年第4期。

李石：《罗尔斯〈万民法〉中"people"一词的翻译》，《国外理论动态》2010年第11期。

李国维：《国家？民族？还是国族？——罗尔斯的民族理念及其超越》，《政治思想史》2010年第2期。

刘明：《从国内正义到全球正义的扩展：阻力、融贯性与道德主张》，载《外国哲学》（第二十一辑），商务印书馆2012年版。

刘贺青：《罗尔斯国际政治思想研究》，上海大学出版社2012年版。

刘曙辉：《宽容：如何在差异中共存》，上海三联书店2013年版。

［英］洛克：《政府论》（下篇），叶启芳、瞿菊农译，商务印书馆1964年版。

［荷兰］佩西·莱宁：《罗尔斯政治哲学导论》，孟伟译，人民出版社2012年版。

林炫向：《国际关系学与政治理论的重新结合：以罗尔斯的〈万民

法〉为鉴》,《全球政治评论》2009 年第 28 期。

林炫向:《全球化时代的世界主义取向——基于罗尔斯思想的质疑》,载肖滨主编《中大政治学评论》(第 6 辑),上海人民出版社 2014 年版。

[英] 约翰·穆勒:《功利主义》,徐大建译,上海世纪出版集团 2008 年版。

[英] J. S. 密尔:《代议制政府》,汪瑄译,商务印书馆 1982 年版。

[英] A. J. M. 米尔恩:《人的权利与人的多样性——人权哲学》,夏勇等译,中国大百科全书出版社 1995 年版。

[美] 斯蒂芬·马赛多:《自主治理的人民相互负有什么义务》,王勇兵译,《马克思主义与现实》2006 年第 1 期。

[英] 戴维·米勒等主编:《布莱克维尔政治学百科全书》(修订版),邓正来等译,中国政法大学出版社 2002 年版。

[英] 戴维·米勒:《社会正义原则》,应奇译,江苏人民出版社 2001 年版。

[英] 戴维·米勒:《反对全球平等主义》,郑锦怀译,载马德普主编《中西政治文化论丛》,天津人民出版社 2007 年版。

[英] 戴维·米勒:《论民族性》,刘曙辉译,译林出版社 2010 年版。

[英] 戴维·米勒:《民族责任与全球正义》,杨通进、李广博译,重庆出版社 2014 年版。

[美] 理查德·W. 米勒:《平等、民主与国家主权》,薛集、陈喜贵、方秋明译,人民出版社 2016 年版。

[美] 汉斯·摩根索:《国家间政治:权力斗争与和平》(第七版),徐昕、郝望、李保平译,北京大学出版社 2006 年版。

[美] 约翰·罗尔斯:《正义论》,何怀宏、何包钢、廖申白译,中国社会科学出版社 1988 年版。

[美] 约翰·罗尔斯:《正义论》,李少军、杜丽燕、张虹译,台北:桂冠图书股份有限公司 2003 年版。

[美] 约翰·罗尔斯:《正义论》(修订版),何怀宏、何包钢、廖申白译,中国社会科学出版社 2009 年版。

[美] 约翰·罗尔斯:《政治自由主义》,万俊人译,译林出版社

2000年版。

［美］约翰·罗尔斯：《万民法》，张晓辉、李仁良、邵红丽、李鑫译，吉林人民出版社2001年版。

［美］约翰·罗尔斯：《万民法》，李国维、珂洛缇、汪庆华译，台北：联经出版事业股份有限公司2005年版。

［美］约翰·罗尔斯：《万民法》，陈肖生译，吉林出版集团2013年版。

［美］约翰·罗尔斯：《作为公平的正义——正义新论》，姚大志译，上海三联书店2002年版。

［美］约翰·罗尔斯：《政治哲学史讲义》，杨通进、李丽丽、林航译，中国社会科学出版社2011年版。

［美］约翰·罗尔斯：《道德哲学史讲义》，顾肃、刘雪梅译，中国社会科学出版社2013年版。

［美］约翰·罗尔斯：《罗尔斯论文全集》，陈肖生等译，吉林出版集团2013年版。

［美］罗伯特·诺奇克：《无政府、国家和乌托邦》，姚大志译，中国社会科学出版社2008年版。

［美］玛莎·纳斯鲍姆：《正义的前沿》，朱慧玲、谢惠媛、陈文娟译，中国人民大学出版社2016年版。

［美］玛莎·纳斯鲍姆：《寻求有尊严的生活——正义的能力理论》，田雷译，中国人民大学出版社2016年版。

［美］涛慕思·博格：《康德、罗尔斯与全球正义》，刘莘、徐向东等译，上海译文出版社2010年版。

［美］涛慕思·博格：《罗尔斯：生平与正义理论》，顾肃、刘雪梅译，中国人民大学出版社2010年版。

［美］涛慕思·博格：《实现罗尔斯》，上海译文出版社2015年版。

［美］涛慕思·博格：《道德普遍主义与全球经济正义》，陈华森译，载马德普主编《中西政治文化论丛》，天津人民出版社2007年版。

石元康：《罗尔斯》，广西师范大学出版社2004年版。

［以色列］耶尔·塔米尔：《自由主义的民族主义》，陶东风译，上海

世纪出版集团2005年版。

［美］彼得·辛格：《实践伦理学》，刘莘译，东方出版社2005年版。

［美］彼得·辛格：《一个世界——全球化伦理》，应奇、杨立峰译，东方出版社2005年版。

［美］托马斯·斯坎伦：《宽容之难》，杨伟清、陈代东等译，人民出版社2008年版。

［美］托马斯·斯坎伦：《我们彼此负有什么义务》，陈代东等译，人民出版社2008年版。

［印度］阿玛蒂亚·森：《正义的理念》，王磊、李航译，中国人民大学出版社2012年版。

宿晓：《国际正义与全球正义辨——以罗尔斯和博格为参照》，博士学位论文，吉林大学，2006年。

［美］科克-肖·谭：《没有国界的正义：世界主义、民族主义与爱国主义》，杨通进译，重庆出版社2014年版。

谭宇生：《作为"现实乌托邦"的万民法——罗尔斯国际正义理论研究》，江西人民出版社2011年版。

谭安奎编：《公共理性》，浙江大学出版社2011年版。

［美］迈克尔·沃尔泽：《正义与非正义战争》，任辉献译，江苏人民出版社2008年版。

［美］迈克尔·沃尔泽：《论战争》，任辉献、段鸣玉译，江苏人民出版社2011年版。

万俊人：《正义的和平如何可能?》，《江苏社会科学》2004年第5期。

［美］肯尼思·沃尔兹：《现实主义与国际政治》，张睿壮、刘丰译，北京大学出版社2012年版。

［英］尼古拉斯·惠勒：《拯救陌生人——国际社会中的人道主义干涉》，张德生译，中央编译出版社2011年版。

许纪霖主编：《全球正义与文明对话》，江苏人民出版社2004年版。

徐向东编：《全球正义》，浙江大学出版社2011年版。

徐向东：《罗尔斯的政治本体论与全球正义》，《道德与文明》2012

年第1期。

杨国荣:《全球正义:意义与限度》,《哲学动态》2004年第3期。

杨通进:《世界主义者对罗尔斯国际正义理论的反思与批判》,《世界哲学》2012年第6期。

张伟主编:《联合国核心人权文件汇编》,中国财富出版社2013年版。

二 英文文献

Richard J. Arneson, "Equality and Equal Opportunity for Welfare", *Philosophical Studies*, Vol. 56, 1989.

Catherine Audard, "Cultural Imperialism and 'Democratic Peace'", in Rex Martin and David A. Reidy (ed.), *Rawls's Law of Peoples: A Realistic Utopia*? Blackwell Publishing Ltd., 2006.

Mitchell Avila, "Defending A Law of Peoples: Political Liberalism and Decent Peoples", *The Journal of Ethics*, Vol. 11, No. 1, 2007.

Mitch Avila, "Human Rights and Toleration in Rawls", *Human Rights Review*, Vol. 12, 2011.

Brain Barry, *The Liberal Theory of Justice: A Critical Examination of the Principal Doctrines in A Theory of Justice by John Rawls*, Oxford University Press, 1973.

Charles R. Beitz, "Justice and International Relations", *Philosophy and Public Affairs*, Vol. 4, No. 4, 1975.

——*Political Theory and International Relations*, Princeton University Press, 1979.

——"Cosmopolitan Ideals and National Sentiment", *The Journal of Philosophy*, Vol. 80, No. 10, 1983.

——"Rawls's Law of Peoples", *Ethics*, Vol. 110, No. 4, 2000.

——"Cosmopolitanism and Global Justice", *The Journal of the Ethics*, Vol. 9, 2005.

——*The Idea of Human Rights*, Oxford University Press, 2009.

Michael Blake, "Distributive Justice, State Coercion, and Autonomy",

Philosophy and Public Affairs, Vol. 30, No. 3, 2001.

Gillian Brock, *Global Justice: A Cosmopolitan Account*, Oxford University Press, 2009.

—— "The Difference Principle, Equality of Opportunity, and Cosmopolitan Justice", *Journal of Moral Philosophy*, Vol. 2, No. 3, 2005.

Chris Brown, "The Construction of 'Realistic Utopia': John Rawls and International Political Theory", *Review of International Studies*, Vol. 28, No. 1, 2002.

Allen Buchanan, "Rawls's Law of Peoples: Rules for a Vanished Westphalian World", *Ethics*, Vol. 110, No. 4, 2000.

—— "Taking the Human out of Human Rights", in Rex Martin and David A. Reidy (ed.), *Rawls's Law of Peoples: A Realistic Utopia?*, Blackwell Publishing Ltd., 2006.

Luis Cabrera, "Toleration and Tyranny in Rawls's 'Law of Peoples'", *Polity*, Vol. 34, No. 2, 2001.

Simon Caney, "International Distributive Justice", *Political Studies*, Vol. 49, 2001.

—— "Cosmopolitanism and the Law of Peoples", *The Journal of Political Philosophy*, Vol. 10, No. 1, 2002.

——*Justice Beyond Borders: A Global Political Theory*, Oxford University Press, 2005.

Gary Chartier, "Peoples or Persons? Revising Rawls on Global Justice", *Boston College International and Comparative Law Review*, Vol. 27, No. 1, 2004.

Gerard Delanty and David Inglis (eds.), *"Cosmopolitanism" (Volume 1: Classical Contributions to Cosmopolitanism)*, London and New York: Routledge, 2011.

Deen K. Chatterjee (ed.), *Encyclopedia of Global Justice*, Springer, 2011.

Joshua Cohen, "Taking People as They Are?", *Philosophy and Public Affairs*, Vol. 30, No. 4, 2001.

Joshua Cohen— (ed.), *For Love of Country*? Boston: Beacon Press, 2002.

M. Victoria Costa, "Human Rights and the Global Origin Position Argument in *The Law of Peoples*", *Journal of Social Philosophy*, Vol. 36, Issue 1, 2005.

Aysel Dogan, "The Law of Peoples and the Cosmopolitan Critique", *Reason Papers*, Vol. 27, 2004.

Michael W. Doyle, "One World, Many Peoples: International Justice in John Rawls's the Law of Peoples", *Perspectives on Politics*, Vol. 4, No. 1, 2006.

Samuel Freeman (ed.), *The Cambridge Companion to Rawls*, Cambridge University Press, 2003.

Samuel Freeman, "The Law of Peoples, Social Cooperation, Human Rights and Distributive Justice", *Social Philosophy and Policy*, No. 23, Issue 01, 2006.

—— "Distributive Justice and *The Law of Peoples*", in Rex Martin and David A. Reidy (ed.), *Rawls's Law of Peoples: A Realistic Utopia?*, Blackwell Publishing Ltd., 2006.

——*Justice and the Social Contract: Essays on Rawlsian Political Philosophy*, Oxford University Press, 2007.

—— *Rawls*, Routledge, 2007.

Robert Goodin, "What is So Special About our Fellow Countrymen?", *Ethics*, Vol. 98, No. 4, 1988.

Robert E. Goodin, Philip Pettit (ed.), *Contemporary Political Philosophy*, Blackwell Publishing Ltd., 1997.

——*A Companion to Contemporary Political Philosophy* (2nd edition), Blackwell Publishing Ltd., 2007.

Paul Graham, *Rawls*, Oneworld Publications, 2007.

Patrick Hayden, "Between Realism and Globalism: Rawls and the Question of International Justice", *International Studies*, Vol. 40, No. 4, 2003.

Tarek Hayfa, "The Idea of Public Justification in Rawls's *Law of Peo-*

ples", *Res Publica*, Vol. 10, 2004.

Joseph Heath, "Rawls On Global Distributive Justice: A Defence", *Canadian Journal of Philosophy*, Supp. Vol. 31, 2005.

Wilfried Hinsch and Markus Stepanians, "Human Rights as Moral Claim Rights", in Rex Martin and David A. Reidy (ed.), *Rawls's Law of Peoples: A Realistic Utopia?*, Blackwell Publishing Ltd., 2006.

Dr. C. R. Jambekar (ed.), *Human Rights and Human Rights*, Kanchan Publishing House, 2008.

Sallie King, "An Engaged Buddhist Response to John Rawls's 'The Law of Peoples'", *The Journal of Religious Ethics*, Vol. 34, No. 4, 2006.

Tarik Kochi, "The Problem of War: Rawls and the Law of Peoples", *Law, Culture and the Humanities*, Vol. 3, 2007.

Chandran Kukathas (ed.), *John Rawls: Critical Assessments of Leading Political Philosophers*, London and New York: Routledge, 2003.

Andrew Kuper, "Rawlsian Global Justice: Beyond the Law of Peoples to a Cosmopolitan Law of Persons", *Political Theory*, Vol. 28, No. 5, 2000.

Alistair M. Macleod, "Rawls's Narrow Doctrine of Human Rights", in Rex Martin and David A. Reidy (ed.), *Rawls's Law of Peoples: A Realistic Utopia?*, Blackwell Publishing Ltd., 2006.

Jon Mandle, *Global Justice*, Polity, 2006.

David Miller, "Defending Political Autonomy: A Discussion of Charles Beitz", *Review of International Studies*, Vol. 31, No. 2, 2005.

—— "Collective Responsibility and International Inequality in The Law of Peoples", in Rex Martin and David A. Reidy (ed.), *Rawls's Law of Peoples: A Realistic Utopia?*, Blackwell Publishing Ltd., 2006.

——*National Responsibility and Global Justice*, Oxford University Press, 2012.

Darrel Mollendorf, *Cosmopolitan Justice*, Westview Press, 2002.

Thomas Nagel, "The Problem of Global Justice", *Philosophy and Public Affairs*, Vol. 33, 2005.

Chris Naticchia, "The Law of Peoples: The Old and the New", *Journal of Moral Philosophy*, Vol. 2, Issue 3, 2005.

Farid Abdel – Nour, "From Arm's Length to Intrusion: Rawls's 'Law of Peoples' and the Challenge of Stability", *The Journal of Politics*, Vol. 61, No. 2, 1999.

Martha C. Nussbaum, *Frontiers of Justice*, Belknap Press, 2006.

James W. Nickel, "Are Human Rights Mainly Implemented by Intervention?", in Rex Martin and David A. Reidy (ed.), *Rawls's Law of Peoples: A Realistic Utopia?*, Blackwell Publishing Ltd., 2006.

Onora O'Neill, "Bounded and Cosmopolitan Justice", *Review of International Studies*, Vol. 26, 2000.

Roger Paden, "Reconstructing Rawls's Law of Peoples", *Ethics & International Affairs*, Vol. 11, 1997.

Philip Pettit, "Rawls's Peoples", in Rex Martin and David A. Reidy (ed.), *Rawls's Law of Peoples: A Realistic Utopia?* Blackwell Publishing Ltd., 2006.

Thomas Pogge, "Rawls and Global Justice", *Canadian Journal of Philosophy*, Vol. 18, 1988.

——*Realizing Rawls*, Cornell University Press, 1989.

—— "An Egalitarian Law of Peoples", *Philosophy and Public Affairs*, Vol. 23, No. 3, 1994.

—— "Rawls on International Justice", *The Philosophical Quarterly*, Vol. 51, No. 203, 2001.

——*World Poverty and Human Rights*, Cambridge: Polity, 2002.

—— "Do Rawls's Two Theories of Justice Fit Together?", in Rex Martin and David A. Reidy (ed.), *Rawls's Law of Peoples: A Realistic Utopia?*, Blackwell Publishing Ltd., 2006.

—— (ed.), *Global Justice*, Blackwell, 2011.

John Rawls, *A Theory of Justice*, Cambridge, Massachusetts: The Belknap Press of Harvard University Press, 1971.

——*Political Liberalism*, New York: Columbia University Press, 1993.

—— "The Law of Peoples", *Critical Inquiry*, Vol. 20, No. 1, 1993.

Thomas Pogge, *The Law of Peoples: with "The Idea of Public Reason Revisited"*, Cambridge, Massachusetts: Harvard University Press, 1999.

——*Collected Papers*, Samuel Freeman (ed.), Cambridge: Harvard University Press, 1999.

David A. Reidy, "Rawls On International Justice: A Defense", *Political Theory*, Vol. 32, No. 3, 2004.

—— "Political Authority and Human Rights", in Rex Martin and David A. Reidy (ed.), *Rawls's Law of Peoples: A Realistic Utopia?*, Blackwell Publishing Ltd., 2006.

—— "A Just Global Economy: A Defense of Rawls", *The Journal of Ethics*, Vol. 11, No. 2, 2007.

Grace Roosevelt, "Rousseau versus Rawls on International Relations", *European Journal of Political Theory*, Vol. 5, No. 3, 2006.

Edmund N. Santurri, "Global Justice after the Fall: Christian Realism and the 'Law of Peoples'", *The Journal of Religious Ethics*, Vol. 33, No. 4, 2005.

Thomas Scanlon, "Rawls' Theory of Justice", *University of Pennsylvania Law Review*, Vol. 121, No. 5, 1973.

Brian J. Shaw, "Rawls, Kant's Doctrine of Right, and Global Distributive Justice", *The Journal of Politics*, Vol. 67, No. 1, 2005.

Henry Shue, *Basic Rights*, Princeton University Press, 1996.

Kok‐Chor Tan, "Liberal Toleration in Rawls's Law of Peoples", *Ethics*, Vol. 108, No. 2, 1998.

——*Toleration, Diversity, and Global Justice*, University Park: Pennsylvania State University Press, 2000.

——*Justice, Institutions, and Luck*, Oxford University Press, 2012.

John Tasioulas, "From Utopia to Kazanistan: John Rawls and the Law of Peoples", *Oxford Journal of Legal Studies*, Vol. 22, No. 2, 2002.

Fernando Teson, "The Rawlsian Theory of International Law", *Ethics and International Affairs*, Vol. 9, 1995.

Leif Wenar, "Why Rawls is Not a Cosmopolitan Egalitarian", in Rex Martin and David A. Reidy (ed.), *Rawls's Law of Peoples: A Realistic Utopia?*, Blackwell Publishing Ltd., 2006.

Burleigh Wilkins, "Principles for The Law of Peoples", *The Journal of Ethics*, Vol. 11, No. 2, 2007.

—— "Rawls on Human Rights: A Review Essay", *The Journal of Ethics*, Vol. 12, No. 1, 2008.

后　　记

对我而言，撰写一本以罗尔斯的国际正义理论为主题的小册子，完全是意外之举。2012年初，我对全球正义理论产生了浓厚的兴趣，在阅读一部分相关文献后，发现罗尔斯的《万民法》是绕不过去的，必须认真对待。于是，我就花了两年多的时间从事相关的研究，撰写了一些论文。本书第二章至第八章的主要内容曾以单篇论文的形式发表在下述期刊上：（1）《人民抑或个人？——评罗尔斯〈万民法〉中的人民观》，《马克思主义与现实》2016年第3期；（2）《人权、合法性与实用主义动机——评罗尔斯〈万民法〉中的人权观》，《武汉大学学报》（哲学社会科学版）2016年第2期；（3）《宽容、尊重与多元主义——评罗尔斯〈万民法〉中的宽容观》，《云南大学学报》（社会科学版）2015年第4期；（4）《罗尔斯的正义战争观：一个批判性考察》，《道德与文明》2015年第3期；（5）《评罗尔斯对全球分配正义原则的拒斥》，《天津师范大学学报》（社会科学版）2014年第6期；（6）《罗尔斯的国际正义理论：批判与捍卫》，《同济大学学报》（社会科学版）2015年第5期；（7）《差别原则能够在全球层面上适用吗？——评约翰·罗尔斯与查尔斯·贝兹的国际正义之争》，《世界哲学》2014年第4期。对上述刊物的支持以及匿名审稿专家所给予的中肯建议，在此表示感谢！我也曾在一些学术会议上宣读过其中的某些论文，对各位同仁的意见，自当感谢！

在撰写上述部分论文以后，我尝试着以"全球正义理论"为研究对象申请了2014年度国家社会科学基金青年项目，后来有幸获批立项。当完成了该课题后，我再次关注罗尔斯的国际正义理论，在阅读一些相关文献以及吸收一些意见的基础上，对书稿的部分内容进行了修订和扩充。感谢中国社会科学出版社马明编辑认真而细致的工作。最后，我要一如既往地感谢我的家人和朋友这么多年来对我的关心和支持！

高景柱
2019 年 3 月 29 日于天津华苑